Wie Patienten ticken? Wie Konsumenten handeln!

Klaus Hubatka

Wie Patienten ticken? Wie Konsumenten handeln!

Strategische Überlegungen für eine wirkungsvolle Gesundheitskommunikation

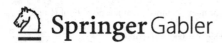

Klaus Hubatka
Linz, Österreich

ISBN 978-3-658-37997-1   ISBN 978-3-658-37998-8 (eBook)
https://doi.org/10.1007/978-3-658-37998-8

Die Deutsche Nationalbibliothek verzeichnet diese Publikation in der Deutschen Nationalbibliografie; detaillierte bibliografische Daten sind im Internet über http://dnb.d-nb.de abrufbar.

Springer Gabler

Planung / Lektorat : Margit Schlomski
Springer Gabler ist ein Imprint der eingetragenen Gesellschaft Springer Fachmedien Wiesbaden GmbH und ist ein Teil von Springer Nature.
Die Anschrift der Gesellschaft ist: Abraham-Lincoln-Str. 46, 65189 Wiesbaden, Germany

„Jeder darf seine Glückseligkeit auf einem Wege suchen, wenn nur die Freiheit Anderer keinen Abbruch nimmt"
(Frei nach Immanuel Kant, 1793)

„Gesundheit und persönliche Freiheit sind untrennbar miteinander verbunden"
(Der Autor)

Vorwort zur ersten Ausgabe

„Um auf dieser Welt Bestand zu haben, bedarf es vieler Infragestellungen. Gerade in der laufenden Anpassung und Veränderung eines Wissensstandes liegt die Kraft des dauerhaften Grundbestandes!" Diesem Motto folgt die vorliegende Publikation bei der Betrachtung des Wandels im Patienten- und Konsumentenverhalten von Gesundheitsleistungen. Damit wird vor allem dem Ansatz des Philosophen Sir K.R. Popper in einer abgeleiteten Fassung gefolgt, dass Sachverhalte und Hypothesen erst mit ihrer Falsifizierung als endgültig widerlegt und als ungültig zu betrachten sind.

Im Rahmen dieses Buches zum Thema wirksame Gesundheitskommunikation stellt sich zunächst die Frage, ob es überhaupt „ein" Patienten- und Konsumentenverhalten gibt – im Sinne eines bestimmten Grundverhaltens bzw. eines grundsätzlichen Entscheidungs- und Verhaltensmusters einer Kohorte –, oder ob eine solche „Abstrahierung" ein zu hoch gestecktes Ziel darstellt. Jahrzehntelange Konsumentenforschung und Analysen des Käufer- und Konsumverhaltens – speziell bei W. Kroeber-Riel – begründen und erhärten jedoch entsprechende Ansätze eines Grundmusters im Gesundheitsmarkt.

Im Fokus dieser Publikation steht dabei immer wieder die authentische „Konsumentensicht", wobei das tradierte Patientenbild immer wieder infrage gestellt und durch ein dynamisches und zukunftsorientiertes ersetzt wird.

Wie in fast allen Lebenslagen, so konnte auch für den Gesundheitsmarkt im Rahmen vielfacher Evaluierungsschritte ein bestimmtes Grundmuster für den „neuen" Patienten und aktuellen Konsumenten von Gesundheitsleistungen im Sinne einer „Selbstbestimmtheit" sowie der damit einhergehenden Relativierung eines expertenorientierten Systems ausgewiesen werden.

Ein besonderer Dank an dieser Stelle gilt vor allem meiner Gattin Petra-Maria, die in den vielen Stunden des Korrekturlesens sowie im geduldigen Ertragen eines „abwesenden Autors" die Entstehung dieser Publikation wesentlich förderte. Darüber hinaus gilt mein Dank auch den Professorenkollegen der Fachhochschule Oberösterreich, Dr. Sebastian Martin, Dr. Gerhard Halmerbauer sowie Dr. Harald Dobernig, die durch inhaltliche Beiträge und kritische Betrachtung der Analysen wesentliche Beiträge und thematische Korrekturen liefern konnten.

Entsprechend der zitierten Originalliteratur sowie zur besseren Lesbarkeit werden in dieser Publikation personenbezogene Bezeichnungen, die sich zugleich auf Frauen und Männer (z. B. Patientin/Patient) beziehen, in der im Deutschen üblichen Form des generischen Maskulinums angeführt. Dies soll jedoch keinesfalls eine Geschlechterdiskriminierung oder eine Verletzung des Gleichheitsgrundsatzes zum Ausdruck bringen.

Linz an der Donau, Österreich   Klaus Hubatka
August 2021

Inhaltsverzeichnis

Über den Autor

FH-Prof. Mag. Dr. Klaus Hubatka beschäftigt sich sowohl theoretisch als auch in der Praxis schon seit über 40 Jahren – vor allem aus der Sicht des Gesundheitsmarketings – mit der Entwicklung von Gesundheitsmärkten und dem Verhalten von Patienten und Konsumenten von Gesundheitsleistungen.

Ursprünglich hat der Autor Betriebswirtschaft mit den Schwerpunkten Marketing und Organisation an der Johannes Kepler Universität in Linz studiert und später über die Marke und die Angebotsprofilierung im Kur- und Gesundheitstourismus dissertiert.

Beruflich zuerst in der Leitung eines großen gesundheitstouristischen Unternehmens mit angegliedertem medizinischem Forschungsinstitut engagiert, zuletzt als dessen Geschäftsführer, beschäftigt sich FH-Prof. Mag. Dr. Hubatka seit 1981 speziell mit Marktforschung und Verhaltensanalysen im Gesundheitssektor. Ab 2007 hat der Autor im Rahmen der Fachhochschule Oberösterreich die Professur für Gesundheitsmarketing inne und in diesem Rahmen viele patienten- und kundenbezogene Publikationen, Forschungsarbeiten und Projekte realisiert (beispielhaft „Kliniksuche.at", „Neupositionierung der Fitnessbranche", etc.). Gleichzeit bekleidet er an der Fakultät die Funktion eines Qualitätsbeauftragten, sodass auch entsprechendes Fachwissen in die Publikation einfließen konnte.

Neben seiner Management- und Lehrfunktion war FH-Prof. Mag. Dr. Hubatka auch als Universitätslektor an der Johannes Kepler Universität Linz sowie als Gast-Dozent an der Hochschule Ludwigshafen am Rhein tätig.

Internationale Forschungsaufenthalte betreffend Analyse von Gesundheitssystemen sowie diesbezügliche Tagungsbeiträge (z. B. über Patientensicherheit und Benchmarking im Gesundheitssektor) führten den Autor in die USA, nach Brasilien, Japan und Malaysia sowie in viele Länder der Europäischen Union und runden damit den umfassenden Blickwinkel des Autors in Richtung authentischer Patientensicht ab.

Abkürzungsverzeichnis

ACS	American College of Surgeons
AMA	Agrar Markt Austria
Bev.	Bevölkerung
BMW	Bayrische Motoren Werke AG
bspw.	beispielsweise
d. h.	das heißt
ca.	circa, ungefähr
CRM	Customer Relationship Management
DL	Dienstleistung
EGW	Erweiterte Gesundheitswirtschaft
EU	Europäische Union
et al.	et alii
etc.	et cetera
ff.	fortfolgende
GDL	Gesundheitsdienstleister
gem.	gemäß
i.S.	im Sinne von
ISQua	International Society for Quality in Health Care
Hrsg.	Herausgeber
Kap.	Kapitel
KGW	Kernbereich der Gesundheitswirtschaft
KH	Krankenhaus
KH-Pat.	Krankenhauspatient
MR	Magnetresonanz
MRT	Magnetresonanztomografie
OECD	Organisation of Economic Co-operation and Development
PROMs	Patient Reported Outcome Measures
rd.	rund
S.	Seite
u.	und

u. a.	unter anderem
u. v. a.	und vieles andere
u. v. m.	und vieles mehr
vgl.	vergleiche
WHO	World Health Organization
WOM	Word of Mouth
z. B.	zum Beispiel

Abbildungsverzeichnis

Einleitende Überlegungen

1

1.1 Vorausgehende Bemerkungen zur Analyse des Patienten als Konsumenten

Einleitend zum vorliegenden Thema einer Betrachtung des Patienten als Konsumenten sei die grundsätzliche Frage gestellt, ob die Thematik überhaupt eine umfangreiche Analyse rechtfertigt oder ob diese – aufgrund der bereits in der Literatur vorhanden Abhandlungen – eine ausreichende Klärung aufweist und daher keine Möglichkeit besteht, neue Aspekte einzubringen.

Beim Studium der vorhandenen Marketingliteratur im Gesundheitsmarkt sowie thematisch angrenzender Fachgebiete (wie z. B. Gesundheitspsychologie, Gesundheitsökonomie etc.) fällt immer wieder auf, dass vor allem den „Gesundheitsexperten" sehr viel Bedeutung geschenkt und damit einer originären bzw. authentischen Patientensicht kaum entsprochen wird. Aktuelle Kongress- und Tagungsthemen bilden meistens eine Expertensicht des Gesundheitssystems ab, ohne dabei die Frage zu stellen, ob dies auch wirklich der Sichtweise sowie Entscheidungs- und Verhaltensgrundlage der modernen Patienten als Konsumenten von Gesundheitsleistungen entspricht. Das große Rätselraten im Rahmen der aktuellen Corona-Pandemie über das Gesundheits- und Impfverhalten der Bevölkerung ist nur ein aktuelles Beispiel für die fehlenden Kenntnisse oder für eine bestimmte Ignoranz gegenüber vorhandenen Erkenntnissen in diesem Bereich.

Die Absicht, die mit dieser vorliegenden Analyse hauptsächlich verfolgt wird, ist es, einer authentischen Patientensicht – im Rahmen von umfangreichen Evaluierungsschritten – Raum zu verleihen sowie einigen Expertenmeinungen auch eine abweichende Nachfrageposition gegenüberzustellen. Damit wird gleichzeitig die Zielsetzung verfolgt, die Gesundheitskommunikation ein Stück nachfragegerechter und damit auch wirkungsorientierter zu gestalten, um schlussendlich einen Optimierungsbeitrag zum Gesundheitssystem leisten zu können.

© Der/die Autor(en), exklusiv lizenziert an Springer Fachmedien Wiesbaden GmbH, ein Teil von Springer Nature 2022
K. Hubatka, *Wie Patienten ticken? Wie Konsumenten handeln!*,
https://doi.org/10.1007/978-3-658-37998-8_1

Vielfach wurden und werden in der Literatur patientengerechte und analytisch fundierte Beiträge geliefert, die in der nun vorliegenden Konzeption in einen patientenzentrierten Zusammenhang gestellt werden. Verwunderlich ist nur, dass sehr wohl entsprechende Detailkenntnisse über einen „neuen Patienten im Gesundheitsmarkt" – auch von wissenschaftlicher Seite – erarbeitet wurden, diese aber in der täglichen Praxis der Gesundheitskommunikation noch nicht angekommen sind und daher die Wirksamkeit von Gesundheitskampagnen – vor allem im Bereich der Prävention und Gesundheitsvorsorge – infrage stellen.

Die vorliegende Publikation verfolgt damit die zentrale Absicht, der grundlegenden Fragestellung nachzugehen, ob Patienten als Konsumenten von Gesundheitsleistungen entweder

- für die Erhaltung ihrer Gesundheit – als vermeintlich wichtigstes persönliches Gut- alles tun und damit auch überwiegend rationalen sowie gesundheitskonformen Argumenten zugänglich sind oder
- diesbezüglich konsumentengleiche Entscheidungs- und Verhaltensmuster aufweisen und sich damit eher irrational und teilweise gesundheitswidrig – als Analogieschluss zum Konsumartikelbereich – verhalten?

Diese Fragestellung wird dabei von der These gestützt, dass selbstbestimmte Patienten konsumentengleich vor allem emotional gesteuert und aktivierenden Bestimmungsfaktoren folgend reagieren und sich verhalten. Man könnte in diesem Zusammenhang auch vom Gleichklang des „Tickens" – im Sinne gleicher Entscheidungs- und Verhaltensmuster sprechen.

Gleichzeitig wird damit zugleich die Absicht verfolgt, in einer umfassenden Analyse des Patientenverhaltens eine bestimmte Systematik in die unterschiedlichen Perspektiven eines funktionierenden Gesundheitsmarktes einzubringen sowie einen modellhaften Theoriebezug herzustellen.

Einer im Jahre 1994 publizierten Dissertation[1] folgend, würden Patienten und Konsumenten von Gesundheitsleistungen auf Angebotsprofilierungen und Markenangebote im Gesundheitstourismus analog reagieren wie im alltäglichen Konsumbereich, nur unter der Voraussetzung, dass der Gesundheitsbereich sich auch zu einem „richtigen" Markt entwickelt, was damals in der Vorzeit des Internets noch nicht der Fall war.

Eine aktuelle Beantwortung der aufgezeigten Fragestellungen hätte damit weitreichende Auswirkungen auf die grundsätzlichen Sichtweisen von Patienten als Konsumenten, aber auch auf alle Maßnahmen der Gesundheitspolitik und die Angebotsgestaltung der einzelnen Anbieter sowie auf die entsprechende Ausrichtung der Gesundheitskommunikation.

---

[1]Vgl. Hubatka K. (1994): Die Markenentwicklung und Angebotsprofilierung im Kur- und Gesundheitstourismus, ein empirischer Ansatz, Dissertation, Johannes Kepler Universität Linz, Linz, S. 361 ff.

Den Ausgangspunkt der folgenden Analyse stellt die sehr persönliche, individuelle Patientengeschichte des Herrn Leiden dar, die einerseits symptomatisch für ein tradiertes Gesundheitssystem ist und andererseits einer durchschnittlichen Erfahrung aktiver Patienten und Konsumenten von Gesundheitsleistungen entspricht.

Damit sollen diese Publikation und die folgende Analyse des modernen Patienten nicht nur auf eine empirische Relevanz, sondern auch auf die jeweiligen patientenbezogenen Perspektiven hinweisen. Dementsprechend ist die Thematik der Patientsicht aus der Perspektive von Patienten in einem von Konsum geprägten Zeitalter notwendiger denn je. In diesem Rahmen gilt es verstärkt, allgemeingültige Werte und Normen sowie Verhaltensmuster zu berücksichtigen.

Patientengeschichten dienen in den wenigsten Fällen zur Reflexion eines gesamten Systems. Die folgenden Analysen sollen daher einen Ansatzpunkt darstellen, hier einer marktkonformen und systemrelevanten Patientensicht zum Durchbruch zu verhelfen.[2]

Hinweis zur begrifflichen Bestimmung in den folgenden Analysen

Die in vielen theoretischen Ansätzen und empirischen Analysen oftmals synonym verwendeten – aber doch mit unterschiedlicher Bedeutung versehenen – Begriffe, wie zum Beispiel „Gesundheitswesen", „Gesundheitsbereich", Gesundheitsbranche" u. v. m. werden in den zugrundeliegenden Ausführungen auf folgende Begriffe fokussiert:

- **Gesundheitssystem** – im Sinne einer strukturierten Zusammenfassung aller Anbieter von Gesundheitsleistungen sowie deren Angebot (Förderung, Erhaltung und Sicherung bzw. Widererlangung von Gesundheit sowie Linderung von Beeinträchtigungen);
- **Gesundheitssektor** – im Sinne einer Gesamtheit der Aktivitäten zur Förderung der Gesundheit sowie einer sektoralen (branchenmäßigen) Abgrenzung des Gesundheitsangebotes von anderen Wirtschaftsleistungen;
- **Gesundheitswirtschaft** – im Sinne eines Sammelbegriffes für alle Wirtschaftszweige, die mit der Gesundheit zu tun haben bzw. als eine volkswirtschaftliche Zusammenfassung der Anbieter sowie deren Gesundheitsleistung;
- **Gesundheitsmarkt** – im Sinne eines – teilweise freiwilligen – Zusammentreffens des Angebots und der Nachfrage von Gesundheitsleistungen (Dienstleistungen und Güter, die der Förderung, Erhaltung und Sicherung/Wiedererlangung der Gesundheit sowie der Linderung von Beeinträchtigungen dienen).

---

[2] Einleitende begriffliche Abgrenzung von Gesundheitssystem, Gesundheitssektor, Gesundheitswirtschaft und Gesundheitsmarkt.

1.2   Impulsgebende Betrachtungen zur Patientensicht –Ausgangssituation

Warum erscheint die vorliegende Analyse und Befundung eines neuen Patienten in einem neuen Gesundheitsmarkt überhaupt notwendig zu sein?

Viele Publikationen und theoretische Bewertungen – auf die in diesem Rahmen auch teilweise Bezug genommen wird – gehen von einem selbstbestimmten Patienten als Mitproduzent der Gesundheitsleistung und als auf Augenhöhe mit den Gesundheitsexperten aus, der darüber hinaus in einem aktiven Marktgeschehen des Gesundheitssystems angekommen ist. Die entsprechenden Belege für eine Beweisführung fehlen oftmals.

Aber ist der Patient wirklich schon in einer selbstbestimmten Rolle? Ist der Gesundheitssektor wirklich schon durch ein aktives Marktgeschehen definiert, in dem der selbstbestimmte Patient als Nachfrager über die Auswahl der Leistungsanbieter – zumindest was sein grundsätzliches Konsumverhalten betrifft – selbst entscheidet und nicht mehr nur einem Zu- und Einweiser zu entsprechen hat oder ausgeliefert ist? Fragen, die sich bisher als eher diskussionsresistent erwiesen.

Ein Indikator in dieser Richtung aus persönlicher Sicht: Bei einer Tagung der ISQua 2017[3] in Tokio betreffend Qualitätsmanagement und Patientensicherheit im Gesundheitsbereich wurden rund 100 Posterbeiträge über die Patientensicht präsentiert, dabei analysierten genau zwei Beiträge die authentische Patientensicht und die restlichen 98 Beiträge stellten die Patientensicht als Beurteilung durch die Systempartner und -experten (d. h. der Gesundheitssektor als medizinisch- bzw. experten-orientiertes System) dar.

Daraus kann abgeleitet werden, dass wir sehr oft von Patientensicht und Patientenzentrierung sprechen, aber in Wirklichkeit nur die Sichtweise der Systempartner und -experten präsentieren. Damit wird bisher die Definitionsmacht von Gesundheit, Gesundheitsleistung, Qualität, Bedürfnissen von Patienten etc. nicht bei den Patienten als Nachfrager von Gesundheitsleistungen, sondern überwiegend noch bei den Anbietern (z. B. Ärzte, Therapeuten, Krankenhausträger, Kammern, Versicherungen etc.) ausgewiesen, was auch einer bestimmten „Bevormundung" entspricht. Die vielfache Begründung dafür lautet: Die Patienten sind fachlich nicht in der Lage, die Qualität einer Gesundheitsleistung zu beurteilen.

Doch dahinter liegt folgende Problematik: Die Qualität der Leistung übernimmt im Gesundheitssektor immer wieder die Funktion des Preises im Rahmen eines freien Marktgeschehens. Das heißt, es wird – bedingt durch das Finanzierungssystem – nicht jener Leistungsanbieter – zumindest im Kernbereich der öffentlichen Grundversorgung – seitens der Kunden bzw. Patienten gewählt, bei dem das Preis-Leistungsverhältnis passt, sondern jener, bei dem die beste Qualität vermutet wird.

Grundsätzlich war dies auch immer wieder ein starkes Unterscheidungskriterium des Gesundheitssektors zu anderen Märkten, in denen Kunden mit den „Füßen" über ein bestimmtes Angebot abstimmen, indem sie frei auswählen. Die rein formale Umbenennung

---

[3] ISQua steht für International Society for Quality in Health Care.

von Patienten als Kunden in so manchem Krankenhaus kann auch als reine „Alibi-Aktion" gesehen werden, ohne dass das grundsätzliche Verständnis als selbstbestimmten Leistungspartner auf Augenhöhe gegeben ist.

Sind wir daher beim selbstbestimmten Patienten und beim wettbewerbsgetriggerten Gesundheitsmarkt nur von Wunschvorstellungen und unbegründeten Annahmen geleitet, oder sind die angeführten Wandlungsprozesse in unserem Gesundheitssystem auch auf nachweisbare Sachverhalte begründet?

Die vorliegende Analyse geht dieser Beweisführung nach und stellt den Versuch dar, Indikatoren und objektivierbare Kriterien des selbstbestimmten Patienten als Konsument von Gesundheitsleistungen in einem aktiven Marktgeschehen[4] in einem umfassenden Rahmen und vor allem in punktuellen Vergleichen mit anderen Branchen darzustellen. Es wird dabei der Ansatz verfolgt, der Patientensicht aus der Sicht der Systempartner und Experten die authentische und damit interpretationsfreie Patientensicht gegenüberzustellen.

Damit soll nicht nur eine fragwürdige Fremdperspektive der Patienten objektiviert, sondern auch eine aktuelle Positionierung der Patientenstellung in einem von zunehmender Wettbewerbsintensität geprägten Gesundheitsmarkt vorgenommen werden.

1.3   Impulsgebende Betrachtungen aus Patientensicht – eine typische Patientenkarriere

Alles richtig und doch einiges falsch

Wie bei vielen Patienten, so wurde auch bei Herrn Leiden (synonym für viele Patienten) mit dem Überschreiten der Altersgrenze von 60 Jahren der Blick etwas getrübt und nach einer 2-jährigen Verschlechterungsphase eine Kataraktoperation[5] notwendig. Als Straßenschilder nicht mehr lesbar und Autonummern des Voranfahrenden nicht mehr entzifferbar waren, wurde die persönliche Unsicherheit so groß, dass die Bereitschaft zur Kataraktoperation in eine sofortige Problemlösung umschlug.

Nun begann die Qual der Wahl: In welches Krankenhaus zur Operation gehen oder gar ambulant behandeln lassen? Soll man doch eine Vollnarkose nehmen oder eine Lokalanästhesie bevorzugen? Welchen Zeitraum soll man bei der operativen Behandlung zwischen dem linken und dem rechten Auge wählen? Alles Entscheidungen, mit denen man sich als Patient im Moment der Notwendigkeit konfrontiert sieht und teilweise überfordert fühlt.

Bei Herrn Leiden war das etwas anders. Er hatte einen Freund als Augenarzt zur Seite, der ihn schon mehrmals operiert hatte und zu dem er in seiner jahrelangen Bekanntschaft besonderes Vertrauen aufbauen konnte. Das besondere Vertrauen in den Chirurgen lag

---

[4] Volkswirtschaftlich gesehen im Sinne einer freien und selbstbestimmten Partnerwahl.

[5] Eine Katarakt-Operation wird bei Grauem Star bzw. Linsentrübung durchgeführt

darin, dass dieser die Operation bereits 10.000-fach durchgeführt hat. Dieser führte Herrn Leiden durch das System an klinischen Fragestellungen, die ein selbstbestimmter Patient immer wieder für sich entscheiden muss. Aber was wäre gewesen, wenn er diesen Freund nicht gehabt hätte? Er hätte die Entscheidungen auch alleine, aber vielleicht mit einem höheren Unsicherheitsfaktor und mit weniger Vertrauen in das System treffen müssen. Die Operationen verliefen erfolgreich und jeweils einige Stunden nach der Operation konnte Herr Leiden neu sehend das Krankenhaus verlassen. Dank der handwerklichen Perfektion seines Operateurs, der guten Ausstattung des Krankenhauses sowie der pflegerischen Kurzbetreuung.

Neu sehen – die ungeplante Herausforderung mit Schmerzen
Nach zwei Wochen des Genesungsprozesses kam die ultimative Herausforderung für Herrn Leiden: Innerhalb weniger Stunden baut sich im erstoperierten Auge eine Regenbogenhautentzündung auf, die rasende Schmerzen verursacht und einen sofortigen Ambulanzaufenthalt erforderlich macht. In Anbetracht eines möglichen Augenlichtverlustes beginnt eine monatelange Cortisonbehandlung, die die Bedeutung der Kataraktoperation eigentlich in den Hintergrund treten lässt. Über Wochen mussten alle zwei Stunden Tropfen in die Augen gegeben werden, was den Tagesablauf über einen längeren Zeitraum entsprechend bestimmte. Eine Frage drängte sich dabei auf: Was war die Ursache dieser schmerzhaften und über mehrere Monate bestimmenden Regenbogenhautentzündung? Der befreundete Arzt sagte Herrn Leiden, dass diese bei Kataraktoperationen gar nicht so „unoft" vorkommt. War es die Operation oder war es der verstärkte Lichteinfall und die daraus resultierende Reizung des inneren Auges? Hätte er sich nach der Operation anders verhalten und vielleicht einige Tage nach der Operation weniger Zeit am Computer verbringen sollen? Alles Fragen, auf die die medizinischen Experten Herrn Leiden keine schlüssige Antwort geben konnten.

Dabei ist eine Problematik ganz klar zu Tage getreten: Im Bereich der medizinischen und speziell klinischen Forschung wird hauptsächlich auf neue Technologien, Operationsmethoden, optimierte Abläufe und gute Ausbildung Wert gelegt. Daraus lässt sich ableiten, dass wir den klinischen Prozess schon sehr gut im Griff haben und dies auch durch entsprechende Erfolge ausgewiesen wird.

In Summe werden durch diesen Entwicklungsfokus die klinischen Behandlungsabläufe ständig optimiert und im Zeitbedarf auch konzentriert, wobei gerade der Augenbereich in den letzten Jahren eine beispielhafte Entwicklung hinsichtlich tagesklinischer Behandlungen hingelegt hat und dabei als Best-Practice-Beispiel für andere Indikationsbereiche angesehen werden kann. Aber was passiert, wenn man klinische Behandlungsprozesse fokussiert und reduziert? Es findet eine Auslagerung – vor allem des Therapie- und Regenerationsprozesses – in den unmittelbaren Bereich des Patienten statt, und dieser ist aktuell für diese Rollenübernahme und diesen persönlichen Beitrag nicht oder noch nicht ganz vorbereitet.

Herr Leiden erhielt nach den Operationen bei der Entlassung nur die schriftliche Information, über ca. zwei Monate nicht im Meer baden zu gehen, bekam aber keine Handlungsanleitungen für den nun beginnenden Rekonvaleszenzprozess im Alltag und damit auch keine Information als mitproduzierender Patient und als Mitverantwortlicher für den Behandlungserfolg. Auch gab es keinen Hinweis über die schrittweise Heranführung an ein neues Sehen. Kann man nach der Operation schon am nächsten Tag wieder 8 Stunden mit dem Computer arbeiten, oder ist eine schrittweise Annäherung an alltägliche Handlungen erforderlich? Eine Befragung der Fachwelt ergab hier erschreckende Wissens- und damit Kompetenzlücken, mit dem Hinweis auf individuellen Versuch und Irrtum.

Fasst man Herrn Leidens Erkenntnisprozess als Patient und Konsument von Gesundheitsleistungen zusammen, so lässt sich ableitend feststellen, dass klinische Prozesse – wie z. B. Kataraktoperationen – erfolgreich i.S. des angestrebten Behandlungszieles ablaufen. Was das Gesundheitssystem aber noch nicht im Griff zu haben scheint, ist die richtige Einbindung der Patienten als „Mitproduzenten" des Behandlungserfolgs und damit als beitragsorientierten Konsumenten von Gesundheitsleistungen. Was hier vor allem fehlt, ist grundlegendes „Verhaltenswissen" der Fachwelt bei der Auslagerung von Pflegeleistungen in den Eigenbereich der Patienten als Konsumenten. Man könnte in diesem Zusammenhang auch von selbsterstellten Gesundheitsleistungen sprechen.

Die Hauptgeschichte – eine schmerzhafte Erfahrung über unser Gesundheitssystem
Ob jetzt als Folge der Cortisonbehandlung oder nicht – während der Rekonvaleszenzphase von Herrn Leiden wurden die Schmerzen im ganzen Körper und speziell im Augenbereich immer weniger und gewährleisteten sogar einige schmerzfreie Monate. Die mittelfristige Konsequenz: Nach Ausheilung der Augenentzündung und der Operationsfolgen stellten sich wieder verstärkt Schmerzen ein, nun im Hüft- und unteren Wirbelsäulenbereich. Vermutliche Ursache bei Herrn Leiden war die Spätfolge einer körperlich überfordernden Baumaßnahme mit entsprechenden Abnützungen, die eventuell noch durch die Schmerzbehandlung verschärft wurde.

Die Schmerzen im Wirbelsäulen- und Hüftbereich verstärkten sich innerhalb weniger Monate so stark, dass ein fundierter Diagnoseprozess gestartet wurde. Die Hausärztin als Gatekeeperin überwies Herrn Leiden an ein Radiologieinstitut, welches im Röntgen nur altersbedingte Abnützungen und leichte Hüftschäden diagnostizierte, sowie an ein MRT-Institut, das eine intakte Wirbelsäule mit dem Verdacht auf eine Entzündung der Facettengelenke feststellte. Weiterüberwiesen an eine „Schmerzärztin", musste nach einer manuellen Diagnose festgestellt werden, dass es die Facettengelenke nicht sind und die Ursache vermutlich im untersten Teil der Wirbelsäule liegt. Bei einer neuerlichen MRT-Untersuchung im Rahmen eines mehrtägigen Krankenhausaufenthaltes als Privatpatient – mit der Zielsetzung einer kompletten Durchuntersuchung – konnte diagnostisch festgestellt werden, dass sich auf beiden Hüftköpfen starke Knochenmarksödeme gebildet haben.

Dies führte in der Folge zu der Aussage eines beigezogenen Orthopäden, „dass dies gar nicht gut ausschaut". Auf die Frage von Herrn Leiden als Patient, „was denn gar nicht gut ausschaut?" sagte der Orthopäde lapidar: „Na, die Hüften sind zu machen". Seine Aussage, „dass dies sehr überraschend ist, da der Röntgenarzt eigentlich einen altersgerechten Zustand festgestellt und die Beschwerden eher einem anderen Bereich zugeordnet hat", verweist der Orthopäde auf die im MRT-Befund klar feststellbaren Knochenmarksödeme. Auf die Patientenaussage hin, dass dies „eine sehr überraschende Information sei" griff der Orthopäde nach seinem iPhone und präsentierte bildhaft die Möglichkeiten von Kurz-, Mittel- und Langschaftprothesen mit den Worten, dass noch vor Weihnachten – es war immerhin Anfang Dezember – die Operation durchgeführt werden kann.

Der Höhepunkt der Ratlosigkeit von Herrn Leiden wurde erreicht, als auf die Frage „ob denn nach der Operation die Schmerzen weg sind, die eigentlich den Grund für die Untersuchungsserie darstellen", der Orthopäde nur antwortete, „dass er dies nicht garantieren könne". Eine vielleicht wahre Aussage, die aber in diesem Moment nicht dazu beitrug, das Vertrauen von Herrn Leiden in die medizinische Diagnostik zu stärken.

Auf den Einwand hin, dass für Herrn Leiden die Schmerzzuordnung zu den Knochenmarksödemen und damit die Operationsnotwendigkeit – durch den Widerspruch in der Diagnostik – noch nicht eindeutig ist und eher eine Verhaltensempfehlung des Orthopäden erwartet wurde, erwiderte dieser, dass noch Patienten in seiner Praxis warten, und er für eine Beratung jetzt keine Zeit mehr hat. Kurz angebunden verließ der Orthopäde das Krankenzimmer und ließ einen ratlosen Patienten mit der Fragestellung „wie krank unser Gesundheitssystem eigentlich ist" zurück. Und wieder wurde von den „Experten" der selbstbestimmte Patient als mitwirkender Konsument von und bei Gesundheitsleistungen nicht zur Kenntnis genommen.

Die systemkonforme Lösung durch ein neues Patientenverständnis
Nach monatelangen Bemühungen ist es Herrn Leiden endlich gelungen, einen Hüftspezialisten ausfindig zu machen, zu dem er Vertrauen aufbauen konnte und der schlussendlich zwei Diagnosen stellte, indem er Probleme in der Wirbelsäule (Facettengelenke) und in der Hüfte (Knochenmarksödeme und Abnützungen) diagnostizierte und eine schrittweise Problemlösung vorgeschlagen hat, wobei die Schmerzlinderung bzw. -befreiung im Fokus stand. Erstmals hatte Herr Leiden das Gefühl, als mitentscheidender Patient im Sinne eines Kunden ernst genommen zu werden, wobei seine Bedürfnisse verbunden mit den Gesundheitsleistungen erstmals Berücksichtigung fanden. Nach einer stufenweisen Abklärung und Behandlung des Krankheitsverlaufes mit Spritzen und einer operativen Unterbrechung von Nervenbahnen der Facettengelenke konnte jedoch noch keine längerfristige schmerzbefreiende Wirkung erzielt werden.

Der weitere Verlauf dieser Patientenkarriere weist jedoch auf marktgerechte Ansätze im Gesundheitsbereich hin: Nach einem zusätzlichen Jahr des zunehmenden Schmerzgeschehens erhielt Herr Leiden durch die Unterstützung eines Freundes, dem Geschäftsführer einer Reha-Klinik (Systemexperten), einen wertvollen Tipp. Über dessen Vermittlung wurde Herr Leiden an einen kompetenten und kunden- bzw. patientenorientierten Orthopäden weitergeleitet, der auch sofort eine Vertrauensbasis aufbauen konnte. Nach fünf Monaten bekam Herr Leiden durch diesen Orthopäden auf der linken Seite erfolgreich ein neues Hüftgelenk eingesetzt. Von diesem Zeitpunkt an hat sich die Einstellung des Patienten zur kompetenten „Reparaturmedizin" im Sinne einer schmerzlindernden bzw. schmerzbefreienden Behandlung von körperlichen Gebrechen aber auch zur aktiven Erhaltung seiner eigenen Gesundheit grundsätzlich geändert. Seither steht für Herrn Leiden auch wieder die Lebensqualität im Mittelpunkt seiner Lebensinteressen. Rückblickend betrachtet wären diese Vorgangsweise und das leidhafte Schmerzgeschehen nicht notwendig gewesen, hätte es zu Beginn der Diagnostik nicht diese widersprüchlichen Diagnoseergebnisse gegeben und der erste Orthopäde dem Patienten gegenüber eine Vertrauensbasis auf Augenhöhe und in einer Kenntnis des Patienten als selbst- bzw. mitentscheidenden Konsumenten von Gesundheitsleistungen aufgebaut.

Die Conclusio einer mehrjährigen Patientengeschichte

Warum wurden diese Erlebnisse einleitend dargestellt? Weil – so zeigen konkrete Erfahrungen mit dem Gesundheitssystem – die Patientengeschichte des Herrn Leiden keinen Einzelfall darstellt, sondern eher die Regel repräsentiert. Herr Leiden wollte als Patient alles richtigmachen und das System als Konsument von Gesundheitsleistungen möglichst schonen. Schlussendlich hat er aber sechs Diagnosestationen durchlaufen, um eine patienten- und damit kundengerechte Antwort auf seine Frage nach der oder den Schmerzursachen und der richtigen therapeutischen Behandlung zu erhalten. In diesem Fall bedeutete dies mehrere schmerzhafte Erfahrungen, die seine Einstellung zum Gesundheitssystem aber wesentlich geprägt haben, und so wird es pro Jahr Tausenden von Patienten und Kunden des Gesundheitssektors ergehen, zurückgelassen mit der Frage: „Wo bleibt der selbstbestimmte Patient als Kunde und Konsument von Gesundheitsleistungen, auch wenn er sich der Experten bedient und alles richtigmachen möchte?"

Gesellschaftlicher Rahmen, Marktgeschehen und Gesundheit

2

Ausgangssituation des Herrn Leiden

„… ist der Patient wirklich schon in einer selbstbestimmten Rolle? Ist der Gesundheitssektor wirklich schon durch ein aktives Marktgeschehen definiert, in dem der selbstbestimmte Patient als Nachfrager über die Auswahl der Leistungsanbieter – zumindest was sein grundsätzliches Konsumverhalten betrifft – selbst entscheidet und nicht mehr nur einem Zu- und Einweiser zu entsprechen hat oder ausgeliefert ist? Fragen, die sich bisher als eher diskussionsresistent erwiesen..".

2.1 Thematischer Aufriss – einem menschlichen Phänomen auf der Spur

Grundsätzlich wähnen wir Menschen uns in einer Selbstbetrachtung als logisch denkendes[1] und rational handelndes[2] Wesen. Nur so kann auch unserer Volksmeinung nach die Frage des „Überlebens" – d. h., wir machen nichts, was unser Leben gefährden könnte – positiv beantwortet werden.

Wir glauben an den Fortschritt durch die Wissenschaft, der gleichzeitig Wissen schafft und eine bessere Welt durch die Anreicherung von objektivierten Erkenntnissen verspricht.

Viele unserer Lebenslagen und damit auch unser Lebensalltag bauen auf dieser erkenntnistheoretischen Basis – als Frage nach den Bedingungen von Erkenntnis und den

---

[1] Im Sinne von „sinnhaft", den Regeln der Logik gemäß „folgerichtig".

[2] Im Sinne „von der Vernunft gesteuert", wobei unter „Vernunft" wiederum ein durch Denken bestimmtes, geistiges menschliches Vermögen zur Erkenntnis verstanden werden kann.

© Der/die Autor(en), exklusiv lizenziert an Springer Fachmedien Wiesbaden GmbH, ein Teil von Springer Nature 2022
K. Hubatka, *Wie Patienten ticken? Wie Konsumenten handeln!*,
https://doi.org/10.1007/978-3-658-37998-8_2

Quellen bzw. dem Zustandekommen von Wissen[3] – auf und finden ihre Begründung in einem logisch denkenden und rational handelnden Menschen. Popper formulierte dies auch als Erkenntnistheorie des Alltagsverstandes, geprägt durch Erwartungen und gewisse Regelmäßigkeiten, die wiederum eine Induktionsproblematik nach Hume (wann ist ein Induktionsschluss vom Einzelfall auf ein allgemeingültiges Gesetz zulässig) begründen. Hume glaubte in diesem Zusammenhang auch an eine irrationalistische Erkenntnistheorie.[4]

Einzelne Gesetze, unser ganzes Rechtssystem und sogar unsere demokratische Verfassung sowie daraus ableitend auch unsere solidarisch[5] geregelten Lebensbereiche (z. B. Gesundheitssektor) bauen darauf auf, dass wir uns an die allgemeingültigen Regelungen – auch durch Einsicht gesteuert – halten und diese daher auch unser Leben sowie die dabei bestimmten Verhaltensweisen wesentlich bestimmen.

Kurzgefasst: Wir erwarten einen „einsichtigen" (d. h. logisch denkenden) und der „Einsicht folgenden" Bürger als Mitmenschen, der sein Verhalten und seine Handlungen auch mit einem gewissen Maß an kollektiver Verantwortung[6] ausrichtet.

Soviel zu den Annahmen unseres gesellschaftlichen Basis-Systems: Aber was erleben wir tagtäglich in unserem beruflichen Umfeld, in unserem privaten Alltag, in unseren Systemen als Gruppenmitglied? Wie steht es um die gegenseitige Rücksichtnahme im Berufsverkehr? Wie steht es um unsere Ernährungsgewohnheiten und um unser alltägliches Suchtverhalten? Für wie viele Menschen unter uns dient Rauchen dem Stressabbau und die gesundheitsgefährdende – von Geschmacksverstärkern geprägte – Ernährung als positive Belohnung? Gleiches gilt für uns auch im Rahmen einer generellen Sicht des Konsumverhaltens: „Shoppen bis die Karte glüht" als Erlebniszeit, die gleichzeitig dem Stressabbau und als Belohnungssystem dient („Die Gier nach Shopping – das Verhalten im Spannungsfeld zwischen der Suche nach Lust und der Angst"[7]). Hier bekommt der Spruch „Das habe ich mir verdient" eine reale Bedeutung. Viele Verhaltensmuster wären unmöglich, wenn wir uns nur rational und unserem Wissensstand folgend verhalten würden.

Zeigen wir vielleicht gerade im Konsumbereich – der sehr wenig auf dem Prinzip des kollektiven Verantwortungsbewusstseins und des rational handelnden Menschen aufbaut –

---

[3] Vgl. LMU (2021): Erkenntnistheorie – Fakultät für Philosophie, Wissenschaftstheorie und Religionswissenschaft – LMU München (uni-muenchen.de) am 27.01.2021, unter URL: https://www.philosophie.uni-muenchen.de/fakultaet/schwerpunkte/erkenntnistheorie/index.html.

[4] Vgl. Popper K.R. (1973): Objektive Erkenntnis – Ein evolutionärer Entwurf, Hamburg; Hoffmann & Campe Verlag, S. 13 und 15.

[5] Im Sinne einer wechselseitig verpflichtenden Verbundenheit.

[6] Vgl. Heidbrink L., Langbehn C., Loh J. (2017): Handbuch Verantwortung, Zusammenfassung, Wiesbaden, URL: https://link.springer.com/chapter/10.1007/978-3-658-06110-4_25 am 28.07.2021: „Kollektive Verantwortung" als Verantwortung individualistisch angelegt bzw. als Verantwortung einzelner menschlicher Akteure einem Kollektiv gegenüber mit partizipatorischer Absicht und/oder mitwirkender Handlung.

[7] Vgl. O.V. (2021): „Zwischen Lust und Angst – die Gier nach Shopping" in: Die Presse vom 09.02.2021; „Die Presse" Verlags-Gesellschaft, Wien, S. 13.

unser wahres Gesicht? Vielleicht als Antithese: Gerade der Konsumbereich baut auf einer individuellen Selbstverwirklichung, konkret auf individuellen Bedürfnislagen der Konsumenten, auf. Wir sprechen in diesem Bereich von individueller Bedürfnisbefriedigung[8] der Nachfrage, indem wir die Konsumenten und deren Bedürfnisse in konkreten Angeboten abbilden und in „marktkonforme Produkte" überleiten. Ohne das System der kundengerechten Bedürfnisbefriedigung wären unser Konsumbereich sowie unser Leben als freie Konsumenten undenkbar.

Daraus ableitend baut der Konsumbereich grundsätzlich nicht oder nur zum Teil auf dem logisch denkenden und rational handelnden Menschen auf. Über Jahrzehnte hinweg wurde dementsprechend dieser Bereich erforscht (z. B. Kroeber-Riel W. auf dem Gebiet der Konsumenten-Verhaltensforschung), um die lebenswichtige Frage der Anbieter, wie ein bedürfnisgerechtes Angebot ausschauen und wie dies auch kommuniziert werden muss, beantworten zu können. Als konkretes Beispiel seien hier die Markenmärkte genannt (siehe z. B. Domizlaff H., „Die Gewinnung des öffentlichen Vertrauens. Ein Lehrbuch der Markentechnik" aus dem Jahre 1939 bzw. 1982), die auf einer sehr subjektiven und individuellen Komponente der Konsumenten – konkret dem Vertrauen – aufbauen.[9]

2.2   Rationalität und Irrationalität als Basis unseres Verhaltens

Im Rahmen einer wissenschaftlich fundierten Analyse geht es immer wieder darum, den Sachverhalten auf den Grund – im Sinne von Ursachen und Einflussgrößen – zu gehen. Gerade in wichtigen gesellschaftlichen Bereichen, wie zum Beispiel dem Gesundheitssektor, erscheint es notwendig zu sein, einfache Annahmen – auch wenn sie sich in der Gesellschaft als „relative Wahrheit" etabliert haben – laufend auf ihre Gültigkeit zu hinterfragen. In der Geschichte der Menschheit haben sich diesbezüglich schon ganze Weltbilder (denken wir nur an die Welt als Scheibe) als falsch herausgestellt. Die folgenden Analysen sollen gerade das bestehende Patientenbild hinterfragen.

2.2.1   Die gesellschaftliche Gefangenschaft in der rationalen Blase

Das Interesse, das Verhalten von Menschen zu klären und dieses auch für bestimmte Zwecke zu verwenden, dürfte so alt sein, wie die Menschheit in modernen Gesellschaftsformen lebt. Schon alleine die Begründung von Machtansprüchen bedingte geschichtlich eine bestimmte Kenntnis und Prognose menschlichen Verhaltens und begründete unter

---

[8]Vgl. Harms F., Gänshirt D., Lonsert M. (2005): Zukunftsperspektiven für pharmazeutisches Marketing; in: Harms F., Gänshirt D. (Hrsg.) (2005): Gesundheitsmarketing, Patientenempowerment als Kernkompetenz, Stuttgart, Lucius & Lucius Verlagsgesellschaft, S. 24.

[9]Vgl. Esch F.R. (Hrsg.) (2005): Moderne Markenführung, Grundlagen – Innovative Ansätze – Praktische Umsetzungen; Wiesbaden, Springer-Verlag, S. 7 und 9.

anderem auch die Entstehung von „Weltreichen". Oftmals fühlen wir uns daran erinnert, manchmal handeln wir heute noch nach ihnen – bestimmte Verhaltens- und Entscheidungsmuster unserer Vorgängergenerationen in den dunkelsten Zeiten der Menschheitsgeschichte und können uns diese nur sehr schwer erklären.

Der Schriftsteller Ferdinand von Schirach beschrieb dieses Phänomen anlässlich der Eröffnung der Salzburger Festspiele 2017 treffend sinngemäß mit der Frage: „Was tun, wenn die Demokraten einen Tyrannen wählen? Wann soll eine Sachentscheidung über eine Mehrheitsentscheidung gestellt werden?".[10] Wenn auch vielleicht in einem anderen Zusammenhang gemeint, so kommt hier aber eindeutig der rationale Widerspruch des Entscheidungsverhaltens von Gesellschaften und des Individuums zum Ausdruck.

2.2.1.1 Rational handelnder Konsument – „Homo oeconomicus" als Fake News

Generationen von Ökonomen begründeten ihre volkswirtschaftlichen Verhaltensmodelle (Mikroökonomie) mit dem „Homo oeconomicus", um ihren Modellen Aussagekraft zu verleihen, wobei konkret wirtschaftliche Urteile und Entscheidungsprozesse von Menschen beschrieben werden.[11] Gemäß Definition versteht man darunter einen wirtschaftlich denkenden Menschen, der nach dem Rationalprinzip handelt (in Abgrenzung zur Verhaltensökonomie bzw. auch als „Behavioural Economics" bekannt, die sich mit menschlichen Verhaltensweisen – abweichend vom Rationalprinzip – beschäftigt).

Dies basiert auf der Annahme, dass der „Homo oeconomicus" über alle Informationen seiner Handlungsalternativen verfügt und sich dann für jene Handlungsalternative entscheidet, die ihm den größten Nutzenwert verschafft.[12] Explizit hat der „Homo oeconomicus" keine Schwierigkeiten bei der Verarbeitung komplexer Entscheidungsprozesse, und er kann hinsichtlich des Nutzenbeitrages bei verschiedenen Handlungsalternativen immer eine konsistente Rangfolge ermitteln.[13] In diesem Sinne wäre der „Homo oeconomicus" die Antwort auf ein gänzlich transparentes Marktangebot.

Die geringe empirische Relevanz dieser Verhaltensannahme – im totalen Informationszeitalter umso mehr – sowie die Einengung des Rationalitätsbegriffes (im Sinne von Vernunft und Verstand) auf reine Zweckrationalität begründeten die Abkehr der Vertreter neuer betriebswirtschaftlicher Erklärungsansätze,[14] was die Analyse des Konsum- und Konsumentenverhaltens revolutionierte und z. B. einen Markenmarkt erst möglich macht.

---

[10]Vgl. Krause W. (2017): Die hässliche Macht der Masse; über die Festrede von Ferdinand von Schirach (gemäß der Kleinen Zeitung vom 28.07.2017) unter URL: https://austria-forum.org/af/Wissenssammlungen/Essays/Kultur/Ferdinand von_Schirach_bei_Salzburger_Festspielen am 28.12.2020.

[11]Vgl. Bofinger P. (2007): Grundzüge der Volkswirtschaftslehre – Eine Einführung in die Wissenschaft von Märkten, 2. Auflage, München, Pearson Deutschland, S. 112.

[12]Vgl. Wirtschaftslexikon24.com „Homo oeconomicus", Ausgabe 2020,unter URL: www.wirtschaftslexikon24.com/d/homo-oeconomicus/homo-oeconomicus.htm am 28.12.2020.

[13]Vgl. Bofinger P. (2007), S. 112.

[14]Vgl. Wirtschaftslexikon24com: „Homo oeconomicus" am 28.12.2020.

In diesem Sinne stellt die Markenpolitik von Unternehmen die Antithese zum „Homo oeconomicus" dar.

Eine Konsequenz daraus ist die Betrachtung von Konsumenten als nicht nur rational (im Sinne von kritisch)[15] handelnden Menschen, woraus auch die einzelnen Verhaltensmodelle abgeleitet wurden, was den Übergang von den einfachen S-R-Modellen (Stimulus-Reaktions-Modelle) zu den S-O-R-Modellen (Stimulus-Organismus-Reaktions-Modellen) als echte Verhaltensmodelle begründete.[16] In diesem Rahmen wird auch vordergründig „irrationales" Verhalten[17] im Sinne eines verdeckten Verarbeitungsprozesses einer Analyse bzw. Begründung – beispielhaft im Rahmen des Neuromarketings – zugeführt.

Neue Erkenntnisse der Gehirnforschung aufgrund der Untersuchung neuronaler Zustände mittels funktioneller Magnetresonanztherapie weisen das Gegenteil vom bewusst und rational handelnden Konsumenten aus: Gefühlsbetonte Konsumentenentscheidungen dominieren (zw. 70 % und 95 %) und sind um ein Vielfaches größer als bewusste Entscheidungen. Damit werden nur 5 % bis 30 % aller Entscheidungen von Konsumenten bewusst getroffen.[18] Analoge Ergebnisse weist Kirchler E., Professor für Wirtschaftspsychologie an der Universität Wien, aus: „Entscheidungen sind emotionsgetrieben, demnach werden rd. 70 % der Entscheidungen unbewusst und daher intuitiv emotional und irrational getroffen. Nur rd. 30 % der Entscheidungen, die das tägliche Leben beeinflussen, werden bewusst getroffen".[19]

Ableitend kann daher festgestellt werden, dass wir es im Konsumbereich mit einen emotional, irrational und hauptsächlich unbewusst entscheidenden und demnach handelnden Konsumenten zu tun haben, wobei erkennbar ist, dass sich auch die Patienten analog diesem erlernten oder angelegten Verhaltensmuster entscheiden bzw. verhalten.

2.2.1.2 Rational handelnder Konsument und die neue Patientensicht

Ableitend aus den theoretischen Erklärungsansätzen lassen sich die unterschiedlichsten Perspektiven der Konsumentensicht auf die Patienten übertragen.

Entsprechend einer medizinsoziologischen Sichtweise spielt im Rahmen des Gesundheitsverhaltens von Patienten auch die Motivation als Komponente sozialen Handelns eine große Rolle. Unter Motivation seien in diesem Zusammenhang Bedingungen verstanden, welche zielgerichtete Aktivitäten initiieren und diese bis zu ihrem Abschluss aufrechterhalten. Dabei liegen der Motivation einzelne Motive zugrunde, die im Laufe der persönli-

---

[15] Vgl. Popper K.R. (1973), S. 103.

[16] Vgl. Meffert H., Burmann C., Kirchgeorg M. (2008): Marketing, Grundlagen moderner Unternehmensführung; Wiesbaden, 10. Auflage, Verlag Dr. Th. Gabler, S. 101 f.

[17] Im Sinne von „nicht von der Vernunft gesteuert" bzw. „der menschlichen Vernunft widersprechend".

[18] Vgl. Scherenberg V. (2012): Potenziale des Neuromarketings für die Gestaltung von Gesundheitskampagnen, in: Hoffmann S., Schwarz U., Mai R. (Hrsg.) (2012): Angewandtes Gesundheitsmarketing, Wiesbaden, Springer Gabler Verlag, S. 149.

[19] Vgl. (mad.) (2021): „Zwischen Lust und Angst – die Gier nach Shopping" in: Die Presse vom 09.02.2021; „Die Presse" Verlags-Gesellschaft m.b.H.& CoKG, Wien; S. 13.

chen Entwicklung und der Sozialisation durch die aktive Auseinandersetzung mit der Umwelt erlernt werden.[20]

Überträgt man diesen allgemeinsoziologischen Ansatz auf den Gesundheitsbereich, so gilt es immer wieder zu hinterfragen, wie weit in diesem Zusammenhang ein Gesundheitswissen erlernt bzw. angeeignet wird und der aktive Umgang mit der persönlichen Gesundheit eine Motivation für gesundes Verhalten und konkret für das Gesundheitsverhalten darstellt. Ausgangspunkte dafür können die Bedürfnisse nach Sicherheit, Geborgenheit, sozialen Kontakten und nach sozialer Anerkennung darstellen.[21]

Aus der Analyse des Käuferverhaltens lässt sich ableiten, dass der Konsument aus einem Bündel an internen und externen Bestimmungsfaktoren – und damit Perspektiven – in seinem Verhalten beeinflusst wird. Darüber hinaus bestimmen eher objektivierbare und eher rationale Faktoren, wie z. B. Einstellungen und Werte genauso eine Wahlhandlung und damit Kaufentscheidung wie eher subjektive und eher irrationale Faktoren, wie z. B. Persönlichkeit, Motivation und Emotion.

Aus der Sicht des sozialen Umfeldes resultieren daraus auch immer wieder irrationale Wahl- und Konsumentscheidungen, die vordergründig objektiv und rational nicht erklärbar sind. Dies zeigt sich beispielhaft beim Kauf von Produkten, die bei rationaler Betrachtung den Anforderungen nicht entsprechen und im Gesundheitsbereich zum Beispiel im Raucherverhalten oder durch die Impfmüdigkeit zum Ausdruck kommen. Damit ist der in der Volkswirtschaftslehre bei der Betrachtung des Marktgeschehens angeführte „Homo oeconomicus" ein untauglicher Ansatz zu Erklärung des Konsumverhaltens. Eine bestimmte Irrationalität des Konsumverhaltens ist damit auch bei Patienten ausweisbar.

Resümierend lässt sich grundsätzlich im teilweisen irrationalen Verhaltensmuster der Leistungskonsumation eine große Analogie zwischen dem Konsumenten allgemein und den Patienten erkennen, was für ein entsprechendes Marktgeschehen sprechen würde. Nach der Redewendung „der Wurm muss dem Fisch und nicht dem Fischer schmecken" hat diese Erkenntnis weitreichende Konsequenzen für die Gesundheitspolitik: Man hat dabei mit keiner Einsicht der Patienten zu rechnen. Wenn Regelungen in einem Gesetz stehen, heißt dies noch lange nicht, dass sich die Bevölkerung auch daran hält. Gesundheitspolitische Maßnahmen und Aktionen sind entsprechend zu „verkaufen", und eine entsprechende Akzeptanz und Wünschbarkeit ist zu erzielen.

2.2.1.3 Der holistische Ansatz – der Patient als Mensch

Unter Bezugnahme auf die aktuellen Entwicklungen und die fragmentierten Lösungsansätze im medizinisch orientierten Kern des Gesundheitssystems könnte man zu dem Schluss kommen, dass „wir in der Medizin den Menschen aus den Augen verloren haben".

Entgegen vielfachen Bemühungen, die Ganzheitsmedizin und damit den Menschen wieder in den Fokus der Entwicklungen zu stellen, stehen nach wie vor bzw. teilweise

---

[20]Vgl. Siegrist J. (1995): Medizinische Soziologie, 5. Auflage, München-Wien-Baltimore, Urban & Schwarzenberg, S. 108.

[21]Vgl. Siegrist J. (1995), S. 108.

verstärkt fragmentierte Entwicklungsansätze von medizinischen Therapie- und Behandlungsmethoden im Blickpunkt medizinischer Forschung. Analoges lässt sich aber auch bei gesundheitspolitischen Problemlösungen feststellen. Der Kontext eines menschlich-körperlichen Zusammenwirkens einzelner Organe bleibt dabei oftmals unberücksichtigt. Was für ein Organ aber gut sein kann, kann für ein anderes oftmals eine Belastung darstellen. In großen Langzeitstudien kommen diese Nebenwirkungen – oftmals nach Jahrzehnten der Anwendung – zum Ausdruck und bewirken in der Folge ein Anwendungsverbot.

Der Patient und die therapeutische Wirkung beim Patienten werden dabei oftmals in einem Zusammenhang genannt, nicht berücksichtigend, dass der Patient als Mensch neben der körperlich-rationalen Komponente auch über eine psychisch-subjektive Komponente verfügt, die im medizinischen Gesundheitsbereich zumindest schlaglichtartig in der Compliance (d. h. Therapietreue) zum Ausdruck kommt. Teilweise wird diese Compliance auch von medizinischen Leistungsanbietern in der Sicht des Patienten als Mitproduzenten – und damit auch mitverantwortlich für den Leistungserfolg – berücksichtigt.

2.2.2   Von der Irrationalität zur Gesundheitsgefahr

Gesundheitssysteme der westlichen Welt sind meist expertenorientierte Systeme, d. h., die Experten (wie z. B. Hausärzte) definieren den Bedarf, aber auch die Bedürfnisse von Patienten und gleichzeitig die notwendigen Gesundheitsleistungen. Ausgangspunkt für die Entscheidung über Gesundheitsleistungen ist dabei der individuelle Gesundheitsnutzen für die Patienten bzw. im Vorsorge- und Präventionsbereich der Konsumenten von Gesundheitsleistungen. Dabei wird analog dem „Homo oeconomicus" die rationale Entscheidung hinsichtlich eines bestimmten Gesundheitsverhaltens zugrunde gelegt.

Grundsätzliche Anforderung an das Gesundheitsmarketing generell und die Gesundheitskommunikation speziell ist es, das Verhalten der Bevölkerung bzw. von Zielgruppen zu beeinflussen (im Bereich des Neuromarketings spricht man auch von „Intervention").[22] Wenn man z. B. an die aktuelle Kampagne für eine (Influenza-) Grippeschutzimpfung denkt, dann wäre es Zielsetzung, möglichst viele Menschen zu einer Impfung zu bewegen.

Durch die zunehmende Selbstbestimmung der Patienten haben sich aber auch im Gesundheitssektor die Entscheidungs- und daraus abgeleiteten Verhaltensstrukturen grundlegend in Richtung konsumentengleicher Irrationalität verändert. Ein wesentlicher Treiber dieser Entwicklung war und ist das Internet als Informationsquelle der Bevölkerung auch in Sachen Gesundheit.[23] Dass sich der Mensch selbst in lebensbedrohlichen Situationen der rationalen Entscheidungsfindung widersetzt, konnte bereits vielfach bewiesen werden.

---

[22] Vgl. Scherenberg V. (2012), S. 152 f.
[23] Vgl. Hubatka K. (2017a): Patient Safety, Medical Care and Social Media, Posterbeitrag zur ISQua-Tagung, 01.-03.10.2017, London, sowie Hubatka K. (2017b): Qualitätsmanagement und die Publikation von Krankenhaus-Qualitätsdaten, Spektrum, Hochschule Ludwigshafen am Rhein, Januar 2017, Ludwigshafen, S. 8 ff.

So weisen aktuelle Studien darauf hin, dass sich die Menschen generell – aber auch die Patienten im Speziellen – nicht rational und sogar angesichts tödlicher Gefahren nicht gesundheitskonform verhalten. Als Fakten-Beispiele für das nicht rationale Verhalten von Patienten und Konsumenten von Gesundheitsleistungen können folgende Pressemitteilungen zum Impftag 2020 betreffend Verbesserung der Durchimpfungsrate angesehen werden: „Wie man die Impfrate steigern könnte"[24] „Schlechte Compliance kostet vielen Infarkt-Patienten das Leben".[25]

Dementsprechend stellen die gesamtgesellschaftlichen Entscheidungs- und Verhaltensmuster auch ein Spiegelbild für die Verhältnisse und Rahmenbedingungen im Gesundheitssektor dar. Ableitend lässt sich daher feststellen, dass wir auch im Gesundheitsmarkt nicht rational entscheiden und handeln, dies vielfältig zum Ausdruck kommt und man dementsprechend von einem „gesundheitswidrigen Verhalten" – wenn wir z. B. den Vergleich zu unserem Straßenverkehrsverhalten wagen – sprechen kann (z. B. Diabetes und Ernährung, Adipositas und Bewegung etc.).

Grundlagenergebnisse dazu liefert eine wissenschaftliche Arbeit von K. Hubatka zur Markenbildung und Angebotsprofilierung im Gesundheitsbereich,[26] bei der festgestellt wurde, dass Menschen im Gesundheitsbereich als Konsumenten von Gesundheitsleistungen analog dem allgemeinen Konsumbereich reagieren bzw. handeln, was wiederum dem aktuell gezeigten Verhalten entspricht. Darüber hinaus konnte die Gültigkeit dieser Verhaltensmuster in mehreren wissenschaftlichen Evaluierungsarbeiten bestätigt werden,[27] auf die in den folgenden Analysen noch näher einzugehen ist.

2.2.3   Das irrationale und damit konsumentengleiche Verhalten von Patienten

Wesentlichen Einfluss auf das Verhalten von Patienten scheint u. a. das grundsätzliche Gesundheitsverständnis und damit das Gesundheitsverhalten ganzer Bevölkerungsgruppen zu haben. Dabei sind auch allgemeine Verhaltensmuster, wie z. B. als Konsumenten von Dienstleistungen, in die Analyse einzubeziehen.

---

[24] Vgl. science ORF.at (2020): Wie man die Impfrate steigern könnte, unter URL: https://science.orf.at/stories/2988884/ am 13.01.2020.

[25] Vgl. Ärztezeitung (2020): Schlechte Compliance kostet viele Infarkt-Patienten das Leben, unter URL: https://www.aerztezeitung.de/Medizin/Schlechte-Compliance-kostet-viele-Infarkt-Patienten-das-Leben-351049.html am 13.01.2020.

[26] Vgl. Hubatka K. (1994), S. 361 ff.

[27] Unter anderem gemäß Projektbericht „Kliniksuche.at", Hubatka et al; Steyr-Linz (2016) in Richtung Informations- und Wahlverhalten von Patienten sowie „Neupositionierung der Fitnessbranche im Gesundheitsmarkt", Hubatka et al; Steyr-Linz (2017) hinsichtlich der Bevölkerungseinstellung zum Gesundheitsbegriff selbst und zur Gesundheitsvorsorge.

2.2.3.1 Das krisengeprägte Gesundheitsverhalten der Bevölkerung

Politiker und Gesundheitsverantwortliche als Krisenmanager bemühen sich redlich um eine möglichst objektive Aufklärung der Bevölkerung mit der Zielsetzung, krisenkonformes Verhalten zu erzeugen. Dabei argumentieren die Verantwortlichen mit den Gefahren der Krise. Doch allen fundierten Argumenten zum Trotz verhält sich die Bevölkerung nicht argumentationskonform.

Die Corona-Krise bringt es ganz klar zum Vorschein: Die Bevölkerung und damit die Patienten verhalten sich nicht rational. Gemäß dem Psychoanalytiker Lloyd de Mause dürfte einer der generellen Gründe auch in unserer kindheitlichen Entwicklungsgeschichte (Kindheitsevolution) liegen, wobei alle gesellschaftlichen Gruppen – von Banden bis zu Nationen – Wachstum, Fortschritt und soziale Entwicklung mit Ängsten vor maternaler Vereinnahmung und Verstoßung verbinden. Je miserabler die Erziehung, umso eher wird Wachstumspanik durch Individuation und Selbstbehauptung ausgelöst.[28]

Warum? Als gelernte Konsumenten verhalten wir uns nicht rational, die gesamte Krisenkommunikation baut jedoch auf dem rational handelnden Bürger und einsichtigen Menschen auf (siehe „Homo oeconomicus"). Man könnte auch von einem Aufpoppen eines Risiko- bzw. Spieltriebes bestimmter Bevölkerungsschichten sprechen. Beispiele: Totenköpfe auf Zigarettenschachteln halten nicht vom Rauchen ab, weinende Ärzte aus der Lombardei während der Corona-Pandemie haben keine nachhaltig abschreckende Wirkung auf den Normalbürger (Originalzitat: „Ich bin eh jung, mich erwischt es nicht, und die Alten gehören eh weg" an einer Kaufhauskasse).

Anfängliche Aussagen von Präsident Trump, Premier Johnson u.v.m. zur Gefährlichkeit der Corona-Pandemie bestätigen diese Einschätzung einer Grundignoranz bestimmter Bevölkerungsschichten – verteilt über den ganzen Globus – gegenüber rein rationalen Argumenten, wie z. B. Zahlen und Fakten (bzw. Evidenzbasierung). Die niedrige Durchimpfungsrate bei der Influenza in Österreich bestätigt diese Einschätzung. Die entsprechenden jährlichen Todesraten gehen im Alltagsleben unter.

2.2.3.2 Die Pandemie und das konsumentengleiche Verhalten der Patienten

Die Corona-Pandemie[29] macht es besonders deutlich: Weder die Patienten noch die Mehrheit der Bevölkerung verhalten sich systemkonform rational. Auch aktuelle Studien beweisen diese Verhaltensansätze. Dass aber systemkonformes Verhalten und verhaltensbeeinflussende Maßnahmen Leben retten können, scheinen die staatlichen Eingriffe im Rahmen der Corona-Pandemie beweisen zu können. Die Regionalisierung der Pandemiebekämpfung weist den jeweiligen Nutzen aus, wobei bis zur positiven Wirkung der Durchimpfung (Stichwort Herdenimmunität) immer wieder andere Regionen als Hotspots

---

[28] Lloyd de Mause (2005): Das emotionale Leben der Nationen, Klagenfurt, Drava Verlag, S. 96.

[29] Im Sinne der globalen Verbreitung der COVID-19 Infektionskrankheit.

ausgewiesen wurden. Die Zahlen zeigen dabei, dass sich das Blatt der Pandemie rasch wenden kann. Beispielhaft wird hier Vorarlberg genannt, welches in der zweiten Welle sehr stark betroffen war, während Wien vergleichsweise sehr gut durch diese Zeit kam.[30] In der dritten Welle war es genau umgekehrt.

Grundsätzlich kommt es bei diesen Eingriffen nicht nur auf den verpflichtenden Charakter der Aktionen (Gesetze, Verordnungen, Vorschriften etc.) und deren Überwachung, sondern auch auf die marktkonforme bzw. krisengerechte Kommunikation der Maßnahmen an. Vielfach wurden in der Krisenkommunikation von führenden Politikern die Bedenken geäußert, dass man durch ein zu langes Aufrechterhalten von einschränkenden Maßnahmen die Bevölkerung bzw. die Akzeptanz für die Maßnahmen verliere.

Die Zielgruppe(n) der Krisenkommunikation und damit auch die Zielgruppen der Gesundheitskommunikation sind gelernte Konsumenten, konkret Konsumenten von Gesundheitsleistungen, die nur teilweise klaren Argumenten – sprich kognitiv – in ihrem Verhalten zugänglich sind. Wesentlich wird ihr Verhalten durch emotionale und situative Kriterien gesteuert, beispielhaft verdeutlicht durch gelebtes Konsumverhalten im Markenartikelbereich. Zur Bestätigung dieser Ableitung kann der Pandemieverlauf in Israel herangezogen werden.

---

[30] Vgl. (eiba) (2021): „Covid-Intensivpatienten werden mehr und sind immer jünger" in OÖ Nachrichten vom 23.03.2021; Wimmer Medien, Linz, S. 3.

Die Gesundheitswirtschaft und die aktuelle Marktentwicklung

3

3.1 Marktbedingungen, kollektive Verantwortung und fehlende Solidarität im Gesundheitssektor – Gesundheitsmarkt und Marktversagen

Funktionierende Märkte sind die Voraussetzung für ein plan- und interpretierbares Marktgeschehen (Basis für ein sinnvolles Marketing). In der Volkswirtschaftslehre spricht man modellhaft auch von vollkommenen und unvollkommenen Märkten.

Der Markt ist gemeinhin definiert als das freiwillige Zusammentreffen von Angebot und Nachfrage. Konkreter besteht ein Markt aus einer Menge aktueller und potenzieller Nachfrager bestimmter Leistungen sowie den aktuellen und potenziellen Anbietern dieser Leistungen und deren Beziehungen zueinander.[1]

Grundvoraussetzung für den Wert von Gütern stellt das Vorhandensein von „knappen Ressourcen" dar. Die Knappheit der Ressourcen ist dabei bestimmend für den Wert bzw. den Preis[2] eines Angebotes. Modellhafter Ausgangspunkt ist, dass sich die Menschen im Markt „rational" verhalten,[3] und die Funktion des Preises liegt darin, die angebotene und die nachgefragte Menge zum Ausgleich zu bringen.[4]

---

[1] Vgl. Meffert H., Burmann C., Kirchgeorg M. (2008): Marketing, Grundlagen moderner Unternehmensführung; Wiesbaden, 10. Auflage, Verlag Dr. Th. Gabler, S. 46.

[2] Vgl. Mankiw N. Gregory, Taylor Mark P. (2008): Grundzüge der Volkswirtschaftslehre; 4. Auflage, Stuttgart, Schäffer Poeschl Verlag, S. 3.

[3] Vgl. Mankiw N. Gregory, Taylor Mark P. (2008), S. 13.

[4] Vgl. Mankiw N. Gregory, Taylor Mark P. (2008), S. 103.

© Der/die Autor(en), exklusiv lizenziert an Springer Fachmedien Wiesbaden GmbH, ein Teil von Springer Nature 2022
K. Hubatka, *Wie Patienten ticken? Wie Konsumenten handeln!*,
https://doi.org/10.1007/978-3-658-37998-8_3

Ein funktionierendes Marktgeschehen vollkommener Märkte wird modellhaft durch die Erfüllung folgender Kriterien definiert:[5,6]

- Nutzen- und Gewinnmaximierung aller Teilnehmer,
- keine räumlichen, persönlichen und zeitlichen Präferenzen der Marktteilnehmer,
- vollkommene Markttransparenz sowie
- unendlich hohe Reaktionsgeschwindigkeit der Marktteilnehmer!

Der Gesundheitssektor weicht zumindest vordergründig bzw. in einer tradierten Sichtweise – durch die angebliche Besonderheit des Gutes „Gesundheit" – mit seinem Angebot wesentlich von allen anderen wirtschaftlichen Güterangeboten ab (z. B. Blinddarmoperationen und Gleichgewichtspreis). Daher versagen viele marktwirtschaftlichen Erklärungsansätze, wir sprechen dementsprechend von einem „Marktversagen" im Gesundheitssektor (z. B. Preis stellt kein Regulierungskriterium dar).

3.1.1   Gesundheitssektor – ein neuer Markt?

Wenn der Gesundheitssektor ein „echter" Markt wäre, mit einem freiwilligen Zusammentreffen von Angebot (z. B. Arzt) und Nachfrage (z. B. Patient), wie würde sich dann der Patient als Konsument und Kunde verhalten? Aktuelle Forschungsarbeiten weisen auf einen grundlegenden Wandel im Gesundheitssektor und damit auf eine Rollenänderung im Patientenbereich hin. Das medizinische Angebot hat sich darauf verstärkt einzustellen.

In einer im Jahre 1994 eingereichten Dissertation über das Angebot im Gesundheitstourismus und eine entsprechende Markenbildung wird die zusammenfassende Forschungshypothese,[7] „ob sich der Patient als Konsument von Gesundheitsdienstleistungen – im konkreten Fall im Rahmen des Kur- und Gesundheitstourismus – wie ein normaler Konsument von Produktangeboten verhält oder doch – unter Rücksichtnahme auf die besondere Bedeutung der eigenen Gesundheit – ein besonderes Verhalten aufweist", wie folgt sinngemäß beantwortet: „Wenn der Gesundheitsbereich ein „normales" Marktgeschehen – unter Berücksichtigung eines freiwilligen Zusammentreffens von Angebot und Nachfrage im Sinne eines bewussten Auswahlprozesses – aufweisen würde, dann würde auch der Patient ähnliche oder sogar gleiche Verhaltensparameter zeigen wie beim Kauf und bei der Konsumation von alltäglichen Leistungen bzw. auch bei Markenprodukten. Das heißt, das erlernte Kunden- und Konsumentenverhalten würde – unter Marktbedingungen – auch im

---

[5]Vgl. Handelsblatt (2006): Wirtschaftslexikon – Das Wissen der Betriebswirtschaftslehre; Band 7, Ulm, S. 3745.

[6]Vgl. Woll A. (1978): Allgemeine Volkswirtschaftslehre, 6. Auflage, München, Verlag Vahlen, S. 141.

[7]Vgl. Hubatka K. (1994), S. 265 ff.

Gesundheitsbereich (ausgehend von elektiven Behandlungen und Eingriffen) seitens der Nachfrage Geltung haben.

Was zu dieser Zeit noch nicht klar bzw. noch nicht nachweisbar war, ist, ob der Gesundheitssektor und damit auch der Bereich des medizinischen Angebots als echter Markt betrachtet werden kann oder ob die medizinische Grundversorgung ein echtes Marktgeschehen verhindert und der Gesundheitssektor noch durch ein grundsätzliches Marktversagen geprägt ist.

3.1.2 Aktuelle Marktstrukturierung und Gesundheitswirtschaft

Wesentlich für die Beurteilung und Analyse der Patientenstellung ist auch der Bezug zum gesamtgesellschaftlichen Umfeld. Gesellschaftsrelevante Entwicklungen kommen im Wirtschaftsbereich vor allem in der volkswirtschaftlichen Gesamtrechnung als „legale Anerkennung" zum Ausdruck. Entsprechend dieser Perspektive ist die Marktentwicklung des Gesundheitssektors durch eine besondere Berücksichtigung in der jeweiligen volkswirtschaftlichen Analyse in Deutschland und in Österreich bereits angekommen.

Dazu ist es erforderlich, den Begriff des Gesundheitssektors und eines abgeleiteten Gesundheitsmarktes neu abzugrenzen. In Anlehnung an die objektive Perspektive einer volkswirtschaftlichen Gesamtrechnung lässt sich in Deutschland und Österreich der „Gesundheitsmarkt" auch als definitorische Festlegung der Gesundheitswirtschaft abgrenzen, die sich demgemäß nicht nur auf den medizinisch-diagnostischen Therapie- und Behandlungsbereich beschränkt und damit neue Relationen herstellt. In Analogie zur volkswirtschaftlichen Gesamtrechnung wird die Gesundheitswirtschaft und damit eine alltagstaugliche Definition des Gesundheitsmarktes wie folgt festgelegt:

Gemäß dem deutschen und österreichischen „Gesundheitssatellitenkonto" (Darstellung der Gesundheitswirtschaft in der volkswirtschaftlichen Gesamtrechnung) wird gemäß Abb. 3.1 zwischen[8],[9]

- einem „Ersten Gesundheitsmarkt" und
- einem „Zweiten Gesundheitsmarkt" unterschieden.

---

[8] Vgl. Jurak A., Karmann A., Lukas D., Werblow A. (2012): Gesundheitsökonomie; Nachfrage nach Gesundheitsleistungen in Hoffmann S., Schwarz U., Mai R. (Hrsg.) (2012): Angewandtes Gesundheitsmarketing, Wiesbaden, Springer Gabler Verlag, S. 26 f.

[9] Vgl. Czypionka T., Schnabl A., Lappöhn S., Six E., Zenz H. (2018): Ein Gesundheitssatellitenkonto für Österreich: Update Jahr 2013, Institut für Höhere Studien (IHS), Wien 25. April 2018 S 5; gem. URL: https://www.wko.at/site/Plattform-Gesundheitswirtschaft/IHS_Praesentation_2017_Veranstaltung.pdf vom 22.11.2018.

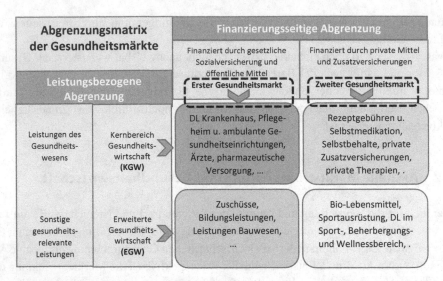

Abb. 3.1 Gesundheitswirtschaft – Abgrenzung von Kernbereich Gesundheitswirtschaft und erweiterte Gesundheitswirtschaft

Die Gesundheitsmärkte im Überblick[10]

- **„Der Erste Gesundheitsmarkt"** ist definiert durch die klassische Gesundheitsversorgung (ärztliche Betreuung, Versorgung und Behandlung in Krankenhäusern, Apotheken, Pflege, Kur- und Bäderwesen, Rehabilitation und per Rezept verordnete Leistungen) und wird „öffentlich" durch die gesetzlichen und privaten Krankenkassen finanziert.
- **„Der Zweite Gesundheitsmarkt"** definiert sich über alle privat finanzierten Produkte, Dienstleistungen und Ge-sundheitskonzepte, die zu einer gesünderen und bewussteren Lebensführung beitragen, wie z. B. Gesundheits- und Wellness-Tourismus, freiverkäufliche Arzneimittel, individuelle Gesundheitsleistungen (IGL), Angebote, Fitness-Sport etc.

Betrachtet man die einzelnen Branchen, so zeigt sich, dass die stationäre und die ambulante Versorgung nur einen – gesamt gesehen – eher begrenzten Teil eines definierten Gesundheitsmarktes ausmacht.

Das Zwiebelmodell der Gesundheitswirtschaft

Erläuternd gilt es zu bemerken, dass zur Gesundheitswirtschaft nicht nur der Gesundheitssektor im engeren Sinne, sondern viele weiteren Bereiche – deren Wachstum maßgeblich vom Bedürfnis nach Gesundheit bestimmt wird – gehört.[11]

---

[10] In Anlehnung an: Czypionka T., Schnabl A., Lappöhn S., Six E., Zenz H. (2018), S. 5.

[11] In Anlehnung an: Czypionka T., Schnabl A., Lappöhn S., Six E., Zenz H. (2018), S. 4.

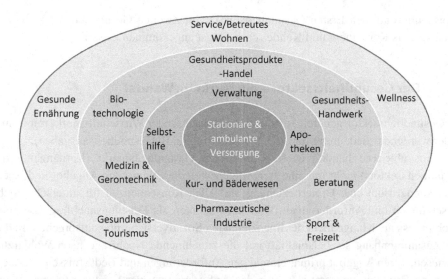

Abb. 3.2 Gesundheitswirtschaft – Konzept Kernbereich und erweiterte Gesundheitswirtschaft

Entsprechend der volkswirtschaftlichen Gliederung und gemäß dem Schichtmodell der Gesundheitswirtschaft (auch als „Schicht- oder Zwiebelmodell" der Gesundheitswirtschaft nach Ranscht bezeichnet),[12,13] lassen sich gemäß Abb. 3.2 aktuell folgende Bereiche unterscheiden, gegliedert nach gesundheitsbezogenen bzw. medizinorientierten Austauschbeziehungen:[14,15]

- Kernbereich, der die ambulante und stationäre Grundversorgung, Vorsorge- und Reha-Einrichtungen, freie Arztpraxen, Apotheken, Pflegeeinrichtungen und Krankenkassen umfasst
- Vorleistungs- und Zulieferindustrie mit der Pharmaindustrie, Medizin- und Gerontotechnik, Bio- und Gentechnologie etc.
- Rand- und Nachbarbereiche des Gesundheitssektors, die die Kernbereiche mit anderen Bereichen verknüpfen, wie z. B. Gesundheitstourismus, Sport, Informationstechnologien etc.

Conclusio Die folgenden Analysen und Betrachtungen beziehen sich daher hauptsächlich auf die Patientenrolle und -stellung im Kernbereich der Gesundheitswirtschaft bzw.

---

[12]Vgl. Hilbert, J., Dahlbeck E., Cirkel M. (2009): Gesundheit ist Zukunft – Die Gesundheitswirtschaft in Schleswig-Holstein, Institut für Arbeit und Technik, Gelsenkirchen, S. 4 f. unter URL: https://www.iat.eu/aktuell/veroeff/2009/hilbert02.pdf am 28.07.2021.

[13]Vgl. Jurak A., Karmann A., Lukas D., Werblow A. (2012), S. 26 f.

[14]Vgl. Hilbert, J., Dahlbeck E., Cirkel M. (2009), S. 4.

[15]Vgl. Jurak A., Karmann A., Lukas D., Werblow A. (2012), S. 26 f.

hauptsächlich auf den Ersten Gesundheitsmarkt. Im Zweiten Gesundheitsmarkt scheint der Patient als Konsument und Kunde schon längst angekommen zu sein.

3.1.3   Der Gesundheitssektor – ein Markt im Wandel

Der Gesundheitssektor generell ist weltweit ein wachsender Wirtschaftsmarkt mit immer größer werdender Bedeutung für die Lebensführung (z. B. Gesundheitsausgaben).

Daraus ableitend handelt es sich im Ersten Gesundheitsmarkt (Kernangebot des Gesundheitssektors) nicht um eine freiwillige Zweierbeziehung von Angebot und Nachfrage, sondern um eine Dreierbeziehung, mit allen Konsequenzen für unterschiedliche Zielsetzungen und Anforderungen. Was den Patienten als Leistungsnachfragenden entspricht, muss noch lange nicht der finanzierenden Sozialversicherung entsprechen. In diesem Zusammenhang sei beispielhaft auf die zunehmende Nachfrage nach Wahlärzten verwiesen, deren Angebot primär einmal den Anforderungen und Bedürfnissen der nachfragenden Patienten und erst sekundär den Anforderungen der Leistungsfinanziers entsprechen.

Im Zweiten Gesundheitsmarkt lässt sich ein grundsätzlich anderes Beziehungsverhältnis feststellen: Hier gibt es – aufgrund der intakten Zweierbeziehung von Angebot und Nachfrage und der Selbstfinanzierung – eine Gleichstellung in der Austauschbeziehung unter Wegfall von etwaigen externen Spannungslagen.

Entsprechend dem generellen Wandel zeigen sich die wichtigsten Entwicklungen im Gesundheitssektor wie folgt:[16]

* Anspruch auf Selbstbestimmung und Information wächst.
* Patient wird zunehmend zum mündigen, informierten Patienten („Mit-Produzent" bzw. „Prosument").
* Bedarf nach medizinischen Leistungen in Industriegesellschaften wächst (z. B. Alterung).
* Der allgemeine Wandel bewirkt wachsende Kosten für das Gesundheitssystem (Finanzierungsprobleme).
* Ansteigen chronischer und sonstiger Erkrankungen sind feststellbar – Stichwort „Geriatrisierung".

Im modernen Wohlfahrtsstaat (mit der Idee der sozialen Grundrechte) zeigen sich zunehmend liberale Gesundheitspolitikelemente (Reduzierung der Staatsaufgaben auf

---

[16]Vgl. Kreyher V.J. (2001): Gesundheits- und Medizinmarketing – Herausforderungen für das Gesundheitswesen, in Kreyher V.J. (Hrsg.) (2001): Handbuch Gesundheits- und Medizinmarketing, Chancen, Strategien und Erfolgsfaktoren, Heidelberg, R.v.Decker's Verlag, S. 20 ff.

Kernleistungsbereiche und zur Ausrichtung sozialstaatlicher Agenden des Gesundheitssektors gemäß dem Prinzip der Marktlogik).[17]

Generell kommt es durch eine zunehmende Liberalisierung der Gesundheitswirtschaft zu einer Übertragung marktorientierter Ansätze auf den Gesundheitssektor und zeigt sich durch[18]

- die Kommodifizierung (d. h. ein Prozess der Kommerzialisierung, der den Leistungszugang zu Gesundheitsleistungen einschränkt und diese zu handelbaren Gütern macht – z. B. Zuzahlung durch Selbstbehalt) sowie
- den Übergang vom Leistungsanbieter zum Gesundheitsunternehmer und vom Leistungsnutzer zum Konsumenten von Leistungen.

Grundsätzlich beherrscht jedoch noch die Regulierung des Gesundheitssektors das Marktgeschehen (vor allem im Ersten Gesundheitsmarkt), begründet damit auch ein bestimmtes Versagen der Marktkräfte (Marktversagen) und bildet so auch eine wesentliche Voraussetzung für das Gesundheitsmarketing.

3.1.4 Die Gesundheitswirtschaft und das Marktversagen bzw. etwaige Marktfehler

Im Rahmen einer interdisziplinären Perspektive beschäftigt sich die Gesundheitsökonomie mit der Produktion und Verteilung knapper Wirtschaftsgüter – konkret mit Gesundheitsleistungen. Dabei liegen aus makroökonomischer Sicht[19] im Gesundheitsmarkt – speziell im Ersten Gesundheitsmarkt – meist Informationsdefizite und verzerrte Präferenzen vor, die zu einer Fehlverteilung von Ressourcen führen, woraus auch ein Marktversagen abgeleitet werden kann. Damit wird auch immer wieder die Notwendigkeit staatlicher Regulierungen im Gesundheitsmarkt begründet.[20]

Generell sind funktionierende Märkte als Voraussetzung für ein plan- und interpretierbares Marktgeschehen anzusehen. Durch die immer wieder behauptete und in vielen Umfragen nachgewiesene Besonderheit des Gutes „Gesundheit" wird eine Abweichung des Gesundheitssektors von allen anderen Wirtschafts- und Leistungsbereichen abgeleitet. Wie könnte sich z. B. im Bereich der Blinddarmoperationen ein Gleichgewichtspreis ein-

---

[17]Vgl. Prebanda M. (2009): Notwendigkeit ökonomischer Ansätze im österreichischen Gesundheitswesen, Diplomarbeit, Johannes Kepler Universität Linz, S. 10 f.

[18]Vgl. Prebanda M. (2009), S. 11.

[19]Im Sinne einer Beschäftigung mit den gesamtwirtschaftlichen Zusammenhängen von Sektoren und Märkten.

[20]Vgl. Mai R., Schwarz U., Hoffmann S. (2012): Gesundheitsmarketing: Schnittstelle von Marketing, Gesundheitsökonomie und Gesundheitspsychologie, in Hoffmann S., Schwarz U., Mai R. (Hrsg.) (2012), S. 11.

stellen? Damit versagen auch viele marktwirtschaftlichen Erklärungsansätze, was zur Annahme eines Marktversagens im Gesundheitsbereich führt (z. B. der Preis kann nicht als Regulierungsinstrument herangezogen werden).[21,22]

Grundsätzlich kann man unter Marktversagen einen Zustand bzw. eine Situation verstehen, in der es einem sich selbst überlassen Markt nicht gelingt, die Ressourcen effizient zuzuteilen bzw. einer optimalen Allokation (d. h. einer Zuweisung bzw. Aufteilung von Mitteln) zuzuführen.[23]

Als Definitionspunkte zur Theorie des Marktversagens[24,25] bzw. von Marktfehlern[26] können folgende volkswirtschaftliche Kriterien angesehen werden:

(1) Fehlende bzw. asymmetrische Information zwischen Angebot und Nachfrage (Marktpartner verfügen nicht über gleiche Informationen).

(2) Angebot bzw. Bereitstellung an öffentlichen Gütern (Versagen einer effizienten Bereitstellung durch Nichttrivialität im Konsum und in der Nichtausschließbarkeit vom Konsum).

(3) Vorhandensein bzw. Auftreten externer Effekte (treten auf, wenn die Aktivitäten zweier oder mehrerer Marktteilnehmer Auswirkungen auf unbeteiligte Dritte hat).

(4) Einsatz der Marktmacht durch Monopole und Kartelle (Monopole bestimmen den Preis, die effiziente Güterbereitstellung hängt nicht vom Marktgleichgewicht ab).

(5) Störung der Verteilungsgerechtigkeit (ungleicher Marktzugang und ungleiche Güterverteilung, was als ungerecht empfunden wird, z. B. Einkommensverteilung).

Erscheinungsformen des Marktversagens im Gesundheitsbereich
Im Gesundheitsbereich zeigt sich das Marktversagen eher in Richtung des „Fehlens eines vollkommenen Marktes". Daraus ergeben sich traditionell folgende Ableitungen für das Marktversagen im Gesundheitsbereich: [27]

(ad 1) *Fehlende Information:* Der Gesundheitsbereich ist von starken Informationsasymmetrien gekennzeichnet, z. B.: Arzt-Patient, Patient-Versicherung, Arzt-Versicherung etc.

---

[21]Vgl. Mitteilungen des Bundesverbandes Deutscher Privatkrankenanstalten (2004): Qualitätsmanagement in der medizinischen Rehabilitation, f&w 2/2004, 21. Jahrg., Berlin, S. 191.

[22]Vgl. Mankiw N.G., Taylor M.P. (2008), S. 13 f.

[23]Vgl. Mankiw N.G., Taylor M.P. (2008), S. 13 f.

[24]Vgl. Mankiw N.G., Taylor M.P. (2008), S. 14.

[25]Vgl. Wikipedia (2021) Marktversagen unter URL https://de.wikipedia.org/wiki/Marktversagen am 19.03.2021.

[26]Vgl. Paetow H. (2001): Neue Anforderungen an das Gesundheitsmarketing, in Zerres M., Zerres C. (Hrsg.) (2001): Gesundheitsmarketing, Analyse ausgewählter Träger des deutschen Gesundheitswesens unter besonderer Berücksichtigung einer Patientensouveränität, München und Mering, Rainer Hampp Verlag, S. 12 ff.

[27]Vgl. Erne G. (2003): Marktversagen auf den Märkten für Gesundheitsgüter, S. 7 ff. unter URL: http://www.ergio.ch/index_htm_files/Marktversagen.pdf am 19.03.2021.

(ad 2) *Bereitstellung öffentlicher Güter:* Gesundheitsbereich ist stark vom (negativen) Einfluss öffentlicher Güter geprägt: z. B. Schädigung durch Umwelteinflüsse, Verkehr etc.

(ad 3) *Auftreten externer Effekte:* Gesundheitsbereich und medizinische Fortentwicklung (Verbreiterung Wissensstand) sind z. B. durch Impfaktionen und Präventionsprogramme im Sinne externer Effekte gekennzeichnet.

(ad 4) *Einsatz der Marktmacht:* Im Gesundheitsbereich sind Schwerpunktspitäler teilweise (regionale) Monopolisten, Sozialversicherungen versuchen ihre Finanzkraft als Marktmacht einzusetzen (z. B. Genehmigung von Praxisstellen).

(ad 5) *Verteilungsgerechtigkeit:* Aktuell wird im Gesundheitsbereich immer mehr die „2-Klassen-Medizin" diskutiert. Über sozial orientierte und einkommensabhängige Beiträge soll eine Verteilungsgerechtigkeit herbeigeführt werden.

Ableitend kann damit festgestellt werden, dass eine wesentliche Ursache des Marktversagens im Gesundheitssektor die fehlende Markttransparenz seitens der Nachfrage darstellt und damit auch keine eigenständige Informationsmöglichkeit für die Patienten gegeben war (siehe Kriterien für ein funktionierendes Marktgeschehen).

Transferiert man nun ableitend diese Definitionspunkte in die Gegenwart und berücksichtigt den aktuellen Wandlungsprozess, so lassen sich einzelne wesentliche Erkenntnisse definieren:

- Die asymmetrische Informationsverteilung zwischen den „Experten" und der Nachfrage nach medizinischen Leistungen reduziert sich zunehmend durch das Internet bei den Patienten, durch einen erleichterten Zugang zum System und auch – in Anbetracht des explosionsartigen Anwachsens von Spezialwissen – einem abnehmenden Durchschnittswissen bei den Experten.
- Durch einen erleichterten Zugang zum allgemeinen Gesundheitsangebot, durch Überkapazitäten im Krankenhausbereich und durch eine allgemeine Wohlstandssteigerung in den letzten 50 Jahren hat sich das Angebot an öffentlichen Gütern eher marktfördernd ausgewirkt und die private Nachfrage nach Gesundheitsprodukten angeregt. Der oftmals verwendete Begriff der „angebotsgetriebenen bzw. angebotsinduzierten Nachfrage[28]" im Gesundheitsbereich ist in diesem Zusammenhang jedoch sehr differenziert und auf den jeweiligen Fall bezogen zu verwenden, ohne in ein leichtfertiges und manchmal nicht zutreffendes Pauschalurteil abzugleiten. Grundsätzlich lassen sich durch diese marktfördernde Entwicklung auch sehr viele Angebote ableiten, die sowohl die Effektivität als auch die Effizienz im Gesundheits- und Therapiebereich gefördert haben (beispielhaft im Bereich der Onkologie und der Augentherapie).
- Konzentrationsprozesse von Unternehmen und Organisationen sind in fast allen Bereichen des Wirtschaftsgeschehens feststellbar. Damit entspricht der zunehmende Konzentrationsprozess im stationären Krankenhausbereich – aber auch ansatzweise bei

---

[28] Im Sinne einer Determinierung der Nachfrage nach Gesundheitsleistungen durch die Anbieter bzw. Leistungserbringer im Gesundheitssektor (z. B. Ärzte), die dabei eigene Interessen verfolgen.

den ambulanten Primärversorgungszentren – einem allgemeinen gesellschaftlichen und wirtschaftlichen Trend, der kompetente Einzelleistungen und deren Qualität weniger von persönlichen Motivationslagen und ethischen Gesichtspunkten, sondern mehr von sinnvollen und überprüfbaren Qualitätsstandards abhängig macht (beispielhaft seien in diesem Zusammenhang die Produktqualität von großen Handelsketten angeführt, die sich eine schlechte Produktqualität nicht „leisten" können). Analoge Entwicklungen sind auch international in den großen Krankenhauskonzernen ansatzweise feststellbar.

In Summe haben sich damit in den letzten Jahren die Auswirkungen des Marktversagens soweit reduziert bzw. verändert, dass diese nicht mehr „marktbehindernde" Dimensionen aufweisen bzw. die Entwicklung eines normalen Marktgeschehens im Gesundheits- und Medizinbereich nicht grundsätzlich behindern.

3.1.5 Die besonderen Austauschbeziehungen als wesentliches Gestaltungskriterium im Gesundheitsmarkt

Gemäß den für Märkte geltenden Austauschbeziehungen lässt sich auch für den Gesundheitssektor bzw. die Gesundheitswirtschaft ein eindeutiges Marktgeschehen ableiten, dessen Kriterien es noch eindeutig darzustellen gilt.

Ein Vergleich der Marktverhältnisse bzw. Stellungen des Angebots gegenüber der Nachfrage bringt eine Besonderheit des Gesundheitsmarktes zum Ausdruck, was jedoch nur den öffentlich finanzierten Teil betrifft.

Schematischer Marktvergleich
* **Klassisches Marktverhältnis als Marketing-Rahmenbedingung**

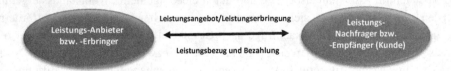

* **Marktverhältnis im „öffentlichen" Gesundheitssystem als Marketing-Rahmenbedingung (Erster Gesundheitsmark")[29]**

Wie Abb. 3.3 zeigt, löst sich die klare Austauschbeziehung der normalen Märkte (einerseits Anbieter, andererseits Nachfrager) im Ersten Gesundheitsmarkt auf, wird durch die gestiegene Anzahl an „Playern" (Anbieter, Nachfrager und einen oder mehrere Leistungs-

---

[29] Vgl. Heimerl P. (2005): Wandel und Intervention in Gesundheitsorganisationen, Wien, Linde Verlag, S. 341.

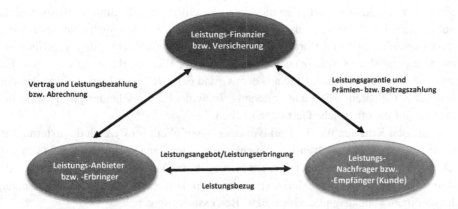

Abb. 3.3 Vergleich klassisches Marktverhältnis mit Marktverhältnis im Ersten Gesundheitsmarkt

finanziers) komplexer und verliert an Transparenz. Diese Komplexität und Intransparenz hat durch die zunehmende Sozialversicherungsorientierung ab den 70er-Jahren des letzten Jahrhunderts (Expansion der Sozialleistungen) das Marktgeschehen im gesamten Gesundheitssektor geprägt und Strukturen festgeschrieben.

3.1.6 Persönliche versus kollektive Verantwortung und Solidarität im Gesundheitsmarkt

Nach reziproker Anwendung von Kants Aussage könnte man für den Gesundheitssektor allgemein ableiten: „Dort, wo die Unfreiheit der Allgemeinheit anfängt, endet die Freiheit des Einzelnen", oder „Die Freiheit des Einzelnen darf nicht auf Kosten der Allgemeinheit basieren".

Im Rahmen des „gesellschaftsorientierten Marketingansatzes" beschreibt V.J. Kreyher die Gesundheit zwar als ein persönliches Gut, das aber nicht nur in individueller, sondern auch in kollektiver Verantwortung liegt, und bringt damit eine ganz wesentliche – externe – Komponente des Gutes „Gesundheit" zum Ausdruck. Aus den Sozialprinzipien des Gesundheitssektors und dem Solidargedanken leiten sich auch gesellschaftspolitische Erwartungen und soziale Ansprüche ab, wodurch auch ein etwaiger Meinungsbildungsprozess beeinflusst wird.[30]

Vor allem bei der Gesundheitsprävention ist grundsätzlich zu unterscheiden, ob diese Maßnahme ausschließlichen einen individuell-persönlichen Nutzen hat oder einen individuellen Nutzen mit einem kollektiven Nutzen kombiniert. Diese Unterscheidung ist deswegen so bedeutend, da eine unterschiedliche Bedürfnislage auch eine differenzierte An-

---

[30]Vgl. Kreyher V.J. (2001): Gesundheits- und Medizinmarketing – Herausforderungen für das Gesundheitswesen, in Kreyher V.J. (Hrsg.) (2001): Handbuch Gesundheits- und Medizinmarketing, Chancen, Strategien und Erfolgsfaktoren, Heidelberg, R.v.Decker's Verlag, S. 14.

sprache erfordert. Als Beispiel seien hier die unterschiedlichen Kommunikationskriterien zwischen einer FSME- bzw. Zeckenschutzimpfung – die ausschließlich einen individuellen und persönlichen Nutzen erbringt – und einer Grippeschutzimpfung angeführt, die neben dem persönlichen Schutz auch einen Schutz vor Weiterverbreitung vermittelt. Experten sprechen davon, dass alleine aus dem Grund der „Herdenimmunität" und den entsprechenden Gefahren bei Nichterreichung individuelle Entscheidungen große Auswirkungen auf die öffentliche Gesundheit haben.[31]

Wie aus den Kriterien für ein Marktversagen – vor allem im Bereich der externen Effekte bei der Gesundheitsprävention – abgeleitet werden kann, steht damit nicht das Verhalten des Menschen für sich alleine, sondern auch das Verhalten des Einzelnen für die Gemeinschaft im Fokus von Marktaktivitäten. Wir können in diesem Zusammenhang auch von einem kollektiven Gewissen bzw. Bewusstsein sprechen.[32]

Stärker als in allen anderen Lebensbereichen beeinflusst hier das Verhalten des Einzelnen das Wohlergehen und die Gesundheit ganzer Gruppen und Bevölkerungsschichten. Die Corona-Pandemie hat ganz klar zum Ausdruck gebracht, wie durch einen einzelnen „Superspreader" ganze Regionen infiziert und damit lahmgelegt (z. B. Lockdown ganzer Bezirke) werden können. Der dabei angerichtete volkswirtschaftliche Schaden geht – abgesehen von dem persönlichen Leid und dem Krankheitsgeschehen ganzer Gruppen – in die zig Millionen Euro und macht damit die teuerste Präventionskampagne zu einer wirtschaftlich gerechtfertigten Aktion.

Die Finanzierung des Ersten Gesundheitsmarktes basiert grundsätzlich auf einer Solidarleistung ganzer Bevölkerungsgruppen (Finanzierung durch die öffentliche Hand bzw. die Sozialversicherungen). Das heißt, vom Grundsatz her, dass die Leistungserbringung einmal beitragsunabhängig gemäß Versicherungsprinzip funktioniert und vom jeweiligen Leistungsbedarf abhängig ist.

Ein wesentliches Kriterium im Rahmen der Prävention von ansteckenden Krankheiten stellt damit die kollektive Verantwortung[33] des Einzelnen für die Gemeinschaft dar. Diese kollektive Verantwortung ist wiederum abhängig von dem Solidaritätsprinzip einer Gemeinschaft. Je stärker ein Solidargedanke in einer Gesellschaft ausgebildet ist, desto stärker ist auch das kollektive Verantwortungsbewusstsein des Einzelnen in dieser Gemeinschaft.

Dieser Solidargedanke[34] einer Gemeinschaft wird vor allem durch die kollektiven Herausforderungen und den äußeren Druck auf eine Gemeinschaft geprägt. Vor allem

---

[31] Vgl. Spang T. (2021): „Amerika hofft auf Herdenimmunität schon Anfang Juli" in OÖ Nachrichten vom 17.04.2021, Wimmer Medien, Linz, S. 6.

[32] Im Sinne von E. Durkheims soziologischen Konzepts gemeinsamer Überzeugungen, Ideen, Einstellungen und Kenntnissen, die einer sozialen Gruppe oder Gesellschaft gemeinsam sind (beeinflusst unser Zugehörigkeitsgefühl, unsere Identität sowie unser Verhalten) unter Greelane URL: https://www.greelane.com/de/wissenschaft-technologie-mathematik/sozialwissenschaften/collective-consciousness-definition-3026118 am 31.03.2021.

[33] Im Sinne von „Verantwortung einzelner menschlicher Akteure einem Kollektiv gegenüber".

[34] Im Sinne von „aktiver Verbundenheit von Personen, Gruppen und Staaten, die nach Maßgabe der eigenen Leistungskraft ohne Gegenforderung unterstützen".

Krisensituationen stellen dabei einen wesentlichen Einflussfaktor dar. Dementsprechend konnte auch Israel[35] die Corona-Krise besser bewältigen als manch andere Nation. Analog konnten auch fernöstliche Länder wie Singapur[36] und Südkorea effektiver mit den Herausforderungen der Corona-Pandemie zurechtkommen, wobei schon in deren Erziehungssystemen die kollektive Verantwortung und der Solidargedanke eine große Rolle spielen und bereits in jüngsten Jahren vermittelt werden.

3.1.7 Aktuelle Beispiele marktwirtschaftlicher Ansätze im Gesundheitssektor

3.1.7.1 Der Kur- und Wellnessbereich als Markt-Vorläufer im Gesundheitssektor

Die Betrachtung einzelner Segmente des Gesundheitssektors in Richtung Marktgeschehen macht eine Suche nach vorausgehenden Beispielen erforderlich. Eine analoge Entwicklung zum Marktgeschehen im Gesundheitssektor hat sich vor ca. 40 Jahren im Kur- und Wellnessbereich abgezeichnet. In diesem Rahmen hat in den Jahren zwischen 1980 und 2000 diesbezüglich ein grundsätzlicher Wandel stattgefunden.

Ursprünglich (um 1900) war das Kurgeschehen[37] über Jahrzehnte europaweit durch Gesundheitsleistungen im Bereich der Gesundheitsvorsorge und der Behandlung von chronischen Erkrankungen gekennzeichnet. Prominenteste Repräsentanten diesbezüglicher Kurgäste waren Kaiser Franz Josef und Kaiserin Sissy mit ihren Aufenthalten in Bad Ischl. Die Absolvierung einer Kur war Ausdruck eines gesundheitsorientierten Lebensansatzes des wohlhabenden Bürgertums und durch eine wiederkehrende Inanspruchnahme (siehe hohen Anteil an Stammgästen) gekennzeichnet. Ziel eines Aufenthaltes war meist, das kommende Lebensjahr ohne wesentliche Erkrankungen bzw. deren Auswirkungen überstehen zu können.

Nach dem Zweiten Weltkrieg fand im Kurgeschehen ein grundsätzlicher Wandel statt. Basierend auf einem eigenen Heilbäder- und Kurortegesetz beanspruchten vor allem die Sozialversicherungen die Kur und später die Gesundheitsförderung als einen wesentlichen Teil aktiver Gesundheitsleistungen, vor allem zur Erhaltung der Arbeitsfähigkeit ihrer Versicherten. Damit wurde das Kurgeschehen sowohl in Deutschland als auch in Österreich in Richtung einer gemeinschaftlich bzw. solidarisch finanzierten Versicherungsleistung geprägt. Ein diesbezüglich freies Marktgeschehen erfuhr durch diese Entwicklung eine ana-

---

[35] Vgl. (Reuters) (2021): „Warum Israel schneller ist als andere", in Die Presse vom 07.01.2021, „Die Presse" Verlags-Gesellschaft, Wien, S. 3.

[36] Vgl. Bèm M. (2021): „Singapurs Corona-Wunder" in Sonntagkrone, OÖ Kronenzeitung, vom 17. Januar 2021, Mediaprint, Wien, S. 12 f.

[37] Kurbegriff im Sinne einer Anwendung eines örtlich vorkommenden, natürlichen Heilmittels (Therapien) unter ärztlicher Aufsicht mit der Zielsetzung eines gesundheitlichen Nutzens im Rahmen eines Kuraufenthaltes.

loge Einschränkung. Dementsprechend schossen Kurheime und Rehakliniken von Versicherungen und anderen – meist öffentlichen – Trägern in den einzelnen Kurorten aus dem Boden. Der Kuraufenthalt wurde nicht mehr als privat veranlasste Gesundheitsvorsorge, sondern verstärkt als öffentlich finanzierte Versicherungsleistung mit subjektiv Anspruchsberechtigten wahrgenommen. Ideologische Diskussionen über einen Missbrauch dieser Leistungen und den gesellschaftlichen Nutzen waren die Folge.

Als Konsequenz dieser Entwicklung verschlechterte sich das Gesundheitsimage der Kur in den 80er-Jahren des letzten Jahrhunderts und führte sowohl zu gesetzlichen als auch zu angebotsmäßigen Änderungen. Ausgangspunkt dieser Entwicklung waren Gesundheits- sowie Spitalsreformen in Deutschland und Österreich. Dies führte vor allem zu einer Neupositionierung der Kur in Richtung Rehabilitation. Entsprechend dem belasteten Image der Kur in Richtung „alt" und „verstaubt" wurde mit dieser Entwicklung im privaten Bereich der Boden für den gesundheitsorientierten Wellness-Tourismus[38] allgemein und für den Medical-Wellness-Tourismus[39] im Speziellen aufbereitet.

Während zuerst der Kur- und in späterer Folge der Rehabilitationstourismus strengen gesetzlichen und vertragsmäßigen Anforderungskriterien zu entsprechen hatte und hat, war der Wellness-Tourismus keinerlei einschränkenden gesetzlichen Bedingungen ausgesetzt und konnte sich so frei nach Marktbedingungen entwickeln. Zunehmend übernahm die Wellness-Hotellerie auch Teile des versicherungsfinanzierten ehemaligen Kurtourismus.

Aus der Sicht des freien Marktes war daher der Wandel des ehemaligen Kurgeschehens in Richtung Wellness-Tourismus ein beispielgebender Vorläufer für den aktuellen Wandel von Kernangeboten des Gesundheitsbereiches – konkret im medizinischen Versorgungsbereich. Mit der Ablösung des ehemaligen Kurtourismus durch den gesundheitsorientierten Wellness-Tourismus fand gleichzeitig auch eine Neupositionierung der privaten Gesundheitsvorsorge sowie die Entwicklung eines aktiven Marktgeschehens statt.

3.1.7.2 Zahnbehandlungen und Augentherapien als Trendsetter im medizinischen Bereich

Als weiterer beispielhafter Vorläufer für ein aufbrechendes Marktgeschehen im medizinischen Kernangebot kann der Zahn- und Augenbehandlungstourismus angesehen werden.

Beginnend in den 90er-Jahren des letzten Jahrhunderts entstanden in Ungarn und in Tschechien im Grenzgebiet zu Österreich Zahnambulatorien und Zahnkliniken und warben aktiv um westliche „Kunden", die die Behandlungen zur Gänze selbst zu tragen hatten. Erstmalig spielte dabei der Preis für die ärztliche Leistung eine wesentliche Rolle im medizinischen Kernbereich. Ausgangspunkt dieser Entwicklung war, dass bestimmte

---

[38] Im Sinne von Wellness-Tourismus als ganzheitliches Bemühen um körperliches, geistiges und seelisches Wohlbefinden durch Vitalität und Entspannung, das in gesundheitlichen Zentren besonderer Art gefördert wird, welche von Menschen zu diesem Zweck besucht werden. Quelle: Illing, K.T. (1999): Der Neue Gesundheitstourismus. Wellness als Alternative zur traditionellen Kur? Studie, Berlin, S. 13 f.

[39] Im Sinne von Wellness-Tourismus mit einer Betonung der medizinischen Komponente von Prävention und Gesundheitsförderung sowie eines gesundheitsbewussten Lebens.

Leistungen der Zahnbehandlungen durch die Versicherungen nicht gedeckt bzw. immer schon durch die Patienten zu tragen waren. Darüber hinaus stellten diese Leistungen oft einen wesentlichen Einkommensteil der Zahnarztpraxen dar, und die Zahnärzte selbst waren auf diese neue Wettbewerbssituation – im Sinne eines funktionierenden Marktgeschehens – nicht vorbereitet. Boykottmaßnahmen durch Zahnärzte von im Ausland behandelten Gebissen waren die Folge. Nach ca. zwanzig Jahren Übergangsfrist kann man feststellen, dass sich die Zahnärzte in den westlichen Ländern auf diese neue Wettbewerbssituation eingestellt haben. Die Empfehlung einer bestimmten Zahnpasta bei einem Beratungsgespräch kann auch als eine der Folgen gesehen werden, ein Kennzeichen für ein neues bzw. aktives Marktgeschehen.

Eine analoge Entwicklung – aber mit anderer Ausrichtung – kann für die Augentherapie ausgewiesen werden, wobei sich eine komplexere Problemlage ableiten lässt:

- Bedingt durch den technischen und operativen Fortschritt der medizinischen Versorgung von Augenproblemen hat sich in den letzten 20 Jahren eine Verlagerung vom stationären in den ambulanten Bereich ergeben (z. B. Reduktion der Aufenthaltsdauer in Kliniken bei bestimmten Indikationen, mehr ambulante Operationen, beispielhaft sei in diesem Zusammenhang die hohe Zahl Grauer-Star-Operationen angeführt).
- Durch die neuen operativen Möglichkeiten spielen bestimmte Moden, Lebensstile und eine bestimmte Bequemlichkeit eine große Rolle für die privat finanzierte Leistungsinanspruchnahme: Zum Beispiel schossen in der Türkei Augenkliniken aus dem Boden. die Lasikbehandlungen (Laserbehandlungen) und andere Augenoperationen (z. B. Lidstraffungen) zu konkurrenzlosen Preisen anbieten, verbunden mit einem Urlaub unter Palmen. Damit erhielt der medizinische Kernbereich erstmals auch eine touristische Komponente mit einem im Marktgeschehen wesentlichen Zusatznutzen.
- Grundsätzlich ist hier auch ein Wandel in der Problemsicht (Einstellung) seitens der Patienten als Leistungsnachfrager feststellbar: Eine Fehlsichtigkeit wird nicht mehr als körperliches Gebrechen, sondern eher als Komfort-Problematik gesehen. Wenn man die dicke Brille nicht mehr tragen will, dann wird der Laser eingesetzt, was vielen drei- bis viertausend Euro „wert" ist. Eine Brille wird heute nicht mehr als eine „Prothese" (als Medizinprodukt) gesehen, was diese im rechtlichen Sinne eigentlich ist, sondern vielmehr als modisches Accessoire. Damit kann körperliches Gebrechen auch als Grundlage für ein individuelles Schmuckstück gesehen werden.

3.1.8 Zusammenfassende Beurteilung und Schlussfolgerungen für das Marktgeschehen im Gesundheitsbereich

Da aktuell noch Kriterien des Marktversagens zumindest auf den Ersten Gesundheitsmarkt zutreffen, muss von einer ganz speziellen Situation für das Gesundheitsmarketing – im Sinne einer marktkonformen Ausrichtung der Akteure – ausgegangen werden. Diese spezielle Situation entspricht einem hybriden Anforderungskatalog an das Gesundheitsmarketing, wobei ein Marktauftritt unter regulierten Bedingungen im Ersten Gesundheitsmarkt (z. B. Krankenhäuser, Apotheken) schon auf Marktauftritte stößt, die wettbewerbsintensiven Marktbedingungen im Zweiten Gesundheitsmarkt (z. B. Fitnessstudios, Wellness-Hotellerie) ausgesetzt sind.

Aufgrund der besonderen Beeinflussung des Marktgeschehens durch neue Medien (z. B. Internet, Benchmarking-Plattformen) und einer entsprechenden Angebotstransparenz (z. B. Qualitätsdatenpublikation von Krankenhäusern oder Bewertungsplattformen von niedergelassenen Ärzten) verschieben sich die wettbewerbsintensiven Marktbedingungen immer mehr in Richtung des Ersten Gesundheitsmarktes.

Die folgenden Ausführungen und Analysen versuchen zumindest eine Teilantwort auf die Auswirkungen eines stark fragmentierten Gesundheitssystems zu geben, wobei die Bedürfnisse von Patienten als Konsumenten in diesem teilweise auf der Strecke bleiben. Durch neue Ansätze der Kommunikation und der Aufklärung von Patienten stärkt sich die Hoffnung, dass durch den Druck der Nachfrage (Stichwort Benchmarking) sich auch das Gesundheitssystem zukünftig stärker als kundengerechtes Wirtschaftssystem mit Versorgungsauftrag und einem Fokus auf die Leistungsqualität und den Leistungserfolg aus der Sicht eines mitwirkenden und selbstbestimmten Patienten entwickelt.

Zusammenfassend lässt sich daher ableiten, dass sich auch im medizinischen Grundversorgungsbereich ansatzweise aktive Märkte etabliert haben, die ein freiwilliges Zusammentreffen von Angebot und Nachfrage darstellen. Durch eine bestimmte Mengenentwicklung können sich viele Patienten die Preise entsprechend leisten. Auf die in diesem Zusammenhang oftmals erwähnte Zwei- oder Mehrklassenmedizin sei nicht näher eingegangen, da nur auf ein reales Marktgeschehen verwiesen wird, ohne eine ideologische Wertung vorzunehmen.

3.2 Paradigmen eines Marktgeschehens im medizinisch orientierten Gesundheitssektor

Im Rahmen einer thematischen Konkretisierung der Marktentwicklung im Gesundheitssektor gilt es nunmehr der Frage nachzugehen, ob diese auch im medizinisch orientierten Gesundheitsmarkt (Erster Gesundheitsmarkt) wirklich schon angekommen ist.

Die theoretischen Ansätze zur Entwicklung des Gesundheitssektors in Richtung eines tatsächlichen und funktionstüchtigen Gesundheitsmarktes sind vielfältig. In diesem Zusammenhang wird oftmals von Mehrklassenmedizin (für jene, die es sich leisten können), vom selbstbestimmten und damit mitentscheidenden Patienten und auch von der angebotsgetriebenen Nachfrage (bedarfsunabhängige Angebotsentwicklung) gesprochen. Alles Anzeichen und Kriterien für ein „richtiges" Marktgeschehen. Doch wie weit sind diese Marktkriterien wirklich schon erfüllt? Oder entspricht hier der Wunsch eher einer vermuteten Realität? Lassen sich die theoretischen Ansätze auch in empirischen Befunden im Sinne einer Evidenzführung nachweisen? In den entsprechenden literaturgestützten Analysen werden bezüglich Marktentwicklung im Gesundheitssektor entsprechende Ansätze ausgewiesen.

3.2.1 Vom traditionellen Medizinmarkt zum modernen Gesundheitsmarkt

Der Wandel vom Medizin- zum Gesundheitsmarkt ist durch relevante Umbrüche und neue Rahmenbedingungen für das Gesundheitsmarketing geprägt.

Bezug nehmend auf den medizinsoziologischen Ansatz wird eine zunehmende Fragmentierung der naturwissenschaftlich ausgerichteten Medizin ausgewiesen, die auch zu einer immer weiter fortschreitenden Spezialisierung des entsprechenden Wissens geführt hat. Dementsprechend lässt sich als Analyseergebnis ableiten, dass sich diese Zersplitterung und Konzentration auf immer kleinere Beobachtungseinheiten als zunehmend schädlich bzw. behindernd für eine bedürfnisgerechte Arzt-Patienten-Beziehung und für ein grundsätzliches Verständnis der Natur mancher Krankheiten auswirkt.[40]

Perspektivische Ansätze für einen neuen Gesundheitsmarkt
Der Wandel in Richtung eines neuen Gesundheitsmarktes lässt sich wie folgt darstellen: [41]

Status	Der aktuelle Status ist geprägt von vielen Anzeichen für einen langsamen aber tiefgreifenden Wandel im Gesundheitssektor (öffentlicher Diskurs, Interesse an medizinischen Themen, unüberschaubare Angebote u. v. m.). Es kommt zu einer fortgesetzten Demokratisierung des Wissens.
Wandel	Der Wandel hat hauptsächlich soziokulturelle und keine medizinisch-technische Ursachen mehr (Beteiligte sind kaum vorbereitet).
Marktteilnehmer	Vom Wandel sind alle Marktteilnehmer (Patienten als Kunden, Ärzte, Pharma-Unternehmen, Krankenanstalten, Behörden, …) betroffen.

Der medizinische Gesundheitsmarkt früher und heute – die wesentlichen Änderungen in den Perspektiven

- Naturwissenschaftlich-technischer Fortschrittsglaube dominierte das frühere (bisherige) Marktgeschehen.
- Der alte Gesundheitsmarkt wies hohe Zugangsbarrieren auf, die Beziehung zum Kunden/Patienten war streng hierarchisch (Stichwort unmündiger Patient), die Sprache war unverständlich, Fehler wurden oftmals überspielt.
- Der neue Gesundheitsmarkt öffnet sich langsam: andere Denkweisen, Offenheit und Kommunikationsfähigkeit.

---

[40]Vgl. Siegrist J. (1995), S. 22.

[41]Im Sinne von grundlegenden Sichtweisen; vgl. dazu Schulze G. (2005): Unterwegs zu einem neuen Gesundheitsmarkt, in Harms F., Gänshirt D. (Hrsg.) (2005): Gesundheitsmarketing, Patientenempowerment als Kernkompetenz, Stuttgart, Lucius & Lucius Verlagsgesellschaft, S. 3 f.

3.2.2 Vom alten zum neuen Denken über den Körper und die Gesundheit

Der Wandel des Gesundheitssektors kommt konkret durch die Entwicklung folgender Denkansätze zum Ausdruck:[42]

Altes Denken	Das alte Denken über den Körper war durch einen rein physiologischen Gesundheitsbegriff geprägt (Kranke vertrauen Arzt).
Neues Denken	Im neuen Denken steht der Körper im Fokus, ist Medium für ein glückliches Leben (Wohlfühlen = Lebenssinn); Themen: Eigenverantwortung, Vorbeugung und Vorsorge.
Erkenntnis	Die Erkenntnis über die Grenzen der ärztlichen Kunst bewirkt einen neuen Umgang mit chronischen Leiden (Verhaltensänderung; eigene Initiative der Krankheitsbeeinflussung).
Definition Gesundheits- begriff	Es ist eine stärkere Hinwendung zum psychosomatischen Paradigma erkennbar; der physiologische Gesundheitsbegriff wird ergänzt durch den emotional-ästhetischen Gesundheitsbegriff.
Psychische Komponente	Sowohl Gesundheit und als auch Krankheit haben eine psychische Komponente (Sicht Marktteilnehmer).

Daraus leitet sich eine widersprüchliche Entwicklung ab:

• Es zeigt sich eine bestimmte Relativität und Vorläufigkeit des präsentierten Wissens (an Stelle der Gewissheit tritt der öffentliche Diskurs).
• Der Markt entwickelt eine gewisse Leichtigkeit im Umgang mit den Widersprüchen!

3.2.3 Der Wandel und die kommunikative Neuausrichtung des Gesundheitssektors

In vorliegenden Analysen des Gesundheitsmarktes wird vermehrt von einem revolutionären Wandel in der Gesundheitskommunikation gesprochen: Abgehend von einer vertikal-hierarchischen Leitunterscheidung von „gesund versus krank" (oben der Gesundheits-experte, unten der Patient als Laie) erfolgt ein Wandel hin zu einer horizontal-relationalen Leitunterscheidung von „gesund versus krank" (Gesundheitsexperte und Patient treffen sich auf einer Ebene). Daraus ableitend erzeugt diese Entwicklung neue Komplexitäten und neue Kooperationen innerhalb und außerhalb des Gesundheitssystems, verbunden mit neuem Be-ratungsbedarf, spezieller Qualitätsproduktion und patientenorientierter Prozessorientierung.[43]

Als Konsequenz daraus bewirkt die Abflachung der Kommunikationshierarchien eine Abkehr von Standardbotschaften der Stakeholder im Gesundheitssektor. Arzt- und Klinik-

---

[42] Vgl. Schulze G. (2005), S. 4 f.

[43] Vgl. Kray R. (2010): Achtung Patientendämmerung online! in: Koch C. (Hrsg.) (2010): Achtung: Patient online! Wie Internet, soziale Netzwerke und kommunikativer Strukturwandel den Gesund-heitssektor transformieren, Wiesbaden, Gabler Verlag, S. 15.

bewertungsportale (wie z. B. docfinder.at, kliniksuche.at, jameda.de, Weiße Liste.de etc.), Social-Media-Auftritte und Foren unterstützen einerseits die Markttransparenz und andererseits die Bereitschaft für Eigenentscheidungen des Patienten als Kunden und Konsumenten von Gesundheitsleistungen.[44]

3.2.4   Entwicklungsansätze eines „neuen" Gesundheitsmarktes

Im Rahmen einer grundsätzlichen Neuorientierung des Gesundheitssektors zum Gesundheitsmarkt kommt der Paradigmenwechsel[45] vor allem in der Marktcharakteristik, in der Kommunikation und Information sowie im Vertrauensverhältnis der Marktpartner zueinander zum Ausdruck. Seitens der Nachfrage steht das psychosomatische Paradigma im Vordergrund.

Die Indikatoren für die Entwicklung eines „neuen" Gesundheitsmarktes lassen sich dabei wie folgt darstellen:[46]

Neuer Markt	Der neue Markt bezieht Nachfrager und Alltagskultur mit ein; Nachfragemarkt. Dazu müssen Bedürfnisse der Kunden erkannt werden.
Diskursive Marktentwicklung	Es entwickelt sich eine diskursive Marktentwicklung: ständiges Feedback, Entwicklung ist nicht abschließbar.
Erweiterte Informationsbedürfnisse	Informationsbedürfnisse ergeben sich in zwei großen Themenbereichen: spezifische produktbezogene und allgemein körperbezogene Information.
Neue Vertrauensbildung	Im Rahmen der Vertrauensbildung tritt bei selbstbewussten Marktteilnehmern an Stelle des Glaubens eine rationale Haltung.
Innovations- versus Vertrauenskonkurrenz	Zur Innovationskonkurrenz im Sinne neuer Angebote kommt es damit auch zur Vertrauenskonkurrenz: Vertrauen muss nachprüfbar sein, vergleichende Prüfung war dem Gesundheitswesen bisher völlig fremd; Diskussion durch Ranking von Marken, Benchmarking, Vergleiche etc..

3.2.5   Resümee über neue Paradigmen im medizinisch orientierten Gesundheitsmarkt

Geänderte Marktbedingungen – im Sinne eines geänderten Settings[47] – erfordern meist auch ein angepasstes Verständnis für eine neuartige Entwicklungslogik von Angebot und

---

[44]Vgl. Kray R. (2010), S. 16.

[45]Im Sinne eines phasenbezogenen Wandels in der vorherrschenden und damit musterbildenden theoretischen Orientierung (Vorbild, Leitvorstellung etc.).

[46]Vgl. Schulze G. (2005), S. 9 ff.

[47]Im Sinne von Settings „als soziale Systeme, Orte oder soziale Zusammenhänge, in denen der Alltag von Menschen stattfindet und die einen wichtigen Einfluss auf deren Gesundheit haben ..." gem. fgoe (2021), Fonds Gesundes Österreich unter URL https://fgoe.org/glossar/setting am 31.05.2021.

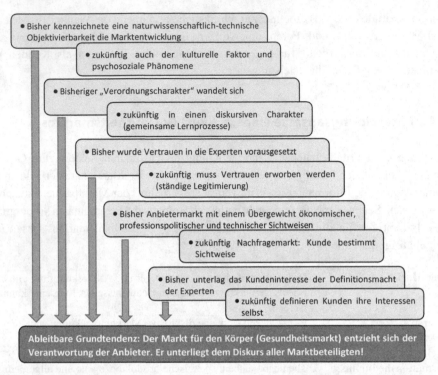

Abb. 3.4 Entwicklungslogik eines Paradigmenwandels im Gesundheitsmarkt (vgl. Schulze G. (2005), S. 7 f.)

Nachfrage im Gesundheitsbereich, was auch in einem entsprechenden Paradigmenwechsel gemäß Abb. 3.4 zum Ausdruck kommt.

Wie aus der vorangegangenen Analyse abgeleitet werden kann, ist der Wandlungsprozess des Gesundheitsmarktes grundsätzlicher Natur im Sinne eines Paradigmenwechsels, er verändert damit auch das „Gesundheitssetting" und bedingt gleichzeitig eine Neupositionierung des Patienten als Konsumenten im Rahmen des gesamten Marktgeschehens.

3.3   Conclusio 1: Zwischenübersicht zusammengefasster Ergebnisse der Entwicklung des Gesundheitsmarktes und der Positionierung des Patienten zum Konsumenten

Kriterien	Alter Patient		Neuer Patient als Konsument	
	Typologisierung (Verhalten)	Maßnahmen (Instrumente)	Typologisierung (Verhalten)	Maßnahmen (Instrumente)
Marktgeschehen und Gesundheit (Kap. 2 und 3)				
• Allgemeine Marktkriterien	Anbietermarkt mit Expertensystem – Medizinmarkt ohne Wahlmöglichkeit		Nachfragemarkt mit Partnerschaft – Gesundheitsmarkt mit Wahlmöglichkeit	
• Marktverhalten	Ausgangspunkt: rationales Verhalten – kognitiv geprägt		Ausgangspunkt: irrationales Verhalten – emotional geprägt	
• Angebots-Nachfragebeziehung	Streng hierarchisch		Partnerschaftlich, i.S. von Co-Produzenten	
• Gesundheitsverständnis	Rein physiologischer Gesundheitsbegriff; körperliche Funktionsfähigkeit im Fokus		Gesundheit und Krankheit haben auch psychische Komponente, Wohlfühlen im Fokus	
• Sichtweise Gesundheitsangebot	Ethische Komponente der Medizin im Mittelpunkt – klinische Sichtweise		Kommerzialisierung; Gesundheit wird zum Produkt – Sichtweise des Wohlfühlens	
	Angebot muss medizinisch wirken (naturwissenschaftlich orientiert)		Patient muss auch vom Angebot überzeugt werden (naturwissenschaftlich orientiert und in Konsumwelt passend)	

Conclusio 1: Der Gesundheitssektor hat sich zu einem „echten" Markt (volkswirtschaftlich betrachtet im Sinne eines aktiven und funktionierenden Marktgeschehens) entwickelt.

Der Umbruch in der Patientensicht

4

Systemeinführung des Herrn Leiden

„…. Bei Herrn Leiden war das etwas anders, da er einen Freund als Augenarzt zur Seite hatte,…, zu dem er in seiner jahrelangen Bekanntschaft besonderes Vertrauen aufbauen konnte,… Er führte Herrn Leiden durch das System an klinischen Fragestellungen, die ein selbstbestimmter Patient immer wieder für sich entscheiden muss …"

4.1 Analyse der aktuellen Patientensicht in Zeiten des Systemwandels

Eine Änderung in den Rahmenbedingungen hat meist auch einen Einfluss auf die Systempartner. Sind ganze Systeme – wie z. B. das Gesundheitssystem – vom Wandlungsprozess betroffen, dann muss man auch von einer wesentlichen Änderung der einzelnen Perspektiven – konkret auch der grundlegenden Patientensicht – ausgehen.

4.1.1 Die Patienten und der Wandel des Gesundheitssystems

Die Entwicklung des Gesundheitssystems zu einem richtigen Markt stellt einen Umbruch dar, der teilweise bereits beim Patienten angekommen ist. „Wir haben hier eines der besten Gesundheitssysteme in der Welt", „Es wird im System und nicht beim Patienten gespart", „Wir wollen keine Mehrklassenmedizin". Dies sind alles Aussagen, die in den letzten Jahren vermehrt von der Gesundheitspolitik, aber auch von den Systemverantwortlichen in den Vordergrund der Diskussion gestellt wurden. Vielfach war und ist auch von grund-

K. Hubatka, *Wie Patienten ticken? Wie Konsumenten handeln!*, https://doi.org/10.1007/978-3-658-37998-8_4

legenden Wandlungsprozessen und von Umbrüchen die Rede, Gesundheits- und Krankenhausreformen prägen den öffentlichen Diskurs im mitteleuropäischen Raum.

Solange eine öffentliche Diskussion noch nicht beim einzelnen Betroffenen angekommen ist, werden Wandlungsprozesse kaum wahrgenommen. Gerade bei intransparenten Systemen, wie z. B. dem Gesundheitssektor, gelingt es sehr selten, persönliche Betroffenheit in Richtung aktiver Mitwirkung und Mitbestimmung zur Weiterentwicklung zu erzeugen.

4.1.2 Die aktuelle Patientenrolle – Perspektiven und Rahmenbedingungen

Die Rolle des Patienten im gesamtgesellschaftlichen Beziehungsgeflecht prägte seit jeher die Austauschbeziehungen von Patienten und deren Umfeld bzw. den Systempartnern. Analytischer Ausgangspunkt stellt dabei die jeweils zeitgemäße Interpretation des Patientenbegriffes dar.

4.1.2.1 Der Patientenbegriff im Kontext des Gesundheitsmarktes sowie aus Sicht eines Kunden

Unter Bezugnahme auf einen weitverbreiteten, bevölkerungsnahen und anwendungsorientierten Definitionsversuch wird unter Patient bzw. Patientin (lateinisch *patiens*, deutsch „geduldig", „aushaltend", „ertragend" bzw. „erduldend") allgemein ein Mensch verstanden, der ärztliche bzw. medizinische Dienstleistungen oder Dienstleistungen anderer Personen, die eine Heilbehandlung durchführen, in Anspruch nimmt. Dabei kann es sich um die Vorbeugung, Feststellung oder medizinische Behandlung von Krankheiten oder Folgen eines Unfalls handeln.[1] Im weiteren Sinne ist der Begriff „Patient" eine Bezeichnung für einen erkrankten oder gesunden Menschen, der eine Dienstleistung des Gesundheitssystems konsumiert.[2]

Umgangssprachlich könnte man ganz allgemein unter Patienten auch die aktiven Kunden des Gesundheitssektors verstehen. Generell lässt sich daraus auch ableiten, dass die Patientenrolle aus soziologischer Sicht auch definiert wird durch die gruppenspezifische Interpretation des Patientenbegriffes (zum Beispiel in Abhängigkeit zum Gesundheitssetting).

Patienten leiden häufig an einer Krankheit oder an den Folgen eines Unfalls. Es gibt aber auch gesunde Patienten. Dazu gehören z. B. Schwangere, Lebendorganspender, Blutspender, Stammzellspender, Neugeborene, Impflinge, Empfänger von Präventionsleistungen und Vorsorgeuntersuchungen u.v.m. sowie Patienten, die sich einer medizinisch nicht indizierten Schönheitsoperation unterziehen.[3]

---

[1] Vgl. Patient (2018) unter URL: https://de.wikipedia.org/wiki/Patient am 01.10.2018.
[2] Vgl. Patient (2021) unter URL: https://flexikon.doccheck.com/de/Patient am 01.06.2021.
[3] Vgl. Patient (2018) unter URL: https://de.wikipedia.org/wiki/Patient am 01.10.2018.

Betrachtet man die klassische Definition des Patienten als Kunden eines modernen Gesundheitssystems, so fehlen diesem Begriff fast alle Merkmale eines weitestgehend frei entscheidenden und handelnden Konsumenten von Gesundheitsleistungen. Die klassische Definition entspricht daher – meist aufgrund fehlender Transparenz – eher eines vom Expertensystem geprägten und daher abhängigen Kunden eines Monopolanbieters.

Vergleicht man den bisherigen Begriffsinhalt mit dem Begriff des Konsumenten und Kunden, so lässt sich ableitend feststellen, dass sich aus den Eigenschaften wie „erdulden" und „leiden" (wodurch die Fremdverantwortung für die Gesundheit besonders zum Ausdruck kommt) im modernen Patientenbegriff Eigenschaften wie „entscheiden" und „gestalten" (als Ausdruck für die Eigenverantwortung für die Gesundheit) entwickelt haben. Beispielhaft zum Ausdruck kommt dieser Wandel des Patientenbegriffes und der mitgestaltenden Patientenrolle in der modernen Form der Rehabilitation, wobei die Mitwirkung der Patienten im Rahmen der Reha-Ziele bewusst eingefordert wird (Patienten mit Compliance). Dies kommt vor allem auch in der Verschiebung der Therapiestruktur hin zu den aktiven Therapien zum Ausdruck. Das heißt, in der modernen Rehabilitation ist der moderne Patientenbegriff als „Mitentscheider" und „Mitgestalter" bereits angekommen.

In diesem Zusammenhang ist es notwendig, die Begriffe „Patienten" gegenüber „Konsumenten von Gesundheitsleistungen" abzugrenzen:

Gegenüber einem Patienten versteht man unter einem Kunden oder Konsumenten einen aktuellen oder potenziellen Nachfrager von Leistungen eines Anbieters. In einer weiteren Konkretisierung findet dabei der Begriff „Konsument" nur für die privat-orientierte Nachfrage Anwendung[4] und wird in diesem Sinne auch in den folgenden Analysen entsprechend verstanden. Als „Konsument" wird allgemein ein Verbraucher von Gütern und Dienstleistungen und als „Konsum" der Verzehr dieser Leistungen bezeichnet.

Gemäß dieser Definition stellt der Kunde und/oder Konsument des Gesundheitssystems noch lange keinen Patienten dar. Als Konsumenten oder Kunden sind daher alle Personen zu verstehen, die im Gesundheitssystem nach Leistungen nachfragen bzw. diese konsumieren. Darunter fallen auch all jene Personen, denen bei der Konsumation von Leistungen des Gesundheitssystems auch ein Gesundheitsmotiv zugrunde liegt. Dementsprechend können Krankenhauspatienten genauso als Konsumenten betrachtet werden wie z. B. Kunden eines Fitness-Studios oder Teilnehmer an einer Diätberatung oder an einer Impfaktion, wenn ihre Handlungen aus einem Gesundheitsmotiv heraus erfolgen.

Man denke dabei vor allem im Präventions- bzw. Vorsorgebereich: Die Konsumenten von Gesundheitsleistungen sehen sich sicherlich nicht als „Leidende" oder als die, die eine „Leistung zu ertragen haben", sondern eher im positiven Sinne als „Konsumierende", die den Nutzen einer Leistung in Anspruch nehmen möchten. Dies stellt auch den Problem-Hintergrund bei allen Präventions- bzw. Vorsorgeleistungen im Gesundheitssektor dar, dass diesen Angeboten aus der Sicht der Konsumenten die Attraktivität fehlt: Denken wir nur an die Teilnehmer an einer Wirbelsäulengymnastik – erst wenn der Rücken schmerzt und die Bewegung weh tut, sind wir bereit, diese Leistungen auch nachhaltig in Anspruch zu neh-

---

[4] Vgl. Meffert H., Burmann C., Kirchgeorg M. (2008), S. 47.

men. Das heißt, wir tauschen dabei die Rolle des Konsumenten von Leistungen mit dem Patienten („dem Leidenden") aus. Gerade dieser Rollentausch ist bei Gesundheitsaktionen besonders zu berücksichtigen (im Marketingbereich wird von Zielgruppenshift gesprochen).

4.1.2.2 Die Patientenrolle aus soziologischer Sicht

Vielfach und vor allem in unserem Alltagsgebrauch wird unter „Patient" ein „Leidender" bzw. „eine leidende Person" verstanden. Diese Sichtweise ist vor allem historisch und gesellschaftsbezogen bedingt. Eine Patientenorientierung betrifft dabei auch die Rolle des Patienten als Nachfrager und Konsumenten medizinischer Leistungen. Historisch bedingt wird diese Rolle meist auch mit einem – im Vergleich zu anderen Dienstleistungsberei-chen – Mangel an Konsumentensouveränität, mit einer hilfsbedürftigen Lage sowie einer mangelnden Transparenz der medizinischen Angebote in Verbindung gebracht.[5]

Entsprechend einer Betrachtung des Patienten eingebettet in ein um- und versorgendes Gesundheitssystem ist der Fokus der Medizinischen Soziologie auf die Untersuchung der sozialen Einflüsse auf die Erhaltung der Gesundheit, auf die Entstehung und den Verlauf von Krankheiten sowie auf die Einrichtungen und Berufe des Gesundheitssystems in ihrer Interaktion mit den Patienten gerichtet.[6]

Aus traditioneller medizinsoziologischer Sicht und entsprechend der Aspekte einer Pa-tientenrolle stellt der Patient eine Reduktion des Individuums auf jene Gesichtspunkte dar, die medizinischen Maßnahmen zugänglich sind. Bezogen auf eine Krankenrolle lassen sich in der traditionellen Auffassung dabei vier Aspekte differenzieren, die auch wieder zur Definition des Patienten beitragen:[7]

- Befreiung von der normalen, sozialen Rollenverpflichtung.
- Befreiung der kranken Person von der Verantwortung über ihren Zustand.
- Krank zu sein ist sozial unerwünscht.
- Krank zu sein bedeutet hilfsbedürftig zu sein, was eine Verpflichtung bewirkt, fachkun-dige Hilfe anzunehmen.

Im Sinne eines neuen Patientenbildes wäre im Rahmen der Rollendefinition vor allem die Verantwortung über den eigenen Zustand zu hinterfragen und im Sinne der Mitproduktion bei medizinischen Leistungen in eine Mitverantwortung überzuführen. Bezogen auf punk-tuelle Erfahrungen kann man aber den Eindruck gewinnen, dass traditionelle Patientenbil-der und damit die ihnen zugedachte Rolle im medizinischen Geschehen sowie im Kernbe-reich des Gesundheitssektors fest verankert sind, wodurch sich einerseits eine große Kluft

---

[5]Vgl. Kreyher V.J. (2001): Gesundheits- und Medizinmarketing – Herausforderungen für das Ge-sundheitswesen, in Kreyher V.J. (Hrsg.) (2001): Handbuch Gesundheits- und Medizinmarketing, Chancen, Strategien und Erfolgsfaktoren, Heidelberg, R.v.Decker's Verlag, S. 33.

[6]Vgl. Siegrist J. (1995), S. 87.

[7]Vgl. Pflanz M. (1979): Medizinsoziologie, in König R. (Hrsg.) (1979): Handbuch der empirischen Sozialforschung, Bad 14, Religion*Bildung*Medizin, Stuttgart, Ferdinand Enke Verlag, S. 254.

zwischen Angebot und Nachfrage und andererseits die Gefahr von stärkeren Brüchen mit den traditionellen Sicht- und Verhaltensweisen mancher Experten, ableiten lässt.

4.2   Einfluss des Marktwandels auf die Patientenrolle

Die im Rahmen der Medizinischen Soziologie ausgewiesene Teil-Entmündigung des Patienten erfährt in jüngster Zeit eine grundsätzliche Wendung. In einer eher traditionellen Sichtweise wird dem Patienten die Kompetenz bei der Beurteilung seines Gesundheitszustandes und bei der Behandlung von Krankheiten – unter Berufung auf die systembezogenen Lösungsmöglichkeiten vieler gesundheitlicher Probleme, deren er sich lediglich zu bedienen hat – noch weitestgehend abgesprochen.[8]

Damit verbunden ist meist auch eine Auslagerung der Verantwortung für die eigene Gesundheit und eine Übertragung an das Gesundheitssystem als solches. Dabei sind die Mitverantwortung bei gesundheitsfördernder Lebensführung, die Fähigkeiten zur Selbstbehandlung im Krankheitsfall sowie die aktive Zusammenarbeit mit dem Arzt in den Hintergrund gedrängt worden.[9]

Die Wirkung von Präventionskampagnen (z. B. Impfkampagnen oder Anti-Raucher-Kampagnen) wurde und wird dementsprechend reduziert. Diese Kampagnen müssen immer wieder eine persönliche Betroffenheit erzeugen und damit eine Eigenverantwortung für die Gesundheit ansprechen. Die neue Sichtweise von Patienten entspricht daher wieder einer verstärkten Verantwortung für die eigene Gesundheit und einem aktiven Beitrag zur Gesundheitserhaltung und -wiedererlangung im Rahmen eines gesundheitsbewussten Verhaltens.

4.2.1   Der Wandel in der Arzt-Patienten-Beziehung aus soziologischer Sicht

Traditionell stellte aus soziologischer Sicht die Arzt-Patienten-Beziehung ein strukturell asymmetrisches Verhältnis dar. Die Gründe dafür waren und sind zum Teil immer noch[10]

- eine unterschiedliche Wissensverteilung und daraus ableitend eine gewisse Expertenmacht der Ärzte,
- meist unterschiedlichen soziale Rollen, wobei dem Arzt eine gesellschaftliche Definitionsmacht zugestanden wird, sowie
- funktional-spezifische Kompetenzen, die dem Arzt eine Entscheidungs- und damit Steuerungsmacht zuordnen.

---

[8] Vgl. Siegrist J. (1995), S. 23.
[9] Vgl. Siegrist J. (1995), S. 23.
[10] Vgl. Siegrist J. (1995), S. 244.

Experten-, Definitions- und Steuerungsmacht konstituierten ursprünglich eine prinzipiell ungleichrangige bzw. asymmetrische Beziehung,[11] die in der Gegenwart und zukünftig noch vermehrt durch den gesellschaftlichen Rahmen, durch neue Bildungs- und Informationssysteme sowie durch Marktmechanismen im Gesundheitssektor einem grundlegenden Wandlungsprozess unterliegen und einer zunehmenden Angleichung in der Arzt-Patienten-Beziehung ausgesetzt sind.

4.2.2   Der selbstbestimmte Patient – Fiktion oder schon Realität

Grundsätzlich und ableitend aus den vorangegangenen Analysen scheinen der Entscheidungsbezug und die Mitwirkung an der Gesundheitsleistung konstituierende Merkmale für einen „neuen" und selbstbestimmten Patienten zu sein. Es gilt daher zu überprüfen, wie weit dieser selbstbestimmte Patient im Gesundheitssystem bereits Realität ist.

4.2.2.1 Was heißt hier selbstbestimmt?

Wenn wir in Medien oder in Fachbüchern nachforschen, so ist der Begriff „der selbstbestimmte Patient" sehr oft zu finden. Ein eindeutiges Verständnis wird vorausgesetzt, ist aber noch lange nicht gegeben.

In Anbetracht der vorherrschenden Definitionsproblematik hat sich unter anderem das Idealbild eines „modernen Patienten" – in den vorliegenden Analysen manchmal auch als „neuer Patient" bezeichnet – etabliert, der in seiner Kerndefinition auch mit dem Aspekt der Selbstbestimmung in Verbindung gebracht wird. Das selbstbestimmte Verhalten[12] der Patienten beeinflusst dabei einerseits das Marktgeschehen und andererseits die individuellen Behandlungsprozesse im Bereich der ärztlichen und pflegerischen Versorgung. Dementsprechend weicht die traditionelle Patientenrolle einer selbstbestimmten Kunden- und Konsumentenfunktion.[13] Ein damit im Zusammenhang stehendes Schlagwort heißt „Patienten-Empowerment" und meint damit alle Aktivitäten, die Gesunde und Kranke dazu befähigen, mitzuentscheiden, wenn es um ihre Gesundheit geht. Damit fördert das Patienten-Empowerment die Entwicklung von einer expertengeprägten zu einer partnerschaftlichen Medizin.[14]

Wie aktuelle empirische Analysen zeigen, wird die fehlende Einbeziehung der Patienten als Kunden im Rahmen der innovativen Weiterentwicklung des Gesundheitssystems zunehmend zum Problem. In den gesellschaftlichen Umwelten erlebt sich der Bürger als

---

[11]Vgl. Siegrist J. (1995), S. 244.

[12]Im Sinne von mitwirkend und selbst entscheidend.

[13]Vgl. Forster A. (2017): Eine empirische Evaluierung des „selbstbestimmten Patienten", Bachelor-Arbeit, Fachhochschule OÖ., Steyr, S. 56.

[14]Vgl. Knöfl O., Lang S., Adler S. (2005): Pharmamarkt und Finanzdienstleistung; Parallelen zum Thema Kundenempowerment in Harms F., Gänshirt D. (Hrsg.) (2005): Gesundheitsmarketing, Patientenempowerment als Kernkompetenz, Stuttgart, Lucius & Lucius Verlagsgesellschaft, S. 87.

zunehmend selbst- bzw. mitverantwortlich. Das öffentlich betonte Selbstverantwortungs-
prinzip im Gesundheitssektor bezieht sich dagegen hauptsächlich auf die Mitfinanzierung,
weniger auf die Mitentwicklung und Mitwirkung im Sinne einer Mitsprache, was dem
Grunde nach einer überlebten Diskurskultur entspricht. Der Patient wird nur an den unbedingt notwendigen Stellen eingebunden, was auf das Fehlen eines professionellen Kom-
munikationsmanagements im Gesundheitssystem hinweist und die Forderung nach kundengerechter Transparenz verstärkt.[15]

4.2.2.2 Status des selbstbestimmten Patienten im neuen Gesundheitsmarkt

Die aktuelle Entwicklung des Gesundheitsmarktes und die entsprechende Entfaltung der
Patientenrolle weist auf eine voneinander abhängige Wechselbeziehung hin. Während der
traditionelle Medizinmarkt einer modernen Gesundheitswirtschaft weicht, entwickelt sich
ein immer größer werdender Teil der Nachfrage zu einem selbstbewussten, mitentscheidenden, eigenverantwortlichen Kunden- und Konsumentenkollektiv,[16] was auch entsprechende Auswirkungen auf die neue Patientenrolle hat.

Entsprechend den einzelnen theoretischen Definitionsansätzen wird der „selbstbestimmte Patient" durch die Erfüllung folgender Kriterien determiniert:[17]

- besonderes Gesundheitsinteresse,
- grundsätzliche Entscheidungsfähigkeit,
- hohe Eigenverantwortlichkeit,
- Vertrauen gegenüber den Health Professionals sowie
- ausgeprägtes Selbstbewusstsein.

Im Rahmen der definierenden Kriterien scheint ein „besonderes Gesundheitsinteresse"
das wesentliche Kriterium für die Selbstbestimmtheit der Patienten darzustellen. Eine empirische Evaluierung des selbstbestimmten Patienten weist durch überwiegende Nennungen auf ein entsprechendes Gesundheitsinteresse der Patienten hin, was auch durch gleich-
laufende Patienten- und Kundenbefragungen eine Deckung erfährt.

Ein Erklärungsansatz für das steigende Gesundheitsinteresse lässt sich sowohl auf eine
neue Denkweise über den Körper, als auch auf den erleichterten Informationszugang einer
breiten Bevölkerung (z. B. durch Online-Plattformen wie Kliniksuche.at, docfinder.at,
jameda.de, Weiße Liste.de, etc.) zurückführen.[18] In diesem Zusammenhang könnte der
verbesserte Informationszugang zusätzlich als Förderer des Gesundheitsinteresses angesehen werden.

---

[15] Vgl. Rademacher L., Remus N. (2010): Kommunikationsmanagement im Gesundheitswesen, in:
Koch C. (Hrsg.) (2010): Achtung: Patient online!, Wiesbaden, Gabler Verlag, S. 43.
[16] Vgl. Forster A. (2017), S. 56.
[17] Vgl. Forster A. (2017), S. 55.
[18] Vgl. Forster A. (2017), S. 56.

Das verstärkte Gesundheitsinteresse geht dabei einher mit einer verstärkten „Mitentscheidung" der Patienten im Rahmen der therapeutischen Konzeption. Wie die empirische Evaluierung zeigt, steht dabei das partizipative Modell der „Arzt-Patienten-Beziehung" im Vordergrund einer umfassenden Behandlungsbeteiligung. Eine gemeinsame Entscheidungsfindung steht im Fokus des Therapiedialogs, wobei die Health Professionals das notwendige Fachwissen und die behandelte Person ihre persönlichen Bedürfnisse – verstärkt auch im Sinne eines aktiven Konsumenten – einbringen, woraus vermehrt individualisierte Therapiekonzepte resultieren.[19] Analog dem Gesundheitsinteresse bedarf die Mitentscheidung der Patienten als Konsumenten einer entsprechenden informatorischen Basis im Sinne eines Empowerments, was wiederum durch den erleichterten fachspezifischen Informationszugang gewährleistet bzw. unterstützt wird.

In Bezug auf das Kriterium „Eigenverantwortlichkeit" weisen die vorliegenden empirischen Befunde darauf hin, dass sich die Menschen überwiegend selbst für ihre Gesundheit verantwortlich fühlen. Dementsprechend sehen sich Patienten auch zunehmend verpflichtet, selbst Maßnahmen zu ergreifen, um ein Gefühl des individuellen Wohlbefindens zu erlangen oder einer Erkrankung vorzubeugen.[20] Dies spiegelt verstärkt auch das Verantwortungsbewusstsein in Richtung der eigenen Gesundheit wider.

Hinsichtlich „Vertrauen" gegenüber Gesundheits- bzw. Health Professionals waren keine einheitlichen empirischen Befunde ableitbar, was auf eine vertrauensbezogene Umbruchsituation im Gesundheitsmarkt hinweist und grundsätzlich auch nicht als Widerspruch zum selbstbestimmten Patienten gesehen werden kann. Damit werden auch die theoretischen Befunde bestätigt, dass das Vertrauen gegenüber den Gesundheits-Professionals verstärkt erst zu erwerben ist und nicht automatisch vorausgesetzt werden kann. Dementsprechend ist das erfahrungsgeprägte Vertrauensverhältnis der Akteure auch als Kennzeichen eines selbstbestimmten Patienten zu sehen. Dies entspricht daher eher einem Verhalten, das bei ausbleibenden Behandlungserfolgen eine hinterfragende und skeptische Haltung bei selbstbestimmten Patienten ergibt, mit der Konsequenz von weiteren Konsultationen der Ärzte bzw. Gesundheitsdienstleister.[21]

Analog dem Kriterium „Vertrauensverhältnis" weisen die empirischen Befunde auch beim Kriterium „Selbstbewusstsein" unterschiedliche Bewertungen auf, wobei ein mehrheitliches Interesse an verständlichen Ausführungen auch auf den Bedarf an verstärkten Mitentscheidungsmöglichkeiten hinweist und damit indirekt ein neues Selbstbewusstsein der neuen Patienten zum Ausdruck bringt (aktives bzw. hartnäckiges Nachfragen). Erhärtet werden diese Befunde durch die verstärkte Selbsteinschätzung der Patienten, einer Krankheit bzw. einem Leiden in einem gewissen Maße auch selbst entgegenwirken zu können.[22]

---

[19] Vgl. Forster A. (2017), S. 57 f.
[20] Vgl. Forster A. (2017), S. 57.
[21] Vgl. Forster A. (2017), S. 58.
[22] Vgl. Forster A. (2017), S. 54.

Zusammenfassend kann aus den vorliegenden empirischen Befunden abgeleitet werden, dass durch eine weitgehende Kriterienerfüllung der selbstbestimmte Patient im Gesundheitsmarkt angekommen ist. Dieser selbstbestimmte Patient als neuer bzw. bewusst konsumierende Patient wird damit zu einem wichtigen Partner für die Gesundheitsdienstleister im Sinne eines Mitproduzenten und damit auch Mitverantwortlichen für das Ergebnis bzw. den Erfolg einer Gesundheitsleistung (Outcome).

4.2.2.3 Die neue Selbstbestimmung als Patientensouveränität und Patientenmitwirkung

In aktuellen Analysen zur Patientensouveränität wird die „neue" Patientensouveränität durchaus zwiespältig gesehen:

Einerseits wird mit der zunehmenden Patientensouveränität mehr finanzielle Eigenverantwortung der Patienten verbunden, damit einhergehend eine Aufgliederung in Basis- und frei hinzubuchbare Wahlleistungen, was auch einer teilweisen Kommerzialisierung ehemals öffentlicher Leistungen entspricht. Dies kann auch als ein Indikator für die zunehmende Waren-Werdung von Gesundheitsleistungen (Kommodifizierung) gewertet werden, wobei der Patient systematisch in eine Konsumentenrolle gedrängt wird.[23] Als Bedingung für das entsprechende Entscheidungsverhalten wird dabei der aufgeklärte bzw. informierte Patient gesehen.

Andererseits begründet die Patientensouveränität auch eine neue Anspruchshaltung: Der informierte Patient ist selbstbewusster, vorinformierter und hat konkrete Service- und Leistungserwartungen, mit denen er auf ein ehemals hierarchisch geprägtes System trifft, das bisher fast exklusiv über das relevante Wissen verfügte.[24] Damit lassen sich auch die aktuellen Spannungszustände und Rollenkonflikte von Patienten und Ärzten (Experten) – zumindest teilweise – erklären.

Darüber hinaus weisen aktuelle Analysen eine Grundproblematik bei der Mitwirkung von Patienten am Entscheidungsprozess darin aus, dass gemäß einer allgemeinen Marktentwicklung die Nutzer einer Dienstleistung oder eines Produktes zur bedeutendsten Ressource für eine Verbesserung gehören, während in der Medizin und der umgebenden Gesundheitswirtschaft diesbezüglich eine gewisse Distanz feststellbar ist. Das Selbstbildnis der Medizin sieht dabei nicht vor, dass Anwender bzw. Patienten ihre Inputs in den professionellen Prozess aktiv intergieren. Dieses Grundmuster eines „Beteiligungsgefälles" gilt auch noch in Anbetracht des „Shared Decision Makings".[25] Auf einen diesbezüglichen Wandlungsprozess und Lösungsansatz weist das Kapitel betreffend wirkungsorientierter Ansätze von Interventionen im Rahmen des PROMs-Programmes (Patient Reportet Outcome Measures) hin.

---

[23] Vgl. Rademacher L., Remus N. (2010), S. 41.

[24] Vgl. Rademacher L., Remus N. (2010), S. 42.

[25] Vgl. Rademacher L., Remus N. (2010), S. 42.

Evidenz eines neuen Patientenverhaltens als Konsumenten

5

5.1 Empirische Befunde zur Marktentwicklung im Gesundheitsbereich

Evidenz[1] bildet die Basis wissenschaftlich abgesicherter Sachverhalte. Um im Zusammenhang mit der Marktentwicklung im Gesundheitssektor nicht Vermutungen und Einschätzungen als Fakten darstellen zu müssen, erscheint es notwendig, Evidenz bzw. Belege für diese aktuellen Entwicklungen ausweisen zu können.

Aufgrund der Komplexität des Gesundheitssektors ist es sehr schwierig, hier eindeutige und umfassende Beweise eines Marktgeschehens abzuleiten, doch Indikatoren sollen einen neuen Beurteilungsansatz bieten. Als ein Hauptindikator in diesem Zusammenhang kann – neben dem Vorhandensein eines entsprechenden Angebotes – der auswählende und selbstentscheidende Patient als Konsument medizinischer Dienstleistungen angesehen werden.

Hinweis: „N=" steht in den folgenden Analysen für den Stichprobenumfang, ergänzt durch eine Bezeichnung der Grundgesamtheit.

5.1.1 Empirische Befunde zur allgemeinen Gesundheitsinformation der Bevölkerung

Grundsätzlich weisen die vorliegenden Forschungsergebnisse im Rahmen von unterschiedlichen empirischen Evaluierungsansätzen zumindest eine indikatorbezogene Evidenz auf. In aktuellen Studien wurden hinsichtlich Marktentwicklung im Gesundheitssektor die analysierten Ansätze durch konkrete Befunde abgesichert.

---

[1] Im Sinne von klarer, glaubhafter und nachvollziehbarer Darstellung empirischer Daten.

© Der/die Autor(en), exklusiv lizenziert an Springer Fachmedien Wiesbaden GmbH, ein Teil von Springer Nature 2022
K. Hubatka, *Wie Patienten ticken? Wie Konsumenten handeln!*,
https://doi.org/10.1007/978-3-658-37998-8_5

In einer im Jahr 2017 durchgeführten Studie werden in Bezug auf die grundsätzlichen Themenbereiche „Gesundheit", „Gesundheitsverhalten" und „Gesundheitsvorsorge und Prävention" repräsentativ für die Bevölkerung (N = 422) die folgenden empirischen Befunde ausgewiesen. Sie stellen gleichzeitig eine Zusammenschau einzelner Perspektiven des Gesundheitsmarktes dar.

5.1.1.1 Evaluierung der Gesundheit und des Gesundheitsbegriffes aus der Sicht der Konsumenten

Selbsteinschätzung der Konsumenten hinsichtlich des Gesundheitsbewusstseins[2] (N = 422, Bev.)

Frage: Einleitend zum grundsätzlichen Thema Gesundheit und Ihrer persönlichen Haltung dazu: Würden Sie sich selbst als eher gesundheitsbewusst und gesundheitsinteressiert bezeichnen oder eher nicht?

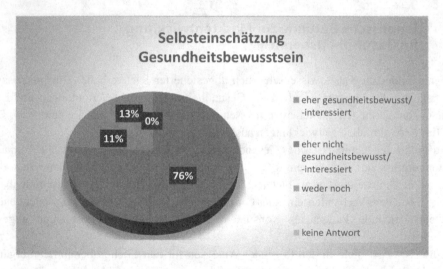

Betreffend Selbsteinschätzung als „gesundheitsinteressiert" bzw. „gesundheitsbewusst" konnten gemäß der Abbildung folgende Ergebnisse ausgewiesen werden:

Rund 76 % der Befragten bezeichnen sich selbst als gesundheitsbewusst und gesundheitsinteressiert, daraus ableitend sind immerhin noch knapp 24 %, die sich selbst nicht als solche bezeichnen würden. Grundsätzlich wird dieser Wert für die Bevölkerung schon relativ stabil über Jahrzehnte ausgewiesen (rund ¾ der Bevölkerung über 12 Jahre).

Das Image und die Sympathie von „Gesundheit"[3] (N= 422, Bev.)

Frage: Welche Vorstellung verbinden Sie persönlich mit „Gesundheit"?

---

[2] Entnommen aus: Hubatka K. et al. (2017b): Neupositionierung der Fitnessbranche im Gesundheitsmarkt – Projektbericht, Fachhochschule OÖ, Steyr-Linz, S. 45.

[3] Entnommen aus: Hubatka K. et al. (2017b), S. 46.

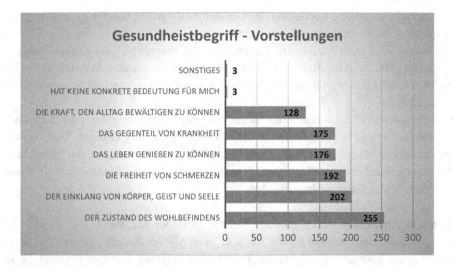

Mit dem Begriff „Gesundheit" verbinden die Befragten gemäß der Abbildung vor allem folgende inhaltliche Vorstellungen:

Rund 60 % kombinieren damit den Zustand des Wohlbefindens, 48 % den Einklang von Körper, Geist und Seele, knapp 46 % die Freiheit von Schmerzen, rund 42 % das Leben genießen zu können und rund 41 % das Gegenteil von Krankheit. Nur knapp 1 % ist der Meinung, dass „Gesundheit" keine konkrete Bedeutung hat. Interessant ist hier vor allem die Verknüpfung des Gesundheitsbegriffes mit „Wohlbefinden".

Beispiele für sonstige Nennungen: Freiheit, dass es einem gut geht, Lebensqualität, Freunde und Familie treffen, Hobby ausführen, optische Gesundheit.

Persönliche Bedeutung des Gesundheitsbegriffes[4] (N = 422, Bev.)
Frage: Und nun zum „Gesundheitsbegriff": Welche Bedeutung hat für Sie der Gesundheitsbegriff?

---

[4] Entnommen aus: Hubatka K. et al. (2017b), S. 47.

Betreffend persönliche Bedeutung des Gesundheitsbegriffes werden gemäß der Abbildung folgende Befragungsergebnisse ausgewiesen:

Für knapp 39 % steht der Begriff „Gesundheit" für eine körperliche Zustandsbeschreibung, gefolgt von der Abwesenheit von Krankheit (rund 24 %), dem Wunsch nach Glück (rund 19 %), der Leistungsfähigkeit und sozialen Anteilnahme (rund 15 %) sowie Sonstiges (rund 3 %).

Beachtenswert ist die relativ hohe Identifikation mit „Abwesenheit von Krankheit", wobei die Bewertung bei den älteren Schichten noch sprunghaft ansteigt. Dies weist vor allem darauf hin, dass der Begriff „Gesundheit" im Alter zunehmend mit Krankheit in Verbindung gebracht wird und damit auch einen entsprechenden Einfluss auf die Sympathiewirkung des Gesundheitsbegriffes hat.

Persönliche Ansprache durch gesunde Eigenschaft[5] (N= 422, Bev.)
Frage: Und wie angesprochen fühlen Sie sich, wenn Sie den Begriff „gesund" in Verbindung mit einem konkreten Produkt oder Angebot wahrnehmen: wie zum Beispiel „gesundes Essen", „gesunde Matratze" etc.?

Die Ergebnisse gemäß der Abbildung zeigen, dass vom Zusatz „gesund" in Verbindung mit einem konkreten Angebot sich jeweils nur rund ein Drittel (rund 30 %) der Befragten angesprochen und zwei Drittel weniger bis gar nicht angesprochen fühlen.

Interessant ist dieses Ergebnis für Kommunikationstreibende im Gesundheitssektor, die Leistungen mit dem Zusatz „gesund" zu positionieren versuchen. Seitens des Zielpublikums bzw. der Nachfrage hält sich die Attraktivität und damit auch die animierende Wirkung zur Leistungsinanspruchnahme in engen Grenzen.

---

[5] Entnommen aus: Hubatka K. et al. (2017b), S. 48.

Anregung zur Gesundheitsaktivität[6] (N = 422, Bev.)
Frage: Würden Angebote mit der Bezeichnung „gesund" oder „der Gesundheit dienend" Ihre Aufmerksamkeit erhöhen und eher zu einer bestimmten Handlung motivieren (z. B. Kauf eines Produktes etc.) oder wäre das nicht der Fall?

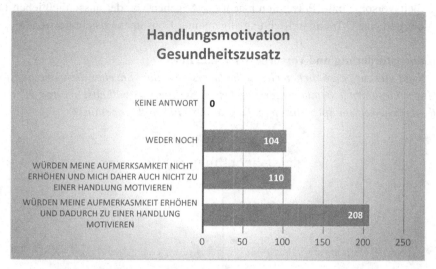

Hinsichtlich einer Aufmerksamkeitserhöhung und motivierenden Wirkung werden gemäß der Abbildung folgende Ergebnisse ausgewiesen:

Die Verteilung hinsichtlich der Zusätze „gesund" und „der Gesundheit dienend" weist mit rund 49 % einen relativ erhöhten Aufmerksamkeits- und Motivationswert aus. Erstaunlich ist, dass doch – gegenüber der Ansprache – bei fast der Hälfte der Befragten Angebote mit der Bezeichnung „gesund" oder „der Gesundheit dienend" die Aufmerksamkeit erhöhen und zu Handlungen (z. B. Kauf eines Produktes etc.) motivieren. Relativ deswegen, da man grundsätzlich – rational gedacht – von einer überwiegenden Zustimmung und Attraktivität ausgehen müsste, was sich in den Ergebnissen nicht widerspiegelt.

Resümee aus den empirischen Befunden zum Gesundheitsbegriff
Der Begriff „Gesundheit" und die Beifügung von „gesund" als Eigenschaft eines Leistungsangebotes vermittelt nur eine begrenzte Attraktivität und damit Sympathie für eine Handlung oder ein Produkt.

Dementsprechend weisen auch alle Angebotsbezeichnungen in Verbindung mit „Gesundheit" und alle Botschaften mit Bezug auf die Eigenschaft „gesund" wenig positiven bzw. attraktiven und zu einer Handlung animierenden Charakter auf, was vor allem bei einer nachfragegerechten Kommunikation im Gesundheitsmarkt besonders zu berücksichtigen ist.

---

[6]Entnommen aus: Hubatka K. et al. (2017b), S. 48 f.

5.1.1.2 Evaluierung der Gesundheitsaktivitäten und der Gesundheitsförderung als Vorsorge aus der Sicht der Konsumenten

Die Analyse von Aktivitäten zur Gesundheitserhaltung sowie -förderung im Sinne einer Gesundheitsvorsorge bzw. Prävention macht ein Abgehen von der ausschließlichen Patientensicht und eine Öffnung in Richtung allgemeiner Konsumentensicht notwendig.

Gesundheitsförderung und Vorsorge[7] (N = 422, Bev.)
Frage: Und nun zur persönlichen Gesundheitsvorsorge: Sind Sie eher aktiv um die Erhaltung Ihrer Gesundheit bemüht oder überlassen Sie die Gesundheitsvorsorge eher dem Zufall oder eher einem Spezialisten (z. B. Hausarzt, Physiotherapeutin)?

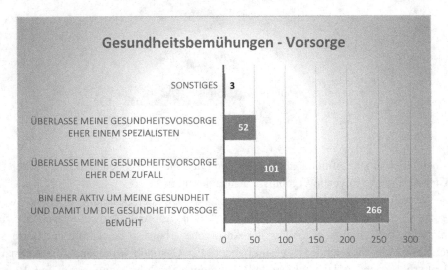

Betreffend Bemühungen um die eigene Gesundheitsvorsorge werden gemäß der Abbildung folgende Ergebnisse ausgewiesen:

Rund 63 % der Befragten geben an, dass sie eher aktiv um ihre Gesundheit und damit um die Gesundheitsvorsorge bemüht sind. Dem Zufall überlassen dies rund 24 % und rund 12 % überlassen ihre Gesundheitsvorsorge einem Spezialisten.

Aus diesem Ergebnis lässt sich ableiten, dass der überwiegende Teil der Befragten sich aktiv um die Erhaltung ihrer Gesundheit bemüht und die Gesundheitsvorsorge sehr wohl auf ein entsprechendes Potenzial aufbauen kann. Dies kann wiederum als ein Indiz für den selbstbestimmten Patienten gesehen werden, auch wenn aktuell die Marktpositionierung der Präventions- und Vorsorgeprogramme noch nicht den gewünschten Erfolg ausweist.

---

[7] Entnommen aus: Hubatka K. et al. (2017b) S 51f.

Bedeutung von Gesundheitsvorsorge (N = 422, Bev.)
Frage: Welche Bedeutung hat der Begriff „Gesundheitsvorsorge" und das Angebot zur Förderung der Gesundheit für Sie persönlich?

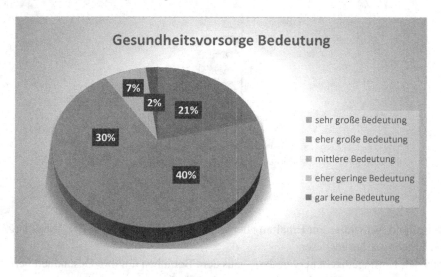

Hinsichtlich Bedeutung von Gesundheitsvorsorgeangeboten werden gemäß der Abbildung folgende Ergebnisse ausgewiesen:

Für rund 61 % und somit der Mehrheit der Befragten hat der Begriff Gesundheitsvorsorge eine sehr große und eher große Bedeutung. Der Anteil an den Befragten, für die der Begriff eher eine geringe Bedeutung bzw. gar keine Bedeutung hat, fällt mit rund 9 % (36 Personen) relativ gering aus.

Die vorliegenden Ergebnisse bestätigen die vorangegangenen Ergebnisse, aus denen eindeutig hervorgeht, dass seitens der Nachfrage bzw. der Konsumenten grundsätzlich ein großes Nachfragepotenzial an Vorsorgeleistungen gegeben ist, welches es zukünftig zu realisieren gilt. Ableitend kann festgestellt werden, dass damit die Begründung der eingeschränkten Marktbedeutung von Prävention und Vorsorge eher im Bereich des Angebotes sowie dessen Kommunikation und Vermittlung (sprich „Verkauf") liegen muss.

Aktivität Gesundheitsförderung (Vorsorge)[8] (N = 422, Bev.)
Frage: Wenn Sie aktiv um Ihre Gesundheit bemüht sind (Erhaltung Gesundheit), was machen Sie dann hauptsächlich?

---

[8] Entnommen aus: Hubatka K. et al. (2017b), S. 53.

Betreffend Aktivitäten zur Erhaltung der Gesundheit werden gemäß der Abbildung folgende Ergebnisse ausgewiesen:

Aus den Umfragen geht hervor, dass – aus dem Bemühen um ihre Gesundheit heraus – jeweils mehr als die Hälfte der Befragten regelmäßig Bewegung und Sport betreibt (rund 60 %) sowie auf eine gesunde Ernährung achtet (rund 59 %). Regelmäßige Spaziergänge führen rund 37 % durch und rund 33 % machen regelmäßig einen medizinischen Check. Rund 27 % nehmen Therapie- und Behandlungsangebote in Anspruch und über rund 19 % trainieren im Fitness-Studio. Lediglich rund 7 % der Befragten (30 Personen) machen nichts, um aktiv ihre Gesundheit zu erhalten.

Bemerkenswert ist, dass im Rahmen der Aktivitäten zur Gesundheitserhaltung (Vorsorge, Prävention) doch die aktiven Maßnahmen überwiegen, was wiederum für den bewusst „mitproduzierenden und mitgestaltenden" Konsumenten spricht. Der Kontakt zur Natur scheint hier ein wichtiger Treiber zu sein. Der besondere Bezug zur gesunden Ernährung findet analog zum allgemeinen Konsumbereich (z. B. Lebensmittelhandel) eine Bestätigung. Ableitend lässt sich hier auch eine Identität des Verhaltens- als Konsummuster feststellen.

Erwartungen und Anforderung an Gesundheitsangebote[9] (N = 422, Bev.)
Frage: Welche Erwartungen und welche Anforderungen haben Sie an Gesundheitsangebote und Programme zur Gesundheitsvorsorge bzw. Gesundheitsförderung?

---

[9] Entnommen aus: Hubatka K. et al. (2017b), S. 54.

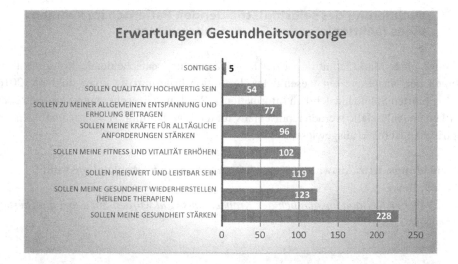

Hinsichtlich Erwartungshaltung und Anforderungen an die Gesundheitsvorsorge werden gemäß der Abbildung folgende Ergebnisse ausgewiesen:

Bei den Erwartungen und Anforderungen an Gesundheitsangebote und Programme zur Gesundheitsvorsorge bzw. Gesundheitsförderung geht hervor, dass mehr als die Hälfte, und zwar rund 54 % der Befragten, die Erwartung haben, dass diese ihre Gesundheit stärken sollen. Runde 29 % haben die Erwartung, dass ihre Gesundheit dadurch wiederhergestellt werden soll. Preiswert und leistbar sollte es für rund 28 % sein. Für einen kleineren Anteil der Befragten (rund 13 %) ist eine hochwertige Qualität wichtig.

Interessant bei den ausgewiesenen Ergebnissen ist, dass eher das allgemeine Motiv „einer Stärkung der Gesundheit" so dominant ist und fast die doppelte Zustimmung im Vergleich zum zweiten Kriterium der Wiederherstellung aufweist. Damit zeigt sich auch hier, dass die Gesundheitsvorsorge und Prävention aus der Sicht der Zielgruppe mit einer „erfüllbaren" Erwartungshaltung identifiziert, aber noch mit einem sehr unkonkreten Charakter in Verbindung gebracht wird.

Resümee aus den empirischen Befunden zur Gesundheitsförderung und -vorsorge
Die Konsumenten von Gesundheitsförderungs- und -vorsorgeleistungen sind zu einem überwiegenden Maße um ihre Gesundheit und damit auch um die entsprechende Vorsorge aktiv bemüht (63 %). Dies kommt auch in einer analogen Bedeutung der Gesundheitsvorsorge für die Befragten zum Ausdruck (61 %). Dabei stehen die regelmäßige Bewegung und der Sport sowie die gesunde Ernährung im Fokus der Aktivitäten. Die entsprechende Erwartungshaltung ist daher eher in Richtung der allgemeinen Motivlage „Gesundheit stärken" geprägt.

Daraus lässt sich ableiten, dass die Entwicklung grundsätzlich auf einen Konsumenten mit einem hohen Nachfragepotenzial an Gesundheitsförderungs- und -vorsorgeleistungen hinweist, wobei die Realisation im Markt besondere Anforderungen an das Angebot stellt.

5.1.2   Evaluierung des selbstentscheidenden Patienten im Rahmen eines funktionierenden Gesundheitsmarktes

Im Sinne einer Marktdefinition ist der auswählende und entscheidende Konsument im Rahmen der Nachfrage ein wesentliches Definitionskriterium. In einer im Jahre 2016 durchgeführten Studie hinsichtlich Informations-, Wahl- und Entscheidungsverhalten über Kliniken im Anlassfalle werden repräsentativ für die Bevölkerung (N = 339) die folgenden empirischen Befunde ausgewiesen.

Entscheidungs- bzw. Auswahlprozess: Art und Weise der Krankenhauswahl[10] (N = 339, Bev.)
Frage: Welcher Aussage hinsichtlich der Krankenhauswahl würden Sie dabei am ehesten zustimmen?

Hinsichtlich des Auswahlprozesses für ein Krankenhaus zeigen gemäß der Abbildung die Ergebnisse allgemein, dass rund 57 % der Befragten gemeinsam mit dem Haus- bzw. Facharzt und immerhin rund 13 % autonom alleine über das Krankenhaus entscheiden. Rund 28 % überlassen nach wie vor die Krankenhauswahl alleine dem Haus- bzw. Facharzt. Damit wird auch ein Indiz für den Rollenwandel des Patienten in Richtung Selbstverantwortung und Mitentscheidung ausgewiesen.

Interessant wird diese Entscheidungssituation für ein bestimmtes Krankenhaus in Kombination mit bestimmten Unterstützungsfunktionen, wie z. B. dem Internet. Bisher wurde das Entscheidungsverhalten meist nur in Kombination mit dem betreuenden Haus-

---

[10]Entnommen aus: Hubatka K., Petz G., Halmerbauer G. (2016): Projektbericht „Kliniksuche.at", Fachhochschule OÖ, Steyr-Linz, S. 39.

oder Facharzt abgefragt. Sorgt nun eine externe „Instanz", wie z. B. eine neutrale und objektive Internet-Plattform für eine entsprechende Transparenz, so werden für den selbstbestimmten und damit selbstentscheidenden Patienten als Konsumenten stark erhöhte Werte ausgewiesen.

Entscheidungseinfluss einer Internet-Plattform -entsprechende Nutzung der Internetpräsentation bei Entscheidung für Krankenhaus[11] (N = 339, Bev.)
Frage: Würden Sie eine zukünftige Entscheidung für ein Krankenhaus eher mithilfe einer solchen Internet plattform (Internetseite) treffen, oder würden Sie die Entscheidung für ein Krankenhaus gänzlich dem betreuenden Haus- bzw. Facharzt überlassen?

Betreffend Entscheidungseinfluss einer Internet-Plattform würden gemäß der Abbildung rund 36 % der Befragten mithilfe einer solchen Internetseite eine eigene Krankenhaus-Entscheidung treffen, davon haben wiederum rund 95 % ein Interesse an der Leistungsqualität einzelner Krankenhäuser, wodurch der Zusammenhang von Qualitätsdatenpublikation und Klinikentscheidung eindeutig (signifikant) nachgewiesen werden konnte.

Bemerkenswert dabei ist der relativ hohe Anteil an Selbstentscheidungen, die durch eine Online-Plattform bzw. Internetpräsentation initiiert werden und auf ein aktives Marktgeschehen hinweisen.

---

[11] Entnommen aus: Hubatka K., Petz G., Halmerbauer G. (2016), S. 47.

> **Resümee aus den empirischen Befunden zum Entscheidungsverhalten von Patienten als Konsumenten**
>
> Der Vergleich der beiden empirischen Befunde über die Art und Weise der Krankenhauswahl und über den Entscheidungseinfluss einer Internet-Präsentation (Plattform) weist
>
> - einerseits auf einen großen Zusammenhang von Entscheidungsverhalten und Markttransparenz durch entsprechende Informationen und
> - andererseits auf eine grundsätzliche Marktentwicklung auch des medizinischen Gesundheitssektors – im Sinne einer Konsumentenentscheidung als selbstentscheidender Patient – hin.

5.1.3   Evaluierung des Informationsverhaltens eines neuen bzw. selbstbestimmten Patienten als Konsumenten

Wie in den vorangegangenen Analysen aufgezeigt, brechen durch einen „kommunikativen" Rückstand des Gesundheitssektors aktuell immer mehr Legitimationsdefizite auf, wobei ein grundlegender Wandel im Informationsverhalten der Konsumenten und damit auch der Patienten noch wenig Berücksichtigung gefunden hat. Bisher spielen traditionelle Kommunikationskanäle in der Informationsarbeit von Kliniken und medizinischen Institutionen immer noch die überwiegende Rolle (siehe den zögerlichen Einsatz von Telemedizin). Darüber hinaus ist das Bemühen der Gesundheitswirtschaft und der Medizin, die Kommunikation auch kundengerecht aufzubereiten (im Sinne eines verständlichen Transports ihrer Anliegen, aber auch der Betreuungsinhalte), noch wenig ausgeprägt,[12] wodurch die Legitimationsproblematik nochmals verschärft wird. Kurz zusammengefasst: Die Gesundheitswirtschaft kommt weder über die genutzten Kommunikationskanäle noch über die Kommunikationsinhalte bei der Haupt-Zielgruppe Patienten kundengerecht an.

Damit lässt sich für den Gesundheitssektor gegenüber den anderen Branchen und gesellschaftlichen Bereichen ein großer kommunikativer Nachholbedarf ableiten. Gerade die teilweise starke Fragmentierung des medizinischen Bereiches der Gesundheitswirtschaft (z. B. Aufsplitterung in stationären und ambulanten Bereich sowie des niedergelassenen Bereiches in sich) wirkt sich verschärfend und veränderungsfeindlich aus. Dabei könnte nur ein differenziertes Kommunikationsmanagement, mit entsprechenden Führungs- und Unterstützungsfunktionen erfolgskritische Zielgruppen bedarfsgerecht ansprechen.[13]

---

[12]Vgl. Rademacher L., Remus N. (2010): Kommunikationsmanagement im Gesundheitswesen, in: Koch C. (Hrsg.) (2010), S. 47.

[13]Vgl. Rademacher L., Remus N. (2010), S. 46.

Im Rahmen der Evaluierung des Informationsverhaltens von Patienten zeigt sich, dass durch die Publikation von vergleichbaren Angeboten die Medien generell einen Orientierungs- und Normierungsrahmen darstellen, um die Patienten als Konsumenten bei diesbezüglichen Entscheidungen zu unterstützen. Damit werden diese erst in die Lage versetzt, selbstbestimmt zu agieren. Aktuell hat in diesem Zusammenhang vor allem das Internet eine ganz wesentliche Rolle – im Sinne einer neuen Transparenz – übernommen.[14]

In einer im Jahre 2016 durchgeführten Studie über den Bedarf und die Nutzungswahrscheinlichkeit einer Internet-Plattform im Gesundheitsmarkt und speziell für eine Krankenhauswahl konnten diesbezüglich die folgenden empirischen Befunde repräsentativ für die Bevölkerung (N = 339) erhoben werden.

Generelle Informationssuche bei Gesundheitsthemen – Gesundheitsinteresse und Gesundheitsinformationen[15] (N = 339, Bev.)
Frage: Und nun zum generellen Gesundheitsinteresse: Suchen Sie überwiegend Gesundheitsinformationen (z. B. über Vorsorge, neue Behandlungen) eher regelmäßig selbst, oder lassen Sie sich im Anlassfall eher von anderen informieren (z. B. Hausarzt)?

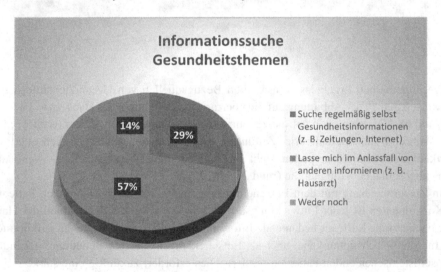

Hinsichtlich Gesundheitsinteresse und Informationsinitiative (Eigeninitiative oder anlassbezogener Bezug) werden gemäß der Abbildung allgemein rund 29 % für den regelmäßigen und eigeninitiierten sowie rund 57 % für den anlassbezogenen Informationsbezug ausgewiesen. Rund 14 % der Befragten zeigen kein diesbezügliches Informationsinteresse.

Bemerkenswert dabei ist der hohe Anteil an jenen Personen, die für ihr Gesundheitsinteresse einen konkreten Anlass benötigen.

---

[14]Vgl. Rademacher L., Remus N. (2010), S. 45.

[15]Entnommen aus: Hubatka K., Petz G., Halmerbauer G. (2016), S. 32.

Mediennutzung im Informationsprozess – Informationsquellen für die Gesundheit allgemein[16] (N = 339, Bev.)

Frage: Welche Informationsquellen nutzen Sie dabei hauptsächlich für Ihre Gesundheit? Bitte nennen Sie mir von den angeführten die zwei wichtigsten Quellen!

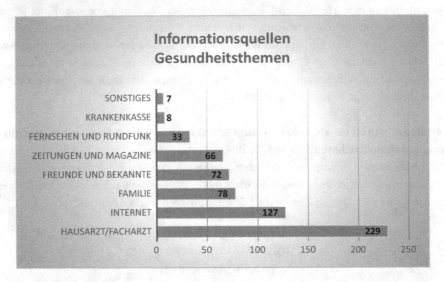

Die allgemeinen Ergebnisse hinsichtlich Bezugsquellen von Gesundheitsinformationen weisen gemäß der Abbildung auf die überragende Bedeutung des Haus- bzw. Facharztes (rund 68 %) – aber auch auf die zunehmende Bedeutung des Internets (rund 37 %) – hin. Während die Medien wie Zeitungen und Fernsehen eine geringere und die Krankenkasse keine Rolle spielen, steht an dritter Stelle der Bezugsquellen – wenn auch etwas abgeschlagen – die Familie (rund 23 %).

Im Zusammenhang mit dem Entscheidungsverhalten von selbstbestimmten Patienten als Konsumenten ist jener Entwicklungsaspekt von Interesse, bei dem aktuell der Haus- bzw. Facharzt die Rolle als bedeutende Informationsquelle – auch bei einem aufkommenden Internet – behaupten kann, aber als Entscheidungsinstanz an Bedeutung gegenüber dem selbstentscheidenden Patienten verliert. Dies erfordert zukünftig eine stärkere Endkundenorientierung des Gesundheitssystems.

Bekanntheit und Nutzung von bisherigen Info-Plattformen und Leistungsvergleichen der Krankenhäuser[17] (N = 339, Bev.)

Frage: Sind Ihnen Leistungsvergleiche über Krankenhäuser im Internet bekannt, und haben Sie diese schon selbst zur Information genutzt oder sind Ihnen diese nicht bekannt?

---

[16]Entnommen aus: Hubatka K., Petz G., Halmerbauer G. (2016), S. 33.

[17]Entnommen aus: Hubatka K., Petz G., Halmerbauer G. (2016), S. 34.

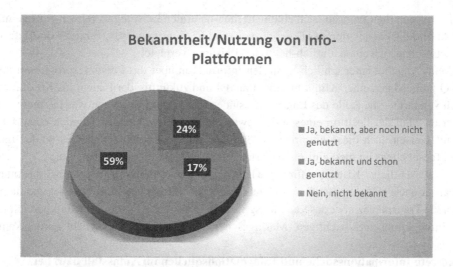

Die allgemeinen Ergebnisse hinsichtlich Bekanntheit und Nutzung bereits vorhandener Internet-Plattformen weisen gemäß der Abbildung für rund 17 % der Befragten eine Bekanntheit bei gleichzeitiger Nutzung und für rund 24 % nur eine Bekanntheit ohne Nutzung auf.

In Summe wird für Internet-Plattformen des Gesundheitssystems eine Bekanntheit von rund 41 % ausgewiesen, was für die Zukunft noch einen großen Nachholbedarf bedingt. Mit zunehmender Bekanntheit ist noch mit einem stärkeren entscheidungs- und verhaltensprägenden Einfluss dieser Online-Plattformen zu rechnen.

Wunsch nach einem amtlich-neutralen Leistungsvergleich[18] (N = 339, Bev.)
Frage: Würden Sie sich einen amtlich-neutralen Leistungsvergleich (z. B. Vergleich von Operationsergebnissen) von Krankenhäusern im Internet (z. B. von einer Behörde) eher wünschen oder eher nicht?

---

[18] Entnommen aus: Hubatka K., Petz G., Halmerbauer G. (2016), S. 35.

Betreffend dem Wunsch nach einem amtlich-neutralen Leistungsvergleich wird gemäß der Abbildung ein allgemeines Ergebnis von rund 67 % ausgewiesen (rund 2/3 der Befragten wünschen sich einen amtlich-neutralen Leistungsvergleich).

Beim Angebot einer amtlich-neutralen Information über das Leistungsprogramm und die Qualitätsdaten einer Klinik nimmt aktuell – und zukünftig der Patient als Konsument noch verstärkt – die Rolle des Entscheiders über eine Klinikwahl wahr, was in einem vermehrten Maß der Position eines selbstbewussten und auswählenden Kunden entspricht. Damit weisen auch diese empirischen Befunde auf die Entwicklung eines eindeutigen Marktgeschehens im medizinischen Kernbereich des Gesundheitssystems hin.

Als wesentliches Kriterium für diese Entwicklung wird die Information über das Internet ausgewiesen. Zusammenfassend kann abgeleitet werden, dass das Internet und damit die neue Transparenz über das Leistungsgeschehen bzw. das Angebot im Klinikbereich für die Entwicklung eines „richtigen" Marktgeschehens verantwortlich gemacht werden kann.

Konkrete Informationssuche und Informationsquellen im Anlassfall bzw. bei Krankenhausleistungen (vor Krankenhausaufenthalt)[19] (N = 339, Bev.)
Frage: Angenommen, Sie stehen mit einem größeren Gesundheitsproblem vor einem geplanten Krankenhausaufenthalt (z. B. Knieoperation): Wo bzw. wie würden Sie sich vor der Operation über die entsprechende Krankenhausleistung informieren?

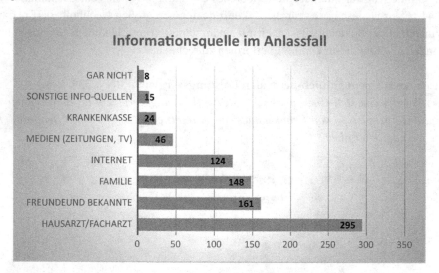

Die Ergebnisse hinsichtlich Informationsprozess (Informationssuche und -quellen) vor einem notwendigen Krankenhausaufenthalt weisen gemäß der Abbildung allgemein noch auf die überragende Bedeutung des Haus- bzw. Facharztes (rund 87 %) hin, abgeschlagen die Kriterien „Freunde und Bekannte" (rund 47 %) sowie „Familie" (rund 44 %). Das Internet hat in diesem Rahmen noch eine untergeordnete Bedeutung (rund 37 %).

---

[19] Entnommen aus: Hubatka K., Petz G., Halmerbauer G. (2016), S. 38.

Bemerkenswert ist nicht nur die große Bedeutung der ärztlichen Information, sondern auch die Behauptung der Position gegenüber dem Internet. Daraus ableitend lässt sich feststellen, dass der selbstentscheidende Patient als Konsument seine Informationskanäle nicht wechselt, sondern vermehrt (d. h. das Internet kommt dazu und löst nicht den Arzt ab). Zusammenfassend kann daher hinsichtlich der zukünftigen Rolle des zuweisenden Arztes festgestellt werden, dass dieser noch ein bedeutender Informant ist und bleibt, aber als Entscheider über den Klinik-Aufenthalt zunehmend vom Patienten als Konsumenten selbst abgelöst wird.

Resümee aus den empirischen Befunden zum Informationsverhalten von Patienten als Konsumenten

Der Haus- bzw. Facharzt ist und bleibt die wichtigste Informationsquelle des zunehmend selbstentscheidenden Patienten als Konsumenten (sowohl im Anlassfall als auch allgemein). Daneben gewinnt das Internet mit den entsprechenden Plattformen zunehmend an Bedeutung (Bedingung: amtlich-neutrale Informationsquelle).

Dementsprechende Internet-Plattformen weisen derzeit noch ein geringes Nutzungsniveau auf, werden zukünftig durch die zunehmende Bekanntheit aber entscheidungs- und verhaltensbeeinflussend wirken. Ein diesbezüglicher Wunsch wird für rund 2/3 der Bevölkerung ausgewiesen. Zusammenfassend erfordert das neue Informations- und Entscheidungsverhalten der Patienten als Konsumenten zukünftig eine stärkere Endkundenorientierung des Gesundheitssystems.

5.1.4   Evaluierung des Einflusses von Information und Transparenz auf das Entscheidungsverhalten von Patienten als Konsumenten

Gemäß aktuellen Analysen gewinnt die semiprofessionelle Kommunikation des WEB 2.0, 3.0, … im Gesundheitssektor allgemein gegenüber der professionellen Kommunikation im Bereich des Lobbyings und der Public-Affairs-Aktionen, z. B. von Pharmaunternehmen im Rahmen von Zulassungen, immer mehr an Bedeutung.[20]

Im Vordergrund stehen dabei die vermehrten Listungen und Online- bzw. Ranking-Plattformen, die sich erst langsam – ableitend aus dem Alltag anderer Wirtschafts- und Gesellschaftsbereiche – im Gesundheitsmarkt und fokussiert mit medizinischen Themen zu etablieren beginnen.[21] Die Zielsetzung entsprechender Online-Plattformen liegt dabei u. a.

- in einem breiten Informationszugang der Bevölkerung im Sinne einer Grundlage zur selbstbestimmten Entscheidung,

---

[20] Vgl. Rademacher L., Remus N. (2010), S. 50.

[21] Vgl. Rademacher L., Remus N. (2010), S. 50.

- in der Schaffung von Transparenz in einem von Experten geprägten System sowie
- in einem Druck auf die Qualitätsarbeit der einzelnen Gesundheitsdienstleister.

Um Entwicklungen auch beeinflussen zu können, bedarf es im Rahmen einer professionellen Kommunikation auch eines „Issues Managements", d. h. unter anderem, dass die Kommunikation der Anbieter auf die Informationsbedürfnisse bzw. den Informationsnutzen der Nachfrage abgestellt ist.[22] Für die Gesundheitswirtschaft bedeutet dies, dass die Kommunikation der Gesundheitsdienstleister nachfragegerecht gestaltet wird, wobei aktuell – gegenüber anderen Branchen – noch ein großer Nachholbedarf gegeben ist. Zukünftig wird daher vermehrt die Leistungsfähigkeit einer Organisation auch von deren kommunikativer Leistungsfähigkeit getragen, was speziell auf die Gesundheitswirtschaft mit stark steigenden Transparenzanforderungen zutrifft.[23]

In einer diesbezüglichen Studie wurden im Jahre 2017 – beispielhaft – Klinikpatienten von drei Klinken hinsichtlich ihres Informations- und Entscheidungsverhaltens befragt. In diesem Rahmen (N = 322) können die folgenden Befunde ausgewiesen werden.

Krankenhausentscheidung bei Klinikpatienten[24] (N = 322, KH-Pat.)
Frage: Wenn Sie an den derzeitigen Aufenthalt hier im Klinikum denken: Wer hat dabei die Entscheidung für dieses Krankenhaus getroffen?

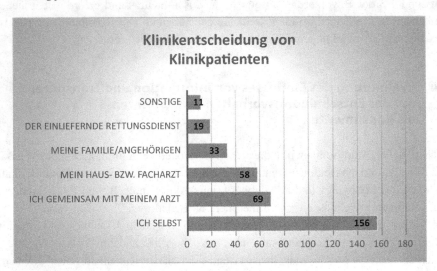

Die Ergebnisse hinsichtlich einer Entscheidungsfindung für den Aufenthalt im jeweiligen Krankenhaus deuten darauf hin, dass die Patienten immer mehr Selbstverantwortung

---

[22]Vgl. Rademacher L., Remus N. (2010), S. 51.

[23]Vgl. Rademacher L., Remus N. (2010), S. 52.

[24]Entnommen aus: Hubatka K. et al. (2017a): Projektbericht „Patienten- und Kundenkommunikation von Kliniken im Social Media Bereich", Fachhochschule OÖ, Linz-Steyr, S. 57.

übernehmen (rund 48 %). Deutlich dahinter wurde die Entscheidung gemeinsam mit dem Haus- /Facharzt (rund 21 %) getroffen oder vollständig dem Haus- /Facharzt überlassen (rund 18 %). Die Kriterien „Familie und Angehörige" (rund 10 %), „der einliefernde Rettungsdienst" (rund 6 %) sowie „Sonstige" (rund 3 %) sind dagegen nur von geringer Bedeutung.

Ableitend zeigt sich auch bei den Patienten direkt im Krankenhaus, dass diese im überwiegenden Ausmaß im Anlassfall selbstverantwortlich entscheiden und bestätigt damit die ausgewiesenen Analyseergebnisse bei der Bevölkerung.

Resümee aus den empirischen Befunden zum Einfluss von Information und Transparenz auf das Entscheidungsverhalten von Patienten

Auch aktuelle Patienten (im Krankenhaus) entscheiden im Anlassfall und unter Bezugnahme auf die Online- bzw. Social-Media-Präsentation – hauptsächlich selbst über die Wahl des Krankenhauses, was wiederum die vorangegangenen Analyseergebnisse der Bevölkerung bestätigt. Relativiert man die Ergebnisse durch die altersmäßige Verschiebung bei den aktuellen Patienten, so lässt sich zukünftig eine große Bedeutung von konkreter Krankenhausinformation – auch über Social Media – ableiten.

5.1.5 Evaluierung des Internet- und Social-Media-Einsatzes und die Gesundheitsversorgung

Grundsätzlich geht es bei dieser Analyse darum, festzustellen, inwieweit moderne Kommunikationskanäle auch für Krankenhäuser zukünftig einen bedeutenden Informations- und Kommunikationsweg mit ihren Patienten darstellen und ob diese vor allem aus der Sicht der selbstbestimmten Patienten als Konsumenten eine inhaltliche Bedeutung im Rahmen der Gesundheitsversorgung erhalten.

In einer im Jahre 2017 durchgeführten Analyse konnten hinsichtlich Internet- und Social-Media-Nutzung durch Krankenhauspatienten (N = 322) die folgenden empirischen Befunde ausgewiesen werden.

Allgemeines Nutzungsverhalten von Patienten im Social-Media-Bereich[25] (N = 322, KH-Pat.)
Frage: Wie intensiv nutzen Sie das Internet bzw. Social Media für die Kommunikation und Information im täglichen Leben?

---

[25] Entnommen aus: Hubatka K. et al. (2017a), S. 59.

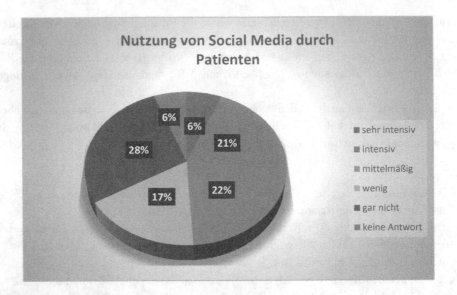

Hinsichtlich allgemeiner Nutzung von Social Media durch Patienten werden gemäß der Abbildung folgende Ergebnisse ausgewiesen:

Etwas mehr als 1/4 der befragten Patienten geben an, dass sie – ganz allgemein – die digitalen Medien gar nicht nutzen (rund 28 %). Während sich bei rund 22 % die tägliche Nutzung auf ein Mittelmaß beschränkt, verwenden rund 27 % das Internet bzw. Social Media sehr intensiv oder intensiv.

Insgesamt geben rund 49 % der Befragten an, das Internet und Social Media sehr intensiv, intensiv oder mittelmäßig zu nutzen. Das entspricht grundsätzlich – in Anbetracht der älteren Patientenklientel – einem hohen Wert.

Ableitend zeigt sich, dass bei der Zielgruppe der aktuellen Klinikpatienten die Social-Media-Nutzung noch nicht sehr hoch ist und damit auch nicht dem allgemeinen Bevölkerungsniveau entspricht. Ursache dabei dürfte die veränderte Altersschichtung der Klinikpatienten sein. Dies weist auf ein zukünftiges Entwicklungspotenzial hin und ist auch bei allen Aktionen, die die aktuellen Klinikpatienten ansprechen sollen, besonders zu berücksichtigen.

Bedeutung des Internets bzw. der Social-Media-Kommunikation für das Krankenhaus[26] (N = 322, KH-Pat.)
Frage: Welche grundsätzliche Bedeutung würden Sie der Internet- und Social-Media-Kommunikation bei der Information über den Krankenhausaufenthalt sowie der laufenden medizinischen Betreuung zuordnen (z. B. Glaubwürdigkeit, Aktualität etc.)?

---

[26]Entnommen aus: Hubatka K. et al. (2017a), S. 63.

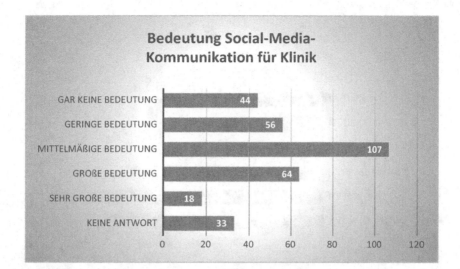

Betreffend Bedeutung der Social-Media-Kommunikation von Kliniken bei Patienten werden gemäß der Abbildung folgende Ergebnisse ausgewiesen:

Nur 18 der 322 befragten Patienten würden dem Internet in Bezug auf Informationen zum Krankenhausaufenthalt eine sehr große Bedeutung zuordnen. Das entspricht rund 6 %. Den größten Teil machen diejenigen Patienten aus, die dem Internet eine mittelmäßige Bedeutung zuordnen (rund 33 %). 44 Patienten ordnen der Internet- bzw. Social-Media-Kommunikation in Bezug auf Informationen über den Krankenhausaufenthalt und der laufenden medizinischen Betreuung gar keine Bedeutung zu (rund 14 %).

In Summe geben 189 Patienten (rund 59 %) an, dem Internet in Bezug auf Krankenhausinformationen und auf die medizinische Betreuung eine sehr große, eine große oder eine mittelmäßige Bedeutung zuzuordnen. Das entspricht mehr als der Hälfte der befragten Personen.

Nutzung und Wirkung des Social-Media-Auftrittes aus der Sicht der Patienten[27] (N = 322, KH-Pat.)

Um die Nutzung und die Wirkung des Social-Media-Auftrittes von Kliniken bzw. Krankenhäuser – vor allem in Richtung ihres Inhalts und der jeweiligen Anforderungen von Patienten – zu evaluieren, wurden die Klinikpatienten mit der konkreten Aussage *„Ich würde im Bedarfsfall gerne medizinische Anfragen an das Krankenhaus stellen können (z. B. an zentrale Infostelle)."* konfrontiert und dabei der Grad der Zustimmung abgefragt.

Anmerkung: Besonders zu berücksichtigen sind dabei die höheren Anteile der älteren Alterssichten bei der Patientenklientel eines Krankenhauses bzw. einer Klinik. Dementsprechend wären höhere Zustimmungswerte bei einer bevölkerungsgerechten Verteilung zu erwarten!

---

[27] Entnommen aus: Hubatka K. et al. (2017a), S. 64 ff.

Die vorgelegte Aussage in der Abbildung beschäftigt sich mit medizinischen Anfragen, die Patienten an das Krankenhaus stellen können. Mehr als ein Viertel der Befragten (rund 25 %) stimmen dieser Aussage voll zu, weitere 20 % stimmen eher zu. 28 Patienten können der Aussage gar nicht zustimmen, das entspricht rund 9 %.

Zusammengefasst gibt mehr als die Hälfte der Befragten (rund 59 %) an, dieser Aussage ganz, eher oder teilweise zuzustimmen. Nur rund 9 % der befragten Patienten gaben an, im Bedarfsfall nicht gerne Anfragen an das Krankenhaus stellen zu wollen.

Bemerkenswert ist dabei die Funktion des Social-Media-Auftrittes einer Klinik als Auskunfts- und Informationsmedium im Bedarfsfall.

Abgefragte Aussage: Ich würde im Internet bzw. in der Social-Media-Kommunikation eine Verbesserung der regionalen Versorgung von Patienten (z. B. durch Erhöhung der Betreuungsintensität) sehen.

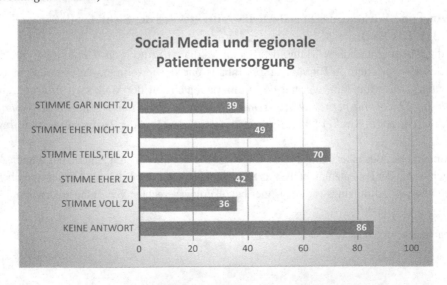

Die Aussage überprüft, ob eine Verbesserung der regionalen Patientenversorgung durch die Nutzung des Internets bzw. einer Social-Media-Plattform einer Klinik ermöglicht wird. Lediglich rund 11 % der befragten Patienten stimmen dieser Behauptung „voll" sowie rund 13 % „eher zu". Beinahe 22 % Befragten beantworten diese Frage mit „teils, teils". 49 Personen (rund 15 %) entschieden sich für die Auswahlmöglichkeit „Stimme eher nicht zu" und 39 Personen (rund 12 %) wählen die Antwort „Stimme gar nicht zu". Ein großer Teil der Befragten (rund 27 % bzw. 86 Personen) enthält sich der Antwort bei dieser Fragestellung.

Zusammenfassend kann festgehalten werden, dass rund 46 % der befragten Patienten der Meinung sind, dass durch eine Social-Media-Kommunikation eine Verbesserung der regionalen Versorgung – zumindest teilweise – ermöglicht wird. Relativiert werden diese Werte durch die besondere Altersschichtung der Patientenklientel.

Abgefragte Aussage: Ich würde in der Internet- bzw. in der Social-Media-Kommunikation eine Erhöhung der Sicherheit von Patienten sehen.

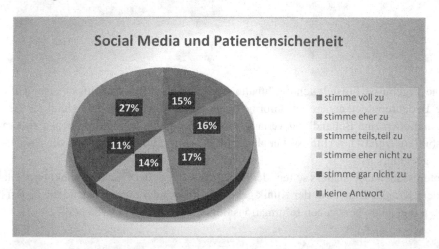

Das Statement beschäftigt sich mit der Erhöhung der Sicherheit von Patienten im Zusammenhang mit der Kommunikation via Internet und Social-Media-Auftritten von Kliniken bzw. Krankenhäusern. Beinahe die Hälfte der befragten Patienten (rund 48 %) befürwortet diese Aussage mit „stimme voll zu", „stimme zu" und „stimme teil, teils zu". Lediglich rund 11 % bzw. 36 Personen wählen die Antwort „Stimme gar nicht zu". Wiederum ein großer Anteil (27 % bzw. 87 Personen) geben keine Antwort zu dieser Fragestellung, was auch durch die besondere Altersschichtung der Patienten des Krankenhauses begründet werden kann.

Bemerkenswert dabei ist – in Anbetracht der Patientenklientel – der Anteil von immerhin rund 31 % der Befragten, die im Social-Media-Auftritt eines Krankenhauses auch eine Erhöhung der Sicherheit von Patienten sehen. Durch eine erwartbare Änderung der Nutzung des Social-Media-Auftrittes durch einen Wandel des Zielpublikums ist zukünftig auch noch mit einer Bedeutungszunahme dieser Kommunikationskanäle – vor allem in Richtung Patientensicherheit – zu rechnen.

Inhalte des Social Media Auftrittes aus der Sicht der Patienten[28] (N = 322, KH-Pat.)
Frage: Welche konkreten Inhalte soll Ihrer Meinung nach ein Social-Media-Auftritt haupt-sächlich beinhalten?

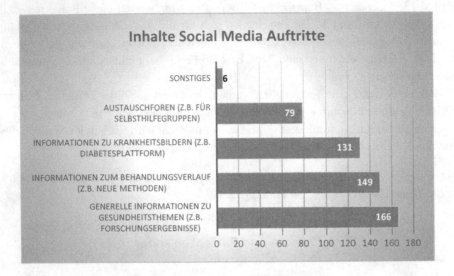

Die Ergebnisse hinsichtlich der Inhalte eines Social-Media-Auftrittes weisen auf eine hohe Bedeutung der generellen Informationen zu Gesundheitsthemen (rund 52 %), der Informationen zum Behandlungsverlauf (rund 46 %) sowie der Informationen zu Krankheitsbildern (rund 41 %) hin. Weiter abgeschlagen, mit rund 25 %, wurden die Austauschforen genannt.

Interessant dabei ist, dass seitens der Patienten weniger der Direkt-Kontakt bzw. Dialog mit dem Krankenhaus bzw. der Klinik gesucht wird, sondern überwiegend die bedarfsgerechten und anlassbezogenen Informationsmöglichkeiten im Fokus stehen.

Resümee aus den empirischen Befunden zum Social-Media-Einsatz einer Klinik und dem Patientennutzen
Die Nutzung der Social-Media-Kommunikation allgemein bewegt sich bei den aktuellen Krankenhauspatienten in einem mittleren Bereich (rund 49 %), was aber in Anbetracht der älteren Patientenklientel durchaus schon interessant ist (zukünftig Steigerung zu erwarten).

Analoge Ergebnisse können konkret für die Bedeutung der Social-Media-Kommunikation eines Krankenhauses – aus der Sicht der aktuellen Patienten – ausgewiesen werden (mittlere bis große Bedeutung). Hinsichtlich Nutzen und Wirkung

---

[28]Entnommen aus: Hubatka K. et al. (2017a), S. 69.

eines Social-Media-Auftrittes würde der überwiegende Teil gerne medizinische Anfragen stellen, generell wird ein Social-Media-Auftritt auch als eine Verbesserung der regionalen Versorgung und als eine Erhöhung der Patientensicherheit durch das Krankenhaus gewertet.

Inhaltlich wird der Nutzen eines Social-Media-Auftrittes hauptsächlich in der Präsentation genereller Informationen über Gesundheitsthemen, in Informationen über Behandlungsverläufe sowie in Informationen über Krankheitsbilder gesehen.

5.1.6 Zusammenfassende Analyse der empirischen Befunde hinsichtlich Information und Entscheidungsverhalten von Patienten

Ableitend lässt sich aus den Evaluierungsergebnissen feststellen, dass grundsätzlich das Internet als Informationsbasis und damit Entscheidungsgrundlage stark an Bedeutung gewonnen hat und immer noch gewinnt, parallel dazu der Hausarzt aber auch noch die informatorische Bedeutung behält. Das heißt, der mündige Patient lernt, mit mehreren Informations- und Meinungsquellen und damit auch mit teilweise widersprechenden Informationen – wie übrigens in vielen anderen Lebensbereichen als Konsument auch – umzugehen. Der informierende Haus- und Facharzt verliert nur seine exklusive „Informationsmacht".

Demgegenüber lässt sich für das Entscheidungsverhalten des neuen bzw. selbstbestimmten Patienten als Konsumenten ein neues Verhaltensmuster ausweisen: Wenn eine entsprechend objektive und damit verlässliche Internet-Informationsquelle gegeben ist, werden Patienten zukünftig verstärkt ihre Krankenhauswahl selbst treffen und damit den zuweisenden Haus- und Facharzt ablösen. Dies wird vor allem ganz wesentliche Auswirkungen für das Zu- und Einweisemarketing der Kliniken haben, wobei künftig vielleicht weniger der Absatzmittler (zuweisende Arzt) und mehr der Endkunde (Patient) im Fokus der entsprechenden Bemühungen und Aktivitäten steht.

Dementsprechend sollten auch die gewünschten und gesuchten Informationsinhalte, Anforderungen und Erwartungen an eine Online-Plattform berücksichtigt werden.

Dabei stehen folgende Kriterien für die Gestaltung einer Online-Plattform gemäß einer im Jahre 2016 durchgeführten empirischen Evaluierung im Vordergrund (Werte für „sehr wichtig" und „wichtig", N = 339, repräsentativ für die Bevölkerung):[29]

Kunden-Anforderungen an Online-Plattform für Klinikdaten	Werte
• „Muss klar und übersichtlich sein"	98 %
• „Muss mir einen schnellen Überblick über mein Gesundheitsproblem gewährleisten"	95 %
• „Muss die wesentlichen Daten über den Behandlungserfolg im Krankenhaus beinhalten"	90 %

---

[29] Vgl. Hubatka K., Petz G., Halmerbauer G. (2016), S. 41.

Zusammenfassend lässt sich feststellen, dass aus der Sicht der Zielgruppe der schnelle Informationswert über ein konkretes Gesundheitsproblem sowie die entsprechenden Krankenhaus-Leistungen im Vordergrund stehen.

5.2　Die Patientenentscheidung – empirische Befunde zur Publikation von Qualitätsdaten im Zusammenhang mit der Krankenhausentscheidung

Qualitätsdaten von Krankenhäusern und Benchmarking-Plattformen von Ärzten stellen in den meisten Ländern eine objektivierte Basis öffentlicher Informationen über ein Gesundheitssystem dar (z. B. „Weiße Liste" in Deutschland und „Kliniksuche" oder „docfinder" in Österreich). Sie bilden eine grundsätzliche Voraussetzung für das Wahlverhalten der Patienten im Anlassfall und damit für ein entsprechendes Marktgeschehen.

5.2.1　Evaluierung von Qualitätsdatenpublikation und Krankenhausentscheidung

In der Entwicklung eines aktiven, mitentscheidenden Patienten nimmt die Information über die Qualität einer Krankenhausleistung – auch als Ersatz einer Preisinformation in anderen Wirtschaftsbereichen – eine Indikatorrolle ein. Im Sinne eines allgemeinen Konsumentenverhaltens bildet die Nutzung von Qualitätsdatenpublikationen der Leistungsanbieter im Gesundheitssystem die Basis für Wahlentscheidungen von Patienten.

Als Status dieser Entwicklung lassen sich gemäß einer im Jahr 2016 durchgeführten empirischen Evaluierung (N = 339, repräsentativ für die Bevölkerung) die entsprechenden Befunde zusammenfassend wie folgt ausweisen:[30]

Werte	Nutzung von Qualitätsdatenpublikationen
41 %	der Befragten ist der Leistungsvergleich von Krankenhäusern bekannt, davon haben 17 % diesen auch schon genutzt.
67 %	aller Befragten wünschen sich einen amtlich-neutralen Leistungsvergleich von Krankenhäusern im Internet.
57 %	der Befragten würden diesen amtlich-neutralen Leistungsvergleich auch nutzen, was auf eine hohe Funktionalität dieser Plattform hinweist.
78 %	aller Befragten haben ein Interesse an der Leistungsqualität einzelner Krankenhäuser, davon 47 % im Anlassfall.

Ableitend lässt sich feststellen, dass aus der Sicht der Zielgruppe bei der Qualitätsdatenpublikation von Krankenhäusern vor allem die Leistungsqualität selbst sowie die Vertrauenswürdigkeit des Leistungsvergleichs im Fokus steht.

---

[30]Vgl. Hubatka K., Halmerbauer G., Türk S. (2016): Quality Data and Clinic Decision, Posterbeitrag zur ISQua-Tagung, 16.-20.10.2016, Tokio.

5.2.2   Bedeutung zunehmender Transparenz im Gesundheitsmarkt für den internationalen Patienten

Der „neue" Patient ist grundsätzlich nicht nur selbstentscheidend, was die Konsumation der Gesundheitsleistung betrifft, er ist vor allem international und berücksichtigt bzw. vergleicht – bedingt durch den digitalen Zugriff – die Qualitätsdaten der einzelnen Leistungsanbieter im globalen Gesundheitsmarkt.

Aktuelle und zukünftige Auswirkungen des internationalen Qualitätsmanagements auf den neuen Patienten sind:[31,32]

- Die aktuellen Trends weisen international darauf hin, dass zukünftig in Europa verstärkt mit einem selbst entscheidenden Patienten gerechnet werden muss, indem dieser die Qualität der Gesundheitsleistung wesentlich mitbestimmen wird (Inanspruchnahme über nationale Grenzen hinweg).
- Auf eine analoge Entwicklung weist auch der internationale Patiententourismus hin. Der Patient wird für einen globalen Leistungsvergleich sorgen und dabei die Krankenhaus-Leistungsdaten als Grundlage für seine Entscheidung wählen (siehe diesbezüglich auch die starke Zunahme des internationalen Patiententourismus, z. B. bei Augenoperationen in der Türkei oder Herzoperationen in Thailand).

Daraus ableitend und resümierend lassen sich drei Entwicklungstrends für das Qualitätsmanagement im Gesundheitssektor ableiten:[33]

1. Qualitätsmanagement im europäischen Raum wird „marktorientierter", i.S. einer Wettbewerbsorientierung der Anbieter.
2. Qualität und Qualitätsmanagement werden kundenorientierter: War bisher das Qualitätsmanagement eher angebotsgeprägt und der Definitionsmacht des Gesetzgebers und der Anbieter ausgesetzt, so wird diese zukünftig vermehrt nachfrageseitig und durch das Qualitätsverständnis der Patienten als Kunden geprägt sein.
3. Das Qualitätsverständnis und das Qualitätsmanagement wird internationaler: Bisher war das Qualitätsverständnis im Gesundheitssektor eher national geprägt (durch Gesetze, Normen und Indikatoren), zukünftig wird das Qualitätsmanagement durch die zunehmende Mobilität der Patienten internationalen Normen und Konsumgewohnheiten folgen müssen (Qualität und Qualitätsmanagement erhält internationale Komponente).

---

[31]Vgl. Hubatka K. (2017b): Qualitätsmanagement und die Publikation von Krankenhaus-Qualitätsdaten, Spektrum, Hochschule Ludwigshafen am Rhein, Januar 2017, Ludwigshafen, S. 10 ff.

[32]Vgl. Hubatka K. (Hrsg.) (2010): Erfolg von Kur, Rehabilitation und Wellness; Ergebnisse von Befragungen zur Qualitätssicht der Anbieter, Kunden und Zuweiser, Nr. 38 der Schriftenreihe „Gesundheitswissenschaften", OÖ Gebietskrankenkasse, 2010, Linz, S. 13.

[33]Vgl. Hubatka K. (2017b), S. 10 ff.

Entsprechend aktueller Analysen haben sich – als Konsequenz aus der Forderung nach verstärkter Transparenz – die Gesundheitsdienstleister darauf einzustellen, dass die von den Patienten als Kunden in anderen Gesellschaftsbereichen erlernte und geforderte Selbständigkeit im Sinne einer prozessbezogenen Gesamtverantwortung auch auf das Gesundheitssystem übertragen und dabei die dafür notwendige Transparenz aktiv eingefordert wird. In diesem Rahmen werden neu entstehende Informationsquellen (wie z. B. Bewertungsportale und -plattformen) eine besondere Rolle spielen, wodurch auch ein entsprechender Druck seitens der nachfragenden Patienten als Kunden entsteht.[34]

Analog dieser Entwicklung resultiert ein inhaltlicher Machtausgleich im Gesundheitssystem: Im Sinne eines neuen Transparenzverständnisses will der Patient als Konsument von Gesundheitsdienstleistungen vor allem[35]

- seine Gesundheitsprobleme verstehen und
- die Vorgänge bzw. Prozesse, die ihn im Rahmen der medizinischen Betreuung betreffen, durchschauen und nachvollziehen können,
- um dann auch selbstbestimmt mitzuentscheiden.

In einer auf Transparenz abgestellten Gesellschaftsordnung ergeben sich jedoch Folgen für die Erwartungshaltung des Einzelnen. Während in vielen anderen Lebensbereichen Leistungs-Transparenz allgegenwärtig ist, haben die Medizin und das Gesundheitssystem damit in der Vergangenheit nicht Schritt gehalten.[36]

Ein speziell auf die Gesundheitswirtschaft und die Medizin abgestellter Transparenzbegriff definiert darunter die Summe aller Kennziffern und Parameter, die[37]

- zur Erhöhung der Qualität der Versorgung,
- zur Sicherstellung der Finanzierbarkeit sowie
- zur Orientierung im Gesundheitssystem

dienen können. Wesentlich Punkte stellen dabei Leistungsergebnisse, die Messung der Leistungsqualität, u.v.a. dar.

Zusammenfassend lässt sich daher feststellen, dass das im Gesundheitssystem gebotene Transparenzniveau bei Weitem nicht dem Transparenzstatus anderer Bereiche entspricht, den die Patienten jedoch als konsumierende Kunden gewohnt sind, wodurch sich ein entsprechender Anpassungsdruck und Aufholbedarf für die Gesundheitswirtschaft ableiten lässt.

---

[34] Vgl. Rademacher L., Remus N. (2010), S. 44.
[35] Vgl. Rademacher L., Remus N. (2010), S. 52.
[36] Vgl. Rademacher L., Remus N. (2010), S. 53.
[37] Vgl. Rademacher L., Remus N. (2010), S. 54.

5.3   Conclusio 2: Zwischenübersicht zusammengefasster Ergebnisse der Entwicklung des Patienten zum Konsumenten sowie der Befunde zur Gesundheitsthematik

Kriterien	Alter Patient		Neuer Patient als Konsument	
	Typologisierung (Verhalten)	Maßnahmen (Instrumente)	Typologisierung (Verhalten)	Maßnahmen (Instrumente)
Umbruch Patientensicht und deren Evidenz (Kap. 4 und 5)				
• Rollenverständnis Patient	Patient ist fremdbestimmter „Leidender", an dem – passiv - Behandlungen durchgeführt werden (keine therapeutische Mitwirkung)		Patient ist selbstbestimmter „Erkrankter", der nach Möglichkeit bei den Behandlungen – aktiv - mitproduziert (als „Prosument" therapeutische Mitwirkung)	
• Kundenrolle des Patienten	Patient ist fremdbestimmter Klient eines medizinischen Gesundheitssystems		Patient ist selbstbestimmter Konsument von Gesundheitsdienstleistung	
• Einfluss Experten	Patient wird vom Experten „überredet", dieser ist Hauptinformant und entscheidet über den medizinischen Dienstleister		Patient wird vom Angebot „überzeugt", Arzt bleibt wichtiger Informant, verliert aber die Entscheidungsfunktion	
• Empirische Evidenz	Patient ist Leidender und von den Experten abhängig, hat keinen Marktüberblick und überlässt die Entscheidung den Experten (fremdbestimmt), Informationen hauptsächlich über Arzt und klassische Medien		Patient ist als Konsument von Gesundheitsdienstleistungen angekommen, verschafft sich Überblick, wählt aus und entscheidet (selbstbestimmt), Experten bleiben Informanten.	
			Befunde: Gesundheitsbegriff nur bedingt aktivierend, Gesundheitsförderung und Prävention weisen Potential aus, KH-Entscheidung zunehmend selbstbestimmt (Basis: neutraler Leistungsvergleich), Internet- und Social-Media-Auftritte von KH stehen u.a. für regionale Versorgung und Patientensicherheit	

Conclusio 2: Der Patient hat sich zu einem selbstbestimmten Entscheider bei der Inanspruchnahme von medizinischen Leistungen entwickelt!Die Bedeutung der Gesundheitsthematik allgemein weist aktuell grundsätzlich auf ein entsprechendes Interesse hin, wobei noch weiteres Potenzial für die Internetkommunikation - inklusive Social Media - in Richtung Markttransparenz und Entscheidungsunterstützung ausgewiesen wird.

Analytische Betrachtung einer neuen Patientensicht als Konsumenten

6

> **Die neue Patientensicht des Herrn Leiden**
>
> „…. Was das Gesundheitssystem aber noch nicht im Griff zu haben scheint, ist die richtige Einbindung der Patienten als „Mitproduzenten" des Behandlungserfolgs und damit als beitragsorientierte Konsumenten von Gesundheitsleistungen. Was hier vor allem fehlt, ist grundlegendes „Verhaltenswissen" der Fachwelt bei der Auslagerung von Pflegleistungen in den Eigenbereich der Patienten als Konsumenten …"

Im Rahmen einer vollständigen Betrachtung gilt es – nach entsprechender Evaluierung des Gesundheitsmarktes sowie der daraus resultierenden grundsätzlichen Entwicklung eines selbstbestimmten Patienten als Konsumenten – die einzelnen Perspektiven des Wandels als neue Patientensicht einer analytischen Beurteilung – verglichen mit theoretischen Aspekten – zuzuführen und zusammenzufassen.

6.1 Die Entwicklung des Patienten zum Konsumenten

Im Rahmen einer veränderungsbezogenen Analyse des Gesundheitsmarktes als grundlegenden Wandlungsprozess lassen sich die folgenden Punkte ableiten.

6.1.1   Vom unselbständigen Patienten zum autonom selbstverantwortlichen Konsumenten – Statuskriterien

Die Entwicklung vom unselbständigen Patienten zu einem autonom und selbstverantwortlich handelnden Konsumenten ist dabei durch folgende Statuskriterien gekennzeichnet:[1]

- Durch die zunehmende Thematisierung des Körpers erfolgt eine Steigerung des medizinischen Allgemeinwissens (Menschen werden zu Experten ihres Körpers, Patienten zu Experten ihrer Krankheit, und dies führt zu einem Kompetenzzuwachs des Laien).
- Durch ein rapides Wachstum alternativer Gesundheitsangebote erfolgt ein neues Denken über den Körper (erfahrungsmedizinisch begründete Angebote versus ästhetisch-psychisch-emotionale Alternativangebote; Skepsis gegenüber alter Gesellschaft und naturwissenschaftlich-technischem Paradigma).
- Auswirkungen eines veränderten Nachfrageverhaltens: Ärzte lassen sich auf psychosomatisches Paradigma ein; Einstimmung auf einen neuen Gesundheitsmarkt (Demokratisierung des Wissens, aus unmündigem Bürger wird ein Manager seines Körpers und seiner Gesundheit).
- Die neue Autonomie und die Handlungsoptionen der selbstbestimmten Patienten als autonome Konsumenten erfordern Auswahlprozesse: Der Patient als Konsument muss vergleichen, bewerten, Prinzipien ausbilden (daraus resultiert auch ein Misstrauen gegenüber dem Expertentum).

Im Rahmen dieses Wandlungsprozesses revolutioniert das Internet durch neue Kommunikations- und Informationsmöglichkeiten den Patientensektor und bringt dabei auch eine internationale Perspektive ein.

6.1.2   Der Patient als nicht rational entscheidender und handelnder Konsument

Für die richtige – im Sinne einer marktkonformen – Ausrichtung des Gesundheits- und speziell des Klinikmarketings spielt die genaue Kenntnis des Kunden im Sinne einer neuen Patientensicht eine große Rolle, woraus auch neue Perspektiven resultieren:[2]

- Wie bereits dargestellt, sind Patienten Menschen mit einer Krankheit, die nicht nur eine Störung der Organfunktion darstellt, sondern auch mit subjektiv und objektiv feststellbaren körperlichen, geistigen bzw. seelischen Veränderungen verbunden ist und eine ärztliche Behandlung benötigt.

---

[1]Vgl. Schulze G. (2005), S. 7 ff.
[2]Vgl. Ziesche A. (2008): Patientenzufriedenheit im Krankenhaus, Maßnahmen zur Verbesserung, Wismarer Schriften zum Management und Recht, 2008, Band 11, Salzwasser Verlag, S. 15 f.

- Psychosoziale Aspekte von Krankheit:
  - Körperwahrnehmung und Krankheitserleben (Laiendiagnose)
  - Krankheitsverhalten (Umgang mit Krankheit)
  - Lebensereignis (Krankheit als Veränderung des Lebensablaufes)
- Die Einflusschancen des Patienten im Krankenhaus sind strukturell begrenzt (Institution Krankenhaus: arbeitsteilig organisierte Betriebsstruktur trifft auf persönliche Versorgungsbedürfnisse).

Entgegen den vielfältigen – meist durch soziokulturelle Formung und schichtenspezifische Sozialisation bedingte – Perspektiven der Symptomwahrnehmung und der Stadien des Hilfesuchens von Patienten unterstellte Parsons ein rationales Entscheidungsmodell dem erkrankten Individuum (Selbstdefinition nach Schwere, Art und Dauer der Erkrankung).[3] Darauf aufbauende medizinsoziologische Studien haben aber gezeigt, dass dieses rationale Entscheidungsmodell nicht in der Lage ist, reales Patientenverhalten abzubilden (z. B. die unterschiedliche Schmerzwahrnehmung bei verschiedenen Personengruppen bzw. Kohorten, das längere Verharren in Krankenrollen von älteren Menschen nach einer Rehabilitation etc.).[4]

In Summe lässt sich daraus ableiten, dass der Patient sich sehr individuell sowie nicht bzw. nicht überwiegend rational in seiner Rolle verhält und darauf aufbauende Systeme und Regelungen ihre angestrebte Wirkung verfehlen (siehe Ableitungen im Kap. 2).

6.1.3 Das Verhalten des Konsumenten, ein Widerspruch zur Gesundheitseinstellung?

Wie die Evaluierung durch Studien ergibt, wendet der Patient als Konsument von Gesundheitsleistungen im Gesundheitsbereich erlernte, aber auch angelegte Verhaltensmuster an.

Ableitend bedeutet dies für die Entwicklung im Gesundheitsmarkt, dass der Patient nicht nur rationale Konsumentscheidungen in Richtung seiner Gesundheit trifft, sondern vor allem auch bedingt durch psychologische (persönlich-emotionale), situative (anlassbezogene) und soziale Kriterien (Wünschbarkeit) Entscheidungen, die seiner Gesundheit zuwiderlaufen. Diese zunehmend feststellbare Konsumhaltung bei Gesundheitsleistungen kommt vor allem im Compliance-Verhalten zum Ausdruck. Beispielhaft seien hier die reduzierte Therapietreue (im Medikamentenbereich) nach Herzinfarkt und Schlaganfall von nur rund 50 % anzuführen, die in letzter Zeit vermehrt diskutierte „Impfmüdigkeit" oder auch das Verhalten von Rauchern, die ganz bewusst dem Genuss den Vorzug gegenüber der Gesundheit geben.

---

[3] Vgl. Siegrist J. (1995), S. 216.
[4] Vgl. Siegrist J. (1995), S. 216.

Empirische Befunde lassen sich diesbezüglich im Bereich der Herz-Kreislauf-Rehabilitation ableiten. In einer im Jahre 2010 durchgeführten Vergleichsstudie von Wellness mit Kur und Rehabilitation schnitt die Bewertung der Erfolgsorientierung der Behandlung und damit auch die Compliance der Patienten im Rahmen der Herz-Kreislauf-Rehabilitation gegenüber einer rational geprägten Erwartungshaltung eher schlecht ab.[5] Im Vergleich zeigten sich rund 77 % der Kurgäste und vergleichsweise nur 78 % der Rehabilitationspatienten hinsichtlich des therapeutischen Erfolgs sehr hoch bis hoch motiviert (vor allem in Anbetracht des massiven Gesundheitsproblems bei der Rehabilitation).

Auf diesen nur teilweise compliancebereiten und wenig rational handelnden neuen Patienten hat sich das Gesundheitssystem verstärkt einzustellen bzw. beim „Abholen" dieser Patienten bei verhaltenssteuernden Aktionen (z. B. Vorsorge-Grippeschutzimpfungen) Rücksicht zu nehmen. Zusammenfassend lässt sich feststellen, dass auch im Gesundheitsmarkt neben rational-gesundheitsorientierten Argumenten andere Wert- und Verhaltensmuster (irrationale) eine Rolle spielen, womit eindeutig die Bestätigung geliefert wird, dass der Patient als Konsument angekommen ist. Beispielhaft sei diesbezüglich die Nachfrage nach privat bzw. selbstfinanzierten Lasik-Behandlungen im Augenbereich angeführt, die seitens der Sozialversicherungen oftmals als kosmetische Behandlungen betrachtet werden (modischer Faktor).

6.2   Der neue Patient als Konsument – ein „Prosument"

In mehreren Analysen wurde der selbstbestimmte Patient bereits als Konsument von Gesundheitsdienstleistungen beleuchtet. Theoretische Ansätze sprechen dabei auch von „Prosumenten" als kombinierte Betrachtung von Patient und Konsument.

Toffler A. führte 1980 in dem Buch *Die dritte Welle (The Third Wave)* diesen Begriff ein. Er bezeichnet damit Personen, die gleichzeitig Konsumenten, also Verbraucher (englisch *consumer*), als auch Produzenten, also Hersteller (englisch: *„producer"*), der von ihnen verwendeten Produktleistung sind. Toffler sieht den Prosumenten dabei als eine Person, die ein Produkt erzeugt oder eine Dienstleistung erbringt, um diese zu verbrauchen (persönlicher Gebrauch).[6] Ableitend für den Gesundheitsbereich lässt sich feststellen, dass mit der Sichtweise eines Mitproduzenten die Definition des „Prosumenten" auch für die Definition des selbstbestimmten und mitwirkenden Patienten passt.

Um jedoch die einzelnen Perspektiven und Facetten des Patienten als Konsumenten in einem wettbewerbsorientierten Marktgeschehen ausleuchten zu können, erscheint eine

---

[5] Vgl. Neundlinger D. (2010): Qualitätsdimensionen aus der Sicht der Patienten/Kunden, in Hubatka K. (Hrsg.) (2010): Erfolg von Kur, Rehabilitation und Wellness; Ergebnisse von Befragungen zur Qualitätssicht der Anbieter, Kunden und Zuweiser, Nr. 38 der Schriftenreihe „Gesundheitswissenschaften", OÖ Gebietskrankenkasse, Linz, S. 120 ff.

[6] Vgl. Toffler A. (1987): Die dritte Welle, Zukunftschance, Perspektiven für die Gesellschaft des 21. Jahrhunderts, München, C. Bertelsmann Verlag, S. 272 ff.

differenzierte Analyse des Objektes „Patient" notwendig. Ein rein definitorischer Neuansatz würde hier zu kurz greifen und vor allem keine schlüssige Erklärung des Verhaltens ableiten lassen.

Gemäß gängiger Marketingtheorie ist das Konsumentenverhalten – generell als Käuferverhalten ausgewiesen – hauptsächlich durch subjektive und emotionale Faktoren geprägt,[7] auf die es in den folgenden Analysen noch näher einzugehen gilt.

---

[7]Vgl. Meffert H., Burmann C., Kirchgeorg M. (2008), S. 106 ff.

Der Patient ist als Konsument angekommen

7

Im Sinne eines selbstbestimmten Patienten als autonomen Konsumenten gilt es – bei analoger Anwendung der Verhaltensmodellierung – die einzelnen Bestimmungsfaktoren des Konsum- bzw. des Konsumentenverhaltens zu analysieren.

7.1 Das Konsumentenmodell – theoretisch-methodischer Schlüsselansatz

Bezug nehmend auf die bisher dargestellten Analyseansätze muss von einem analogen bzw. weitestgehend gleichen Entscheidungs- und Verhaltensmuster von Konsumenten und Patienten ausgegangen werden, wobei sich die Konsumforschung bisher sehr intensiv mit entsprechenden Entscheidungs- und Verhaltensmodellen beschäftigt hat. Damit stellt für einen theoretischen Erklärungsansatz des selbstbestimmten Patientenverhaltens das Konsumentenverhalten einen schlüssigen Ausgangspunkt dar.

Basis des Konsumenten- bzw. Käuferverhaltens ist dabei die Kombination des kognitiven Ansatzes mit einer starken emotionalen Komponente im Rahmen eines von der Marketingliteratur anerkannten Erklärungsmodells.

Als intrapersonale Bestimmungsfaktoren werden (Abb. 7.1) interne, psychologische Konstrukte bezeichnet, die einen unterschiedlichen Komplexitätsgrad und eine Hierarchie aufweisen:[1]

- Aktiviertheit und Involvement: Sensibilisierung
- Emotion: psychische Erregungen
- Wahrnehmung und Wissen: Kognitionen

---

[1]Vgl. Meffert H., Burmann C., Kirchgeorg M. (2008), S. 107 f.

K. Hubatka, *Wie Patienten ticken? Wie Konsumenten handeln!*,
https://doi.org/10.1007/978-3-658-37998-8_7

Abbildung 1: Bestimmungsfaktoren des Konsumentenverhaltens

Legende: von sehr großer Bedeutung   von großer Bedeutung   von Bedeutung

Abb. 7.1 Bestimmungsfaktoren des Nutzungs- bzw. Käuferverhaltens von Konsumenten (Entnommen aus Meffert H., Burmann C., Kirchgeorg M. (2008), S 106)

- Motive: Bereitschaft zu bestimmten Verhalten, Motivation: aktualisierte Beweggründe des Verhaltens, z. B. Bedürfnisse, Wünsche
- Einstellungen: Bereitschaft, auf bestimmte Stimuli zu reagieren
  - Risiko: Verhaltensdisposition
  - Zufriedenheit: Übereinstimmung Erwartungen und erlebte Motivbefriedigung
  - Vertrauen: Verlassen, dass bestimmte Merkmale erfüllt sind
- Persönliche Werte: Wünschenswertes
- Persönlichkeit: Verhaltens-, Reaktions- und Kommunikationsmuster
- soziale Bestimmungsfaktoren: Ergeben sich aus der Abhängigkeit des Konsumenten von seiner Umwelt

Interpersonale Bestimmungsfaktoren werden z. B. durch die Kultur oder Normen geprägt.

Einen weiteren bzw. integrierten Erklärungsansatz in Richtung Konsumenten- und Käuferverhalten bietet die Bedürfnispyramide von Maslow.[2]
Ein Vergleich der Bestimmungsfaktoren des Konsumverhaltens mit der Bedürfnishierarchie gemäß Abb. 7.2 zeigt, dass der Drang nach Sicherheit grundsätzlich größer ist als der nach Selbstverwirklichung und die jeweiligen Bedürfnisse aufeinander aufbauen.[3] Dieser Drang nach Sicherheit ist oftmals nicht extern erkennbar und kommt im Konsumbereich teilweise als irrationales Verhaltensmuster zum Ausdruck. Bei einer tiefergehenden Analyse aus der

---

[2] Entnommen aus Meffert H., Burmann C., Kirchgeorg M. (2008), S. 120.
[3] Vgl. Meffert H., Burmann C., Kirchgeorg M. (2008), S. 120.

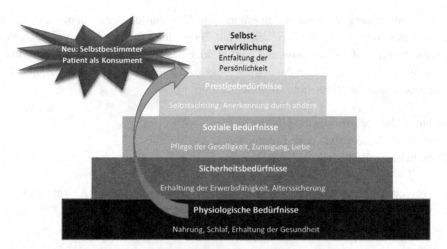

Abb. 7.2 Bedürfnishierarchie und geändertes Patientenverhalten

Sicht des Grundbedürfnisses „Sicherheit" könnte so manch „irrational" erscheinende Wahlhandlung wieder als rational begründet angesehen werden. Andererseits zeigen sich gerade beim selbstbestimmten Patienten Motive der Selbstverwirklichung und der Prestigebedürfnisse in Verbindung mit der medizinischen Gesundheitsleistung, was einmal mehr als Bestätigung der aktiven Konsumentenrolle bei den Patienten angesehen werden kann.

Auswirkung dieser Perspektive auf den Gesundheitsmarkt: Gesundheit, Gesundheitsdienstleistung und speziell medizinische Leistungen dienen einem selbstbestimmten Patienten als Konsumenten nicht mehr nur zur Abdeckung eines physiologischen Grundbedürfnisses, sondern auch verstärkt der Selbstverwirklichung (z. B. Schönheitsoperationen) und etwaigen Prestigebedürfnissen (z. B. Zahnoperationen oder Augenoperationen mit Lasik), was durchaus mit den Kriterien und Motiven der Modewelt verglichen werden kann (d. h., es sind auch schon im medizinischen Leistungsbereich „Modeströmungen" bemerkbar). Damit werden diese medizinischen Leistungen zu konsumierbaren Produkten.

Ableitend lässt sich feststellen, dass erst eine Kombination der internen und externen Bestimmungsfaktoren mit der Bedürfnishierarchie einen aussagekräftigen Ansatz für die Erklärung des rationalen und irrationalen Verhaltens der Konsumenten und damit in Analogie auch der Patienten bietet.

7.2 Analogieschluss vom Konsumentenmodell auf ein neues Patientenmodell

Entsprechend den Bestimmungsfaktoren des Konsumentenverhaltens zeigt sich, dass diese auch als gültige Indikatoren für die Erklärung eines selbstbestimmten Patientenverhaltens dienen können.

Nach Scherenberg V.[4] durchlaufen emotionale Botschaften der Außenwelt die Filter-instanzen des limbischen Systems, wobei auf Basis des Züricher Modells der sozialen Motivation drei große Emotions- und Motivfelder des limbischen Systems identifiziert werden konnten und damit den Analogieschluss zum generellen Konsumentenmodell er-härten. Diese drei Emotions- und Motivfelder sind:

- Balance als Bedürfnis nach Sicherheit,
- Stimulanz als Bedürfnis nach Erregung,
- Dominanz als Bedürfnis nach Autonomie.

In den folgenden Analysen gilt es, diesen Analogieschluss in Richtung Anwendbarkeit auf den selbstbestimmten Patienten als Konsument zu überprüfen.

7.2.1 Ausgangspunkt für den Erklärungsansatz von Patienten ist das Konsumentenverhalten

Das grundsätzliche Konsumentenverhalten und die aktuellen Lebensstile unterliegen im Wandel der Zeit auch starken Veränderungen. Daraus resultiert generell eine stärkere Dif-ferenzierung und Segmentierung der einzelnen Märkte. Durch die unterschiedliche Ver-mischung von Lebensstilen und Werthaltungen entstehen auch komplexere Konsum- und Konsumententypologien. In diesem Zusammenhang werden die neuesten Entwicklungen durch Wandlungsprozesse vom puritanischen Ethos zur Genussmentalität, vom passiven Konsumenten zum „Prosumenten", vom Lebensstandard zu Lebensstilen, vom genormten Verbrauch zum individualisierten Konsumenten und vom unkritischen zum mündigen Verbraucher inhaltlich geprägt.[5]

In diesem – einer starken Veränderung unterzogenen – Rahmen wird der Konsu-ment – und in einer Ableitung auch der neue Patient – nicht mehr in einer passiven Rolle wahrgenommen, sondern in einer gestaltenden und produktiv im Leistungs-prozess mitwirkenden Rolle,[6] was auch die Bezeichnung des Patienten als typischen „Prosumenten" nicht nur rechtfertigt, sondern der neuen Patientenrolle auf eine kenn-zeichnende Art und Weise entspricht. Beispielhaft seien in diesem Zusammenhang die Bestrebungen zur Reduktion des stationären Bereiches zugunsten ambulanter Thera-pien und Behandlungen angeführt, wobei es gleichlaufend auch zu einer Auslagerung des Pflegeprozesses in den persönlichen Bereich der Patienten bzw. der Nachfrage

---

[4]Vgl. Scherenberg V. (2012), S. 150 f.

[5]Vgl. Wiswede G. (1990): Der neue Konsument im Lichte des Wertewandels, in: Szallies R., Wis-wede G. (Hrsg.) (1990), Wertewandel und Konsum, Fakten, Perspektiven und Szenarien für Markt und Marketing, Landsberg/Lech, Verlag moderne Industrie, S. 25 ff.

[6]Vgl. Wiswede G. (1990), S. 29.

kommt. Tagesklinische Eingriffe bedingen ein verstärktes Integrieren des Patienten in den Pflegeprozess, der damit – als Mitproduzent – auch einen starken Anteil am Behandlungserfolg hat. Eine Frage, die sich dabei aufdrängt, ist jene, wie weit die Patienten heute über genügend Wissen verfügen, um dieser neuen Rolle auch gerecht zu werden. Der Schwerpunkt dieser Wissensvermittlung bleibt aktuell sicherlich dem Internet und den digitalen Medien überlassen, sodass der oftmalige Hinweis auf „Dr. Google" – meist von den Experten – nicht nur kritisch zu sehen ist, sondern – mit Verweis auf die Telemedizin – auch einem Gebot der Stunde im Sinne eines starken Informationsbedürfnisses von mitproduzierenden Patienten entspricht.

Abgeleitete exemplarische Übertragung der Bestimmungsfaktoren des Konsumentenverhaltens auf den Gesundheitsmarkt

Konsumverhalten (intrapersonale Bestimmungsfaktoren)[160]	Patientenverhalten
+ Aktiviertheit und Involvement: Sensibilisierung	z. B. spontane Schmerzen, akuter Krankheitsverlauf
+ Emotion: Psychische Erregungen	z. B. situative Einstellung zur Erkrankung, Ärger über Unfall
+ Wahrnehmungen und Wissen: Kognition	z. B. Wissen über die Gesundheit bzw. den Krankheitsverlauf und die Behandlung
+ Motive: Bereitschaft zu bestimmten Verhalten	z. B. persönliches Gesundheitsbewusstsein, Einstellung zum eigenen Körper, Ernährungsbewusstsein
+ Motivation: Aktualisierte Beweggründe des Verhaltens, (z. B. Bedürfnisse, Wünsche)	z. B. Unfall oder Schlaganfall, neue Lebenssituation
+ Einstellungen: Bereitschaft, auf bestimmte Stimuli zu reagieren	z. B. gelerntes Krankheits bzw. Symptomverhalten, überlieferte Verhaltensmuster
- Zufriedenheit: Übereinstimmung Erwartungen und erlebte Motivbefriedigung	z. B. erlebte persönliche Leistungsfähigkeit oder Heilungsfortschritt

Dieses dargestellte Modell von Einflussfaktoren bzw. Determinanten liefert vor allem im Markenartikelbereich als Kristallisationspunkt des Konsum- bzw. Konsumentenverhaltens einen wesentlichen Erklärungsansatz, auf den im Rahmen der Möglichkeiten der Markenpolitik für den Gesundheitssektor noch näher eingegangen wird.,[7]

---

[7]Vgl. Meffert H., Burmann C., Kirchgeorg M. (2008), S. 106 ff.

7.2.2 Die Widersprüchlichkeit im Gesundheitsverhalten

Betrachtet man dieses Modell aus der Sicht des Krisenmanagements und vor allem aus der Sicht von Patienten durch eine rein rationale Brille („der Patient tut alles, was seiner Gesundheit dient" bzw. „...unterlässt alles, was seiner Gesundheit schadet"), dann stechen vor allem die Punkte „Emotion" und „Motive" und „Motivation" besonders hervor. Man könnte diese auch als persönlich-individuelle Faktoren bezeichnen, deren sich auch die Markenartikelindustrie besonders bedient (z. B. „verleiht Flügel" von Red Bull, „Freude am Fahren" von BMW) und die in der bisherigen Gesundheitskommunikation noch keine oder nur eine untergeordnete Rolle spielen. Konkret kommt dieser Widerspruch von bewerteten Gesundheitsverhalten und emotional gesteuerten Konsumentenverhalten, z. B. bei rauchenden Lungenfachärzten, zum Ausdruck (selbst den Warnhinweis überspringend).

7.2.3 Erklärungsansatz für das Patientenverhalten – Schnittstelle Konsumentenverhalten

Entgegen dem aktuellen rational-orientierten Kommunikationsverhalten im Krisen- und Gesundheitsmodus weisen aktuelle Studien auf eine starke emotionale Determinante vor allem des Gesundheitsverhaltens hin. Am deutlichsten kommt dies in der folgenden Analyse des Wichtigkeits-Zufriedenheitsportfolios von Patienten in Krankenhäusern zum Ausdruck.
   Interpretation:

• wichtige Stärken: Kernstärken
• unwichtige Schwächen: Nullschwächen

Das Portfolio weist gemäß Abb. 7.3 die Wichtigkeit und teilweise den Verbesserungsbedarf der Kommunikation, Information und Zuwendung sowie Intimsphäre aus. Keine so hohe Bedeutung entgegen einem weitverbreiteten Irrglauben: Service und Hotelleistungen (z. B. Essen). Die Qualität der medizinischen Versorgung wird als gegeben angenommen, stellt aber die grundsätzlich entscheidende Dimension dar.
   Das Hauptkriterium für die Krankenhauswahl ist die medizinische Qualität. Da der Patient diese aber meist – noch – nicht ausreichend beurteilen kann, gewinnt die Qualität der menschlichen Zuwendung an Bedeutung. Daraus lässt sich die in Abb. 7.4 dargestellte Bedürfnispyramide nach Wichtigkeit der Leistungsmerkmale aus der Sicht der Patienten ableiten.
   In Kombination mit den relevanten Leistungsmerkmalen aus Patientensicht zeigt sich eine besondere Betonung der emotionalen Determinanten wie „Nestwärme", die in Ermangelung einer objektiven Bewertungsmöglichkeit die Determinante „fachliche Kompetenz" ersetzt.
   Aus der Sicht der Patienten tritt daher ein verhaltenssteuernder Kriterienersatz ein: An Stelle der „Qualität der medizinischen Versorgung" tritt – mangels objektiver Beurteilbar-

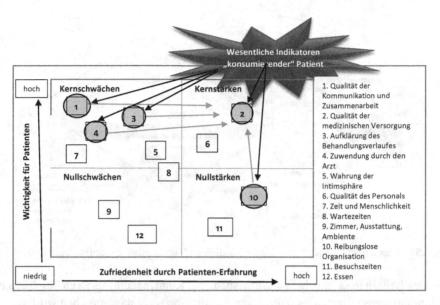

Abb. 7.3 Wichtigkeits-Zufriedenheitsportfolio von Krankenhauspatienten im Vergleich zum selbstbestimmten Patienten (Entnommen aus Ziesche A. (2008), S. 91 (unter Quellenbezug auf Eiff, W.v. (Hrsg.) (1999): Krankenhäuser im Leistungsvergleich: Wettbewerbssteuerung im Gesundheitswesen durch Betriebsvergleich, Universität Münster, Bertelsmann Stiftung, Gütersloh, S. 109).)

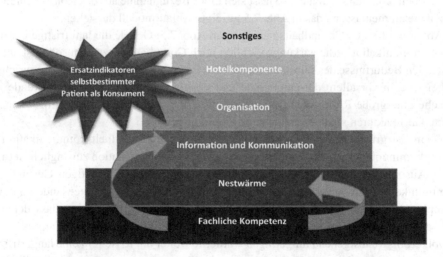

Abb. 7.4 Bedürfnishierarchie von Krankenhauspatienten nach Wichtigkeit und Ersatzkriterien als Konsumenten (Entnommen aus Ziesche A. (2008), S. 26 (unter Quellenbezug auf Jungblut-Wischmann, P. (2000): Allgemeine Kundenerwartungen, in: Eichhorn, P., Seelos HJ., Schulenburg, JM. (Hrsg.) (2000): Krankenhausmanagement, München-Jena, S. 688))

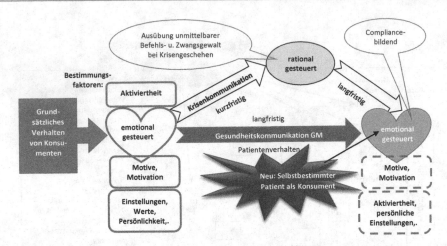

Abb. 7.5 Unterschiedliche Kommunikationsmodi des Gesundheitsmarktes im Zeitablauf

keit – das Kriterium „Empathie am Spitalsbett" als Kundenbedürfnis (welches durch eine rein rational ausgerichtete Gesundheitskommunikation nicht angesprochen wird).

Daraus lässt sich ableitend feststellen, dass in der Gesundheitskommunikation die emotionale Komponente eine übergeordnete Rolle spielt und bei einer Wirkungsorientierung besonders zu berücksichtigen ist.

Grenzt man den Krisenmodus der Kommunikation von der speziellen und dauerhaften Gesundheitskommunikation ab, so lässt sich unter Bezugnahme auf das Konsumentenverhalten zusammenfassend das in Abb. 7.5 gezeigte Ablaufmodell darstellen.

Ableitung für den Gesundheitsmarkt gemäß Abb. 7.5: Gerade die langfristige Gesundheitskommunikation – die wirkungsorientiert auch Compliance erzeugen soll – ist auf die speziellen Bedürfnisse des selbstentscheidenden Patienten als Konsumenten auszurichten. Dabei spielen vor allem die emotionale und positiv orientierte bzw. motivierende Ansprache eine große Rolle, situative (z. B. Aktiviertheit) und persönliche (Einstellungen, Werte etc.) Faktoren sind besonders zu berücksichtigen.

Damit ist grundsätzlich zwischen einer kurzfristigen Gesundheitskommunikation als Krisenkommunikation – die durchaus einer rationalen Argumentation zugänglich ist (auch unter Ausnutzung rechtlicher Zwangsgewalt) – sowie einer langfristigen Gesundheitskommunikation zu unterscheiden, die hauptsächlich auf Verhaltensänderung und Compliance-Aufbau ausgerichtet ist. Die Corona-Pandemie hat gezeigt, dass der erste Lockdown mit einer entsprechend rational begründeten Krisenkommunikation seitens der Bevölkerung weitestgehend mitgetragen wurde. Je weiter die Krisen- in eine längerfristige Gesundheitskommunikation übergeführt wurde, desto weniger waren und sind die Zielgruppen der Kommunikation rationalen Argumenten zugänglich.

7.3   Conclusio 3: Zwischenübersicht zusammengefasster Analyse-Ergebnisse einer neuen Patientensicht

| Kriterien | Alter Patient | | Neuer Patient als Konsument | |
	Typologisierung (Verhalten)	Maßnahmen (Instrumente)	Typologisierung (Verhalten)	Maßnahmen (Instrumente)
Neues Konsumverhalten von Patienten (Kap. 6 und 7)				
• Konsumentenverhalten und Patient			Die Analyse weist eine starke Analogie des allgemeinen Konsumentenverhaltens mit dem Patientenverhalten aus, wobei aktuell die bestimmenden Faktoren – wie Emotion, Motivlage, Aktiviertheit und Einstellung – übereinstimmen	
Conclusio 3: Das Verhalten von Patienten weist eine hohe Konsumentenanalogie auf, wobei auch die Bestimmungsfaktoren für das Konsumentenverhalten bei den Patienten nachgewiesen werden konnten, was im Rahmen der Bedürfnisbefriedigung und in der Kommunikation durch den emotionalen Faktor verbunden mit der Motivlage, der situativen Aktivierung sowie den persönlichen Einstellungen besonders zu berücksichtigen ist.				

Neues Konsumverhalten von Patienten und wie man sie bei Interventionen anspricht

8

Die Suche nach kompetenter Behandlung und das Informationsverhalten des Herrn Leiden

„… Nach monatelangen Bemühungen ist es Herrn Leiden endlich gelungen, einen Hüftspezialisten ausfindig zu machen, zu dem er Vertrauen aufbauen konnte und der schlussendlich zwei Diagnosen stellte, indem er …"

8.1 Der konsumierende Patient und die Widersprüche

8.1.1 Der diskursive Weg zur Gesundheit

Eine patientenorientierte Analyse des aktuellen Gesundheitssystems ergibt ein Leben im Widerspruch (Paradoxon), in dem sich mit einem hybriden Gesundheitsverständnis grundsätzlich zwei Perspektiven gegenüberstehen bzw. vermischt werden. Einerseits die Perspektive eines modernen Medizinverständnisses (teilweise von Spezialisierung geprägt) und andererseits die Perspektive einer traditionellen Gesundheitsvorstellung (im Sinne eines allgemeinen Gesamtverständnisses).

Generell resultiert daraus ein diskursives Gesundheitsverständnis mit der Gleichzeitigkeit von widersprechenden Aussagen (z. B. Diagnosen). Patienten erleben große Unterschiede zwischen dem, was sie in modernen Medien lesen (z. B. Google) und dem, was sie tatsächlich erleben. Meist auch individuell beeinflusst davon, wie wir mit relativem Wissen umgehen. Informationsüberfluss und Big Data können auch zu einem Informationsmangel und einer gewissen Intransparenz beitragen. Andererseits könnte sich die digitale Welt als „humanere" bzw. wissensbasiertere Medizin erweisen (ohne persönliche Motive im Hintergrund).

K. Hubatka, *Wie Patienten ticken? Wie Konsumenten handeln!*,
https://doi.org/10.1007/978-3-658-37998-8_8

Die „Vorläufigkeit" des Wissens über unsere Gesundheit und die Ableitungen für eine moderne Medizin, die tagtägliche Generierung neuer Wissenszustände im Gesundheitsmarkt (vor allem durch das Internet und durch Big Data) beeinflussen die neue Patientenrolle. Konsequenz: Experten müssen sich mit einem internet-informierten Patienten auseinandersetzen. Der Patient fordert Information, Wissen und entsprechende Leistung ein. Die Patienten als Konsumenten von Gesundheitsleistungen lernen, mit relativem Wissen und sich widersprechenden Diagnosen umzugehen und nehmen eine Entscheidungsrolle ein.

Gegenüber anderen gesellschaftlichen Bereichen weist das Gesundheitssystem aktuell aber immer noch ein Transparenzgefälle zwischen Anbieter und Nachfrager bzw. zwischen den Gesundheitsexperten und den Patienten und Konsumenten von Gesundheitsleistungen auf. Will der Gesundheitssektor nicht vom allgemeinen gesellschaftlichen Trend zu Transparenz und alternativen Angeboten überrollt werden, sind schnellstmöglich patienten- und damit kundengerechte Kommunikationsstrukturen aufzubauen.[1] Informationsangebote aus dem Netz zeigen diesen Trend und lassen eine entsprechende Deutungsmacht von „Dr. Google" erkennen.

Eine Studie der Bertelsmann Stiftung[2] weist diesbezüglich als Ergebnis aus, dass Patienten bei „Dr. Google" das finden, wonach sie suchen, neben harten Fakten auch Trost und Zerstreuung. Konkret nehmen Patienten „Dr. Google" in Anspruch, um ärztliche Empfehlungen zu überprüfen, sich über Behandlungsalternativen zu informieren, sich mit anderen auszutauschen sowie um emotionale Unterstützung zu erhalten. Dabei wird auch ausgewiesen, dass mehr als die Hälfte der Patienten mit den online gefundenen Gesundheitsinformationen zufrieden sind.

Gemäß aktuellen Analysen braucht der Patient den Arzt zur Beratung im Rahmen eines Sets an Informationsquellen und in Anbetracht des noch existierenden Informationsgefälles. Die Entscheidung über Behandlungen und entsprechende Leistungserbringer behält er sich in Zukunft jedoch vermehrt selbst vor (Rückholung der Entscheidungsfunktion). Dabei tragen Internet, Selbsthilfegruppen und Konsumentenschutzorganisationen verstärkt dazu bei, das Informationsgefälle zwischen Arzt und Patient zu reduzieren und führen gleichzeitig zu einer Stärkung einer selbstbestimmten Entscheidungsfunktion des Patienten. Damit erhalten die Patienten auch eine eigene – und für die bisherigen Experten ungewohnte – Marktmacht.[3] Der Patient wird zum Experten hinsichtlich seiner Gesundheit und seines eigenen Gesundheitsproblems.

---

[1]Vgl. Rademacher L., Remus N. (2010), S. 56.
[2]Vgl. Bertelsmann Stiftung (2018): Patienten schätzen „Dr. Googles" Vielseitigkeit, Studie unter Quellbezug auf das Rheingold-Institut unter URL: https://www.bertelsmann-stiftung.de/de/themen/aktuelle-meldungen/2018/januar/patienten-schaetzen-dr-googles-vielseitigkeit? am 30.07.2021.
[3]Vgl. Rademacher L., Remus N. (2010), S. 57.

8.1.2   Die Individualität gegenüber der standardisierten Leistung

Der neue Patient als Konsument von Gesundheitsleistungen ist – wie allgemein als Konsument von Leistungen und damit Kunde sowie unter Bezugnahme auf die entsprechenden Bestimmungsfaktoren – durch seine Persönlichkeit geprägt. Dies entspricht einem Fokus auf den Patienten als Menschen mit all seinen Bedürfnissen, Vorlieben, Einstellungen und Prägungen. Das heißt, der Patient als Individuum steht im Mittelpunkt einer „Gesundheitswelt", die nach Standardisierung drängt.

In Studien über die Zufriedenheit von Krankenhauspatienten wurde festgestellt, dass im Rahmen eines Wichtigkeits-Zufriedenheitsportfolios die Kommunikation und Information sowie die Zuwendung und Intimsphäre als Kernschwächen der Leistungsanbieter ausgewiesen werden, die gleichzeitig aber eine hohe Bedeutung aus der Sicht der Patienten haben.[4] Daraus ableitend strebt der Patient in seinem Verhalten nicht nur nach Compliance im Behandlungsverfahren, sondern auch nach Annahme als bedürftige Person und Individuum. Damit wäre seitens der Anbieter ein besonderes „Kümmern" angesagt, wodurch die Spannung zwischen Standardisierung der Leistungserbringung und der individuellen Annahme noch größer werden könnte.

Im Rahmen eines oft strapazierten Vergleiches des Flugwesens mit dem Gesundheitssektor – vor allem Richtung Qualitätsmanagement – seien die Aspekte Servicequalität und individuelle Dienstleistung angeführt. Im Rahmen eines Vergleiches von z. B. Lufthansa und Emirates ist für den Fluggast nicht unbedingt ein Unterschied in der Leistungsqualität, aber vielleicht in der Art und Weise der Leistungserbringung feststellbar. Während bei einer europäischen Fluggesellschaft die Standardisierung einer Betreuung durch die Flugbegleitung durchschlägt, fühlt man sich bei Emirates persönlich betreut und als Gast angenommen, obwohl auch dort bestimmte Standards vorgegeben werden. Damit schlägt ein atmosphärischer Unterschied in der Dienstleistung durch, der zum Alleinstellungsmerkmal werden kann.

Ableitend kann man nun einen Analogieschluss zum Gesundheitssektor herstellen: Kundenorientierung im Sinne einer standardisierten Individualität ist im Krankenhausbereich eher noch im Bereich der Verpflegung (Menüauswahl) und bei sonstigen leicht vermittelbaren Leistungen gegeben, leider aber weniger im Rahmen der „Kernleistung" einer personenorientierten, individuellen medizinischen Versorgung im Sinne einer geforderten Zuwendung und „Nestwärme". In Studien wurde nachgewiesen, dass aber die Einschätzung der medizinischen Qualität eines Krankenhauses – aufgrund der oft schweren Beurteilbarkeit seitens des Patienten – durch die Einschätzung der Zuwendung und Nestwärme ersetzt wird.[5]

Diese Erkenntnis hat wesentliche Konsequenzen für den Prozess der Leistungserbringung im Gesundheitsmarkt sowie Auswirkungen auf das Patientenverhalten. Aufgrund der wirtschaftlichen Entwicklung im Gesundheitssektor wird es in Zukunft noch verstärkt not-

---

[4] Vgl. Ziesche A. (2008), S. 91.
[5] Vgl. Ziesche A. (2008), S. 26.

wendig sein, den Patienten zum „Mitproduzenten" im Leistungsprozess zu machen. Dies bedingt nicht nur eine bestimmte Information und einen bestimmten Wissensstand des Patienten, sondern sehr wesentlich auch die Bereitschaft, den Therapie- und Behandlungsprozess zu unterstützen (im Sinne eines weitestgehenden Compliance-Aufbaues). Dies wiederum wird nur dann gelingen, wenn der Patient als Leistungsempfänger ein hohes Zufriedenheitsniveau mit der Leistungserbringung bzw. dem Leistungsprozess aufweist. Das heißt konkret: es genügt nicht, wenn eine Operation medizinisch erfolgreich verläuft, sondern auch der vor- und nachgelagerte Prozess muss den individuellen Bedürfnissen des Patienten entsprechen. Der Patient darf dabei nicht als „Sache" oder „Nummer" gesehen werden, sondern als mitproduzierender, bedürftiger und mit Bedürfnissen versehener Konsument.

In Ableitung aus anderen Branchen (z. B. eben Fluggesellschaften) bedeutet dies für den Gesundheitssektor

- einerseits den Druck in Richtung Standardisierung der Leistung und damit eine entsprechende Qualitätssicherung bei der Leistungserbringung (nach innen) und
- andererseits im gesamten Betreuungsprozess eines Patienten, diesen als individuelle Persönlichkeit mit einem breiten Bündel an Bedürfnissen, Wünschen und Einstellungen (nach außen)

anzunehmen.

„Nestwärme" und Zuwendung würden dabei auch eine vertrauensbildende Sicherheit und Geborgenheit vermitteln.

8.1.3 Konsumgerechte Produktbildung und Prävention versus Gesundheitsförderung

Die Problematik der Angebotsleistung im Gesundheitsmarkt als konsum- und konsumentengerechte Produktgestaltung zeigt sich im Präventions- und Gesundheitsförderungsbereich besonders gut und analog einem Präparat im Rahmen einer medizinischen Diagnose.

Wenig erfolgreiche Gesundheitskampagnen, vor allem im Bereich der Schutzimpfungen, haben es gezeigt: Die Präventionsangebote von Impfkampagnen stellen – trotz intensivster Attraktivierungsbemühungen – aktuell kein massentaugliches Angebot dar. Als Beweis dafür kann zum Beispiel eine Impfquote von nur rund 8 % bei der Grippeschutzimpfung im Jahre 2019 herangezogen werden.

Ohne jetzt die einzelnen Aktionen im Detail zu bewerten, konnte durch Studien bei den Präventions- bzw. Vorsorgeleistungen allgemein ein Fehlen eines nutzendarstellenden und attraktiven – im Sinne eines bedürfnisgerechten – Produktcharakters festgestellt werden. Vergleicht man die Präventionsangebote aus der Sicht des konsumierenden Patienten mit den Kriterien von Markenartikeln (als Best-Practice-Version), so lässt sich feststellen, dass Präventions- bzw. Vorsorgeangeboten – mangels „erlebbaren" Bedrohungscharakter – nicht nur die Aufmerksamkeit und Zuwendung fehlen, sondern auch fast alle Kriterien eines – emotional aufgewerteten – Markenartikels wie beispielhaft

- Markenpersönlichkeit (Produktcharakter und Image),
- Bekanntheit und Sympathie,
- emotionaler Nutzen,
- Identifikationseffekt
- etc.

Dieser Mangel an Produktcharakter und Attraktivität von Gesundheitsleistungen kommt hauptsächlich

- als fehlende Kommodifizierung (Prozess der Kommerzialisierung bzw. des „Zur-Ware-Werdens") sowie
- als Präventionsparadoxon (individuelle Fehleinschätzung des Nutzens von Präventionsmaßnahmen)

zum Ausdruck.

In der Literatur wird „Prävention" vielfach synonym für „Vermeidung" und „Vorsorge", konkret auch als „Gesundheitsvorsorge", verstanden, womit eine begriffliche und inhaltliche Abgrenzung zur „Gesundheitsförderung" gegeben ist.

Nach Caplan lässt sich die Prävention mit einer zeitlichen Differenzierung[6] in

- Primärprävention (Verringerung des Erkrankungsrisikos/Auftretens),
- Sekundärprävention (Krankheitsfrüherkennung und -eindämmung),
- Tertiärprävention (Verringerung von Krankheitsfolgen und Rückfallswahrscheinlichkeit)

unterteilen.

Eine bessere Zielgruppenspezifität weist die Untergliederung der Prävention nach Gordon auf:[7]

- universelle Prävention (Ansprache einer breiten Öffentlichkeit)
- selektive Prävention (Ansprache von Segmenten mit Risikofaktoren)
- indizierte Prävention (Ansprache von Zielgruppen mit Vorstufen einer Erkrankung)

Als zentrales Anliegen der Präventionsangebote kann die Vermeidung eines schlechten Gesundheitszustandes angesehen werden. Demgegenüber versuchen gesundheitsför-

---

[6]Vgl. Scherenberg V. (2017): Präventionsmarketing, Ziel- und Risikogruppen gewinnen und motivieren, Konstanz und München, utb-UVK-Verlag, S. 35.

[7]Vgl. Scherenberg V. (2017), S. 35.

dernde Angebote, durch positive Intervention die Gesundheit und das Wohlbefinden von Menschen zu verbessern, was als eine komplementäre bzw. ergänzende Strategie zur Primärprävention angesehen werden kann.[8] Schon alleine aus dieser Definition und Abgrenzung ableitend empfiehlt es sich – wenn möglich – reine Präventionsangebote in gesundheitsfördernde Angebote zu überführen. Dabei wird unter Gesundheitsförderung gemäß WHO-Jarkarta-Erklärung[9] die Stärkung individueller Ressourcen und gesundheitsfördernder Schutzfaktoren als Schlüsselinvestition (d. h. z. B. Eliminierung bzw. Reduktion von Risikofaktoren) einer sozialen und ökonomischen Entwicklung verstanden.

Im Sinne einer Organisationsentwicklung kann daher unter Prävention und Gesundheitsförderung gemeinsam ein Prozess verstanden werden, der eine bedarfsgerechte, wirtschaftliche und kontinuierliche Weiterentwicklung der Gesundheitsversorgung zum Ziel hat.[10]

Entsprechend dieser Definitionsversuche und Begriffsabgrenzungen wird klar, dass aktuell den Präventionsangeboten im überwiegenden Maße und den gesundheitsfördernden Angeboten zum Teil konsum- und konsumentengerechte Produkteigenschaften auf individueller Ebene fehlen und das Angebot daher auf eine verständnislose Nachfrage stößt. Ein entsprechender „misfit" von Angebot und Nachfrage ist ableitbar.

Konkrete Problematik von Gesundheitsleistungen: Schon aufgrund der fehlenden Produkteigenschaften einer Impfaktion ist deren Erfolg reduziert. Das heißt, im Umkehrschluss wird es in Zukunft notwendig sein, auch Präventions- bzw. Vorsorgekampagnen mit einem emotionalen Nutzen und einer Produkt- bzw. Angebotspersönlichkeit auszustatten. Analog den Markennutzern gilt es, die Attraktivität des Angebotes so zu steigern, dass man auch „dazugehören will".

Grundsätzliche Methoden der Präventionsintervention:[11]

- Edukative Verfahren zielen darauf ab, auf die Einsicht, die Veränderungsmotivation und die Stärkung der gesundheitlichen Kompetenz einzuwirken.
- Normativ-regulatorische Verfahren stellen Maßnahmen dar, die über Sanktionsandrohung bei Missachtung, z. B. durch gesetzliche Regelungen, versuchen, präventive Ziele zu erreichen.
- Ökonomische Anreiz- und Bestrafungssysteme versuchen, durch ökonomische oder sonstige Anreize, gesundheitliches Risikoverhalten zu vermeiden bzw. einzudämmen und gesundheitsförderndes Verhalten zu unterstützen.

Aus der Sicht des neuen Patienten als Konsumenten ist dabei der umfassende Ansatz von Prävention und Gesundheitsförderung maßgeblich und stellt damit den Goldstandard für

---

[8] Vgl. Scherenberg V. (2017), S. 31.
[9] Vgl. Fonds Gesundes Österreich (2022): Jarkarta-Erklärung unter URL https://fgoe.org/glossar/jakarta_erklaerung am 19.09.2022.
[10] Vgl. Scherenberg V. (2017), S. 31.
[11] Vgl. Scherenberg V. (2017), S. 36 f.

den Instrumenteneinsatz dar. Generell versuchen die Prävention und Gesundheitsförderung, sowohl die soziale, psychische als auch die physische Gesundheit positiv zu beeinflussen. Dabei werden Prävention und Gesundheitsförderung einerseits als gesamtgesellschaftliche Aufgabe – im Sinne einer ökonomischen Zielsetzung – definiert, andererseits auf individueller Ebene als Triebfeder zur Steigerung des gesundheitlichen Wohlergehens gesehen.[12]

8.1.4 Der konsumierende Patient, das Präventionsparadoxon und die Gesundheitsversicherung

„Die größte Herausforderung von Präventionsmaßnahmen stellt die Überwindung des Präventions-Paradoxons oder -Dilemmas dar" beschreibt Scherenberg V. die Hauptproblematik von Vorsorgeleistungen im Gesundheitsbereich. Darunter ist zu verstehen, dass die Bevölkerungsgruppen mit dem größten Krankheitsrisiko immer noch schwer mit Präventions- oder Vorsorgemaßnahmen zu erreichen sind.[13]

Das Präventionsparadox wurde Anfang der 1980er-Jahre erstmalig am Beispiel koronarer Herzerkrankungen beschrieben (Geoffrey Rose). Darunter wird das grundlegende Dilemma der bevölkerungs- und risikogruppenbezogenen Prävention und Krankheitsvorsorge verstanden und besagt, dass eine präventive Maßnahme, die für eine Gemeinschaft einen hohen Nutzen bringt, dem Einzelnen in seiner individuellen Einschätzung oft nur wenig Nutzen vermittelt, was schlussendlich zu einer Fehleinschätzung präventiver Maßnahmen führt.[14] Eine erfolgreiche Präventionsmaßnahme (mit gemilderten oder vermiedenen Folgen) führt dabei meist zu einem Vertrauensverlust in die ergriffenen Maßnahmen.

Bezogen auf den Konsumenten bzw. konsumierenden Patienten weist das Präventionsparadoxon in Kombination mit dem Rubikon-Modell für therapeutische Handlungsmotivation[15] auf die fehlende Attraktivität von Vorsorge- und Präventionsleistungen hin. Damit verbundene Sinn- bzw. Nutzenfrage: Warum soll man gerade für den Nichteintritt von Gesundheitsgefahren, für die man die Vorsorge- und Präventionsleistungen in Anspruch nimmt, auch noch zahlen bzw. einen persönlichen Aufwand erbringen? Konkret kann man in diesem Zusammenhang an die Problematik der Inanspruchnahme von Zecken- und Grippeschutzimpfungen oder an die Teilnahme an einer Wirbelsäulengymnastik oder einem Diätprogramm (im Sinne eines Genussverzichtes) denken.

Geschichtlich und gesellschaftspolitisch haben „gesunde Lebensregeln" schon lange eine Attraktivierung – vor allem im Bereich der Religion – erfahren, wenn alle Gruppen-

---

[12] Vgl. Scherenberg V. (2017), S. 43.
[13] Vgl. Scherenberg V. (2017), S. 45.
[14] Vgl. Präventionsparadox (2021) unter URL https://lexikon.stangl.eu/28841/praeventionsparadox/ am 29.04.2021.
[15] Vgl. Sachse R., Langens T., Sachse M. (2018): Klienten motivieren; Therapeutische Strategie zur Stärkung der Veränderungsbereitschaft, Köln/Bonn, Psychiatrie Verlag, S. 29.

mitglieder an diesem „Programm" teilnehmen: z. B. das Fasten bei den Christen oder der Ramadan bei den Moslems. Hier wurde und werden der gesunde Verzicht und der reinigende Mangel in den jährlichen Lebensrhythmus übernommen.

Ein Beispiel für eine Lösung dieses Präventionsparadoxons, dass der „Nichteintritt" bzw. „die Absicherung vor Gefahren" das eigentliche Angebot darstellt, liefern Lebens- und vor allem Gesundheitsversicherungen. Gerade den Krankenzusatzversicherungen hat lange Zeit der attraktive Produktcharakter gefehlt. Selbst Prämienermäßigungen im Falle der Nichtinanspruchnahme konnten dieses Problem nicht lösen. Erst die Anreicherung des Grundnutzens „Krankenzusatzversicherung" mit einem Zusatznutzen wie „Thermen- und Wellnessaufenthalte" konnte den Produktcharakter ändern und einen unmittelbaren Genuss-Nutzen im Falle der Nichtinanspruchnahme (z. B. Sammeln von zusätzlichen Bonuspunkten) vermitteln. Man könnte auch von einer Kommodifizierung des Produktes „Kranken- bzw. Gesundheitsversicherung" sprechen. Analoge Entwicklungen sind damit auch für andere Gesundheitsleistungen abzuleiten.

Generell haben Interventionen im Bereich der Prävention und Gesundheitsförderung die Bedürfnisse von Risikozielgruppen besonders zu berücksichtigen. Gemäß neuen gesundheitspsychologischen Erkenntnissen sind bei inhaltlichen Botschaften zur Erreichung von Risikogruppen ressourcen- und lösungsorientierte Ansätze in den Fokus zu rücken, um durch eine höhere Motivation auch bessere Wirkungseffekte zu erzielen. Als „Leitanwender" von Präventionsinterventionen können dabei „Healthy user" angesehen werden, die ohnehin ein positives Gesundheitsverhalten aufweisen.[16]

8.2   Das Konsumverhalten von Patienten und die Compliance

Die Therapietreue bzw. das Compliance-Verhalten von Patienten und Konsumenten von Gesundheitsleistungen stellt ein wichtiges Kriterium und einen kennzeichnenden Indikator für die Wirkungsorientierung von Interventionen im Gesundheitssektor dar. Es gilt daher, das entsprechende Compliance-Verhalten einer näheren Analyse zu unterziehen.

8.2.1   Das Compliance-Verhalten und der konsumierende Patient

Betrachtet man die aktuelle Krisen- und Gesundheitskommunikation von Ärzten, Krisenmanagern und verantwortlichen Entscheidungsträgern, so wird fast immer ein rationales Verhalten der Botschaftsempfänger (d. h. meist der Bevölkerung) vorausgesetzt und an die Compliance von Patienten bzw. potenziellen Patienten appelliert.

---

[16]Vgl. Scherenberg V. (2017), S. 51.

Ursprünglich allgemein als „Regeltreue" beschrieben wird aus der Sicht der Gesundheitsforschung die Compliance von Patienten dem Gesundheitsverhalten zugeordnet.[17]

Bezug nehmend auf das Health-Belief-Model verhalten sich Menschen vor allem dann gesünder, wenn die wahrgenommene Bedrohung bzw. persönliche Gefährdung groß ist und schwere Folgen durch eine Erkrankung befürchtet werden. In diesem Zusammenhang wirkt sich die Annahme positiv aus, dass sich dabei eine Erkrankung durch eine Verhaltensänderung vermeiden oder verringern lässt.[18]

Die ursprüngliche Form der Patienten-Compliance nach Haynes (1979) bedeutete vor allem die Folgsamkeit der Patienten hinsichtlich der ärztlichen Anordnung (…„the extent to which a persons's begavior … coincides with medical or health advice"). Darüber hinausgehend setzte die WHO (World Health Organisization) statt dem Begriff Compliance dem der „Adherence" als Einhaltung von vereinbarten Empfehlungen („… corresponds with agreed recommendations from a healthcare provider") und als Synonym für die aktive Mitarbeit der Patienten sowie eine vertrauensvolle Beziehung zum behandelnden Arzt ein.[19]

Aktuelle Ansätze der Compliance-Definition rücken vor allem die Eigenverantwortlichkeit und das Selbstmanagement der Patienten in den Mittelpunkt, wobei Compliance nicht an Persönlichkeitsmerkmalen festgemacht, sondern als komplexes dynamisches und von der Situation abhängiges System verstanden wird, das bei der Motivation (z. B. Therapiemotivation) beginnt und über die Mitwirkung bei den Behandlungen weitergeht. Basis dabei ist ein partnerschaftliches Verhältnis der Akteure.[20]

8.2.2   „Symptome" des Compliance-Verhaltens von Patienten

Analysiert man das Patientenverhalten nach den Compliance-Grundsätzen (d.s. Therapietreue und Einhaltung der Therapieverordnung), so lässt sich feststellen, dass – gegenüber einem rational erwartbaren Verhaltensmuster – die Therapietreue von Patienten über weite Bereiche gering ist.

Beispielhaft kommt dieser Faktor in einer kanadischen Studie zum Ausdruck, in der nur rund 73 % der Herzinfarktpatienten nach dem Akutkrankenhausaufenthalt ihre notwendigen Medikamente aus der Apotheke abholen und davon wiederum rund 30 % innerhalb eines Jahres versterben. In ihrer Interpretation weisen die Studienautoren dabei darauf hin,

---

[17] Vgl. Raffetseder C. (2019): Compliance-Bildung als Schlüssel für den Reha-Erfolg, Masterarbeit, Fachhochschule OÖ, Linz, S. 30.

[18] Vgl. Hoffman S., Faselt F. (2012): Gesundheitspsychologie: Sozial-kognitive Ansätze zur Erklärung des Gesundheitsverhaltens von Konsumenten, in: Hoffmann S., Schwarz U., Mai R. (Hrsg.) (2012): Angewandtes Gesundheitsmarketing, Wiesbaden, Springer Gabler Verlag, S. 34.

[19] Vgl. Raffetseder C. (2019), S. 32.

[20] Vgl. Raffetseder C. (2019), S. 33.

„dass für viele Betroffene ein Herzinfarkt offenbar ein wenig einschneidendes Erlebnis ist".[21]

Im Präventions- und Vorsorgebereich stellte sich die Einhaltung von Verordnungen und Empfehlungen noch viel kritischer dar. So weist die aktuelle Impfrate gegen Influenza international ein äußerst niedriges Niveau auf und bildet daher auch keinen entsprechenden Herdenschutz.

Folgende Zahlen bringen diese Compliance-Problematik zusätzlich zum Ausdruck: So sprechen aktuell z. B. die geringe Durchimpfungsrate bei Influenzawellen (unter 10 %), das Unterschreiten des WHO-Ziels bei Masernimpfungen mit 95 % (nur 70 % bei den 15- bis 30-jährigen)[22] sowie die reduzierte Therapietreue bei Schlaganfallpatienten (Tertiärprävention) – trotz Risikoeinsicht – eine eindeutige Sprache.

Aus diesen Beispielen kann generell abgeleitet werden, dass international das Compliance-Niveau bei Gesundheitsmaßnahmen relativ gering ist und durch ein irrationales Verhalten begründet wird (gegen die eigene Gesundheit verstoßend). Diesen Faktor haben dementsprechend auch alle Marketingmaßnahem zu berücksichtigen. In den folgenden Analysen werden noch einzelne Facetten des Compliance-Verhaltens betrachtet.

8.2.3 Beeinflussung des Compliance-Verhaltens und des Therapieerfolgs durch Information

Gemäß einer empirischen Überprüfung des Compliance-Verhaltens und der strukturierten Information von Patienten in Richtung Therapieerfolg ist im Rahmen einer Herz-Kreislauf-Rehabilitation – als Beispiel für das gesamte Gesundheitssystem – teilweise ein starker Zusammenhang nachweisbar.

Grundsätzlich konnte dabei festgestellt werden, dass die Wahrnehmung eines verbesserten Gesundheitszustandes direkte Auswirkungen auf die Einhaltung der Verordnungen und Empfehlungen der Ärzte und Therapeuten hat. Darüber hinaus konnten folgende positive Einflussfaktoren auf die Compliance (Steigerung der Therapietreue) bei der Rehabilitation ausgewiesen werden:[23]

- wahrgenommene Qualität der Betreuung (z. B. Aufbau einer Vertrauensbasis),
- zunehmend gute Wissensbasis über die Erkrankung sowie
- zunehmend steigende Wirksamkeit der Therapien (wahrgenommener Erfolg, Erreichung der Rehabilitationsziele), wodurch auch die Motivation zur Mitarbeit gesteigert wird.

---

[21] Vgl. Ärztezeitung (2020): Schlechte Compliance kostet viele Infarkt-Patienten das Leben, Springer Medizin, unter URL: https://www. aerztezeitung.de/Medizin/Schlechte-Compliance-kostet-viele-Infarkt-Patienten-das-Leben-351049.html am 13.01.2020.

[22] Vgl. science ORF.at (2020), unter URL: https://science.orf.at/stories/2988884/ am 13.01.2020.

[23] Vgl. Raffetseder C. (2019)., S. 94 ff.

Interessant in diesem Zusammenhang ist, dass z. B. für eine steigende Patientensouveränität im Sinne einer Mitbestimmung bei den Therapien keine Compliance-fördernde Wirkung festgestellt werden konnte.

Darüber hinaus wurden im Rahmen einer Analyse von motivierenden Informationen
für therapietreues Verhalten folgende Ergebnisse ausgewiesen:[24]

- Bei den motivierenden Informationen für therapietreues Verhalten sind vor allem die
  „Informationen über die Erfolgsaussichten" genannt worden (rund 84 % der Befragten), gefolgt von den „Informationen über die Lebensqualität nach dem Rehabilitati-
  onsaufenthalt" (rund 81 % der Befragten).
- „Informationen über Therapieauswirkungen" (rund 63 %) und ein „Therapieziel" (rund
  57 %) haben hinsichtlich ihrer motivierenden Wirkung schon eine geringere Wirkung.
- Informationen über „Therapieformen" (rund 36 %), „Nebenwirkungen" (rund 21 %)
  und „Nachsorgeangebote" (rund 20 %) landen schon im abgeschlagenen Feld.

Ableitend kann hinsichtlich Einflussfaktoren auf das Compliance-Verhalten von Patienten
im Zusammenhang mit Informationen festgehalten werden, dass der Wahrnehmung eines
verbesserten Gesundheitszustandes, einer guten Betreuungserfahrung, der Wirksamkeit
von Therapien und einem krankheitsbezogenen Wissen in Verbindung mit einer starken
Motivation eine hohe Bedeutung im Rahmen der Rehabilitation zukommt.

Das Informationsverhalten hat dabei Einfluss auf die Einhaltung von Verordnungen
und Empfehlungen seitens der Medizin und der Therapie. Dabei konnte auch ein negativer
Zusammenhang nachgewiesen werden, dass die Bereitschaft zur Einhaltung von Verordnungen und Empfehlungen dann sinkt, wenn Informationen nur unbewusst aufgenommen
werden.[25] Daraus kann vor allem der Schluss gezogen werden, dass eine aktive und motivierende Informationspolitik eines Gesundheitsdienstleisters auch den Therapieerfolg im
Wege einer verbesserten Compliance unterstützt.

8.2.4   Compliance-Evidenz und Erfahrungswerte aus zwei Jahren Corona-Pandemie

Die Bereitschaft, Maßnahmen und Therapievorschläge als Patient und Konsument von
Gesundheitsleistungen aktiv mitzutragen, nimmt mit der Dauer der Maßnahmen ab. Dies
wird auch als einfacher Erfahrungswert der Corona-Pandemie ausgewiesen und entspricht
den grundsätzlichen Verhaltensmuster der Compliance-Forschung.

Vergleichend kann festgestellt werden, dass die Bereitschaft, eine gesunde oder ge-
sundheitserhaltende Maßnahme sowohl individuell als auch kollektiv mitzutragen, mit der
zunehmenden Dauer sinkt. Dies zeigen nicht nur die Compliance-Studien (exemplarisch

---

[24]Vgl. Raffetseder C. (2019), S. 99 f.

[25]Vgl. Raffetseder C. (2019), S. 107.

am konkreten Beispiel der Reha-Compliance für das gesamte Gesundheitssystem), sondern auch die Erfahrungswerte der Corona-Pandemie.

Dementsprechend gilt es, diese Maßnahmen im Zeitablauf zu inszenieren und zu modulieren, um das resultierende individuelle und kollektive Verhalten den situativen Anforderungen anzupassen.

Für die kollektive Compliance von besonderer Bedeutung scheinen in diesem Zusammenhang die Information über die Erfolgsaussichten und die Lebensqualität vor dem Hintergrund einer konkreten Zielsetzung und der jeweiligen Auswirkungen einer Maßnahme zu sein. Diese Informationen wären mit starken emotionalisierenden, motivierenden und aktivierenden Faktoren zu verbinden. Generell ist festzustellen, dass sich die Erfahrungswerte der Corona-Pandemie auch mit den Studienergebnissen der individuellen Compliance decken, woraus ein bestimmtes Verhaltensmuster sowohl kollektiv als auch patientenbezogen abgeleitet werden kann.

8.3   Das Informations- und Kommunikationsverhalten des konsumierenden Patienten

Den Ausgangspunkt für eine Betrachtung bzw. Analyse des Informations- und Kommunikationsverhaltens stellt die Konzeption des „Patienten-Empowerments" in dem Sinne dar, dass Patienten und Konsumenten von Gesundheitsleistungen durch Informationen in die Lage versetzt werden, ihren Gesundheitsanforderungen und -bedürfnissen zu entsprechen. In der Literatur wird unter Patienten-Empowerment auch die entsprechende Kompetenz verstanden, die konsumierenden Patienten zu eigenmächtigen Handlungen zu befähigen. Das heißt, dass sich auch das Gesundheitssystem darauf einzustellen hat, selbstbestimmte Patienten und Konsumenten von Gesundheitsleistungen entsprechend zu befähigen bzw. zu „empowern".[26] Dabei wird Patienten-Empowerment auch als ein Teil unserer Informationsgesellschaft gesehen.[27]

Als Anspruch an dieses „Empowern" werden zwei Faktoren gesehen: Einerseits müssen selbstbestimmte Patienten und Konsumenten von Gesundheitsleistungen abschätzen können, welche Leistungen für sie die adäquaten bzw. optimalen darstellen, und andererseits müssen sie auch die Möglichkeit haben, über die in Anspruch zu nehmende Leistung – im Sinne einer Selbstbestimmung – zu entscheiden.[28]

---

[26]Vgl. Gouthier M.H.J. (2001): Patienten-Empowerment, in Kreyher V.J. (Hrsg.) (2001): Handbuch Gesundheits- und Medizinmarketing, Chancen, Strategien und Erfolgsfaktoren, Heidelberg, R.v.Decker's Verlag, S. 55 ff.

[27]Vgl. Wallacher B., Quinger M., Bruder S. (2005): Gesundheit im Internet, Innovatives Gesundheitsmanagement, in Harms F., Gänshirt D. (Hrsg.) (2005): Gesundheitsmarketing, Patientenempowerment als Kernkompetenz, Stuttgart, Lucius & Lucius Verlagsgesellschaft, S. 290.

[28]Vgl. Gouthier M.H.J. (2001), S. 56 ff.

Im Rahmen des Patienten-Empowerments spielt das Internet sowohl als informatorischer Impulsgeber (z. B. Suchmaschinen) als auch als institutioneller Gestaltungsfaktor (z. B. Benchmarking) eine zentrale Rolle, wobei beides dazu beiträgt,[29] die Transparenzim Gesundheitssystem zu erhöhen. Eine entsprechende allgemeine Analyse kam bereits 2001 zu der Erkenntnis, dass „der Kunde durch die verbesserte Informationsbeschaffung auch seinen Informationsstand in einem atemberaubenden Tempo verbessert. In diesem Rahmen sucht der Patient via Web und Call-Center aktuelle Daten über innovative Produkte".[30]

In aktuellen Konzeptionen wird Patienten-Empowerment verstärkt auch gleichgesetzt mit „Health Literacy" bzw. der Gesundheitskompetenz des selbstbestimmten Patienten und Konsumenten von Gesundheitsleistungen. Hinsichtlich des Informationsverhaltens von Patienten geht dabei ein aktueller Trend in Richtung einer Betonung von „Health Literacy" als Ansatzpunkt für patientenorientierte Impulse. Während die WHO (World Health Organization) unter Health Literacy definitionsgemäß „Health literacy implies the achievement of a level of knowledge, personal skills and confidence to take action to improve personal and community health by changing personal lifestyles and living conditions. … health literacy means more than being able to read pamphlets an make appointments …"[31] – und damit „Empowerment" eher in einem umfassenden Sinne – versteht, wird diese Definition im deutschsprachigen Raum vor allem mit der „Gesundheitskompetenz" von Patienten und Konsumenten von Gesundheitsleistungen gleichgesetzt. Als Gesundheitskompetenz wird in diesem Zusammenhang vor allem „die Fähigkeit von Menschen definiert, relevante Gesundheitsinformationen zu finden, zu verstehen, zu beurteilen und anzuwenden",[32] um im Alltag angemessene Entscheidungen zur Gesundheit treffen zu können.

Das Verständnis der WHO von Health Literacy ist dabei weitergehend gegenüber der Definition von Gesundheitskompetenz mit dem ausschließlichen Bezug auf die Kompetenz der Beschaffung und Interpretation von Informationen im Gesundheitsbereich. Ableitend auf die Anwendung im Patientenbereich hat man in Analogie zur Health Literacy daher schon vor Jahren von Patienten-Empowerment gesprochen, wobei generell im Hintergrund die Absicht steht, selbstbestimmte Patienten und Konsumenten von Gesundheitsleistungen in die Lage zu versetzten, ihre Gesundheit betreffend die richtigen Informationen einzuholen und dementsprechend auch die richtigen Entscheidungen zu treffen. Vor allem im digitalen Zeitalter mit einem „wachsenden Dschungel aus seriösen und fragwürdigen Informationen" braucht es bestimmter Fähigkeiten einer umfassenden Gesundheitskompetenz,[33] im Sinne einer kompetenzorientierten Filterfunktion.

---

[29] Vgl. Gouthier M.H.J. (2001), S. 55.

[30] Vgl. Harms F., Gänshirt D., Lonsert M. (2005), S. 19 f.

[31] Vgl. WHO (2021): Health Literacy unter URL https://www.nih.gov/institutes-nih/nih-office-director/office-communications-public-liaison/clear-communication/health-literacy am 08.08.2022.

[32] Vgl. Schiretz V., Lorber L., Dringel S. (2021): Kompetenz als beste Medizin, in Die Presse, vom 22.06.2021, „Die Presse" Verlags-Gesellschaft m.b.H.& CoKG, Wien S. 10.

[33] Vgl. Schiretz V., Lorber L., Dringel S. (2021), S. 10.

Unabhängig von diesen einzelnen Initiativen und eher expertengetriebenen Definitionsversuchen kommt dem Informationsverhalten der selbstbestimmten Patienten und Konsumenten von Gesundheitsleistungen sowie der entsprechenden Informationspolitik der einzelnen Gesundheitsdienstleistungsanbieter eine große Bedeutung zu. Dies vor allem in Richtung Entscheidungs- und Handlungsfähigkeit der Nachfrage – im Sinne einer umfassenden Gesundheitskompetenz. Dementsprechend kommt den einzelnen Akteuren auch eine große Verantwortung für die Transparenz des Gesundheitsmarktes zu.

Die wichtigsten aktuellen Initiativen mit einem starken Einfluss auf das Informations-, Kommunikations- und damit Entscheidungsverhalten der selbstbestimmten Patienten und Konsumenten von Gesundheitsleistungen werden folgend einer näheren Analyse unterzogen.

8.3.1 Der Online-Konsument als selbstentscheidender Patient

Gemäß aktueller Analysen holt der Patient zukünftig vermehrt ärztliche Zweit- und Drittmeinungen ein, will seine Behandlung selbst in die Hand nehmen bzw. steuern und bewertet die Leistungen der Gesundheitsdienstleister, unabhängig davon, ob ihm eine Expertenmeinung zugesprochen wird oder nicht. Damit weist der neue Patient auch neue Anforderungen an die Dialogfähigkeit der Gesundheitsdienstleister, wie z. B. den Krankenhäusern und Ärzten, auf. Patienten erwarten eine individuelle Serviceleistung mit Auskünften über Handlungsgrundlagen, Entwicklungssituationen und Perspektiven.[34]

Grundsätzlich führt dies verstärkt dazu, dass auch bisherige expertenorientierte Systeme sehr schnell informativ aber auch in ihrem Wissensstand – angesichts weltweit abrufbarer Fachinformationen – überfordert sind. Dies bedingt sowohl eine Neudefinition der Rolle des Arztes als Informant des Patienten als auch eine verstärkte Selbstinformation des Experten durch das Internet. In diesem Sinne müssen sich alle Akteure auf die neuen Transparenzanforderungen einstellen.

Daraus resultiert ein neues Kommunikationsverständnis im Gesundheitsmarkt:

Die Gesundheitsdienstleister und die Medizin haben sich verstärkt am Serviceideal anderer Konsumbereiche zu orientieren. Die komplexen Dienstleistungen weisen in diesem Rahmen einen besonders hohen Kommunikationsbedarf auf. Zu berücksichtigende Kriterien sind dabei[35]

- die starke Beteiligung des Patienten an der Erstellung der Gesundheitsdienstleistung (Mitwirkung, „Prosument"),
- dass sich durch die online verfügbaren Informationen der Patient verstärkt als mündiger bzw. selbstbestimmter Kunde selbst organisiert (Stichwort „Mit-Entscheidung") und

---

[34]Vgl. Rademacher L., Remus N. (2010), S. 57.

[35]Vgl. Rademacher L., Remus N. (2010), S. 57 f.

- der Patient einen transparenten Umgang mit Informationen und gleichzeitig den Schutz seiner Privatsphäre gewohnt ist (Stichwort „neues Transparenzverständnis").

Ableitend lässt sich daher feststellen, dass in der Gesundheitswirtschaft der Bedarf nach einer leistungsbezogenen Kommunikation dominiert, die jedoch den komplexen Stakeholder-Anforderungen derzeit nur teilweise gerecht wird. Ein professionelles und differenziertes Kommunikationsmanagement, das dem Gesundheitssystem zu mehr Legitimation und Transparenz verhelfen soll, ist erst in den Anfängen erkennbar bzw. entwickelt.[36]

8.3.2   Der Patient als Konsument von Medien und des Internets

Der rasche technologische Wandel im Bereich der Kommunikationstechnologie sowie die neuen Möglichkeiten einer permanenten Kommunikationsbereitschaft bedingen auch ein grundsätzlich verändertes Kommunikationsverhalten, was aktuell – und zukünftig noch verstärkt – auch auf das Verhalten von Patienten und Konsumenten von Gesundheitsleistungen Rückwirkungen hat. Diese werden damit zu aktiven Konsumenten neuer Medien, was in den folgenden Analysen dementsprechend zum Ausdruck kommt.

8.3.2.1 Informationsverhalten von Patienten generell und die Aufgabenstellung an die Medien

In entsprechenden Analysen des Informationsverhaltens von Patienten zeigt sich, dass durch die Publikation von vergleichbaren Angeboten die Medien generell einen Orientierungs- und Normierungsrahmen bieten, um die Konsumenten und selbstbestimmten Patienten als Kunden bei diesbezüglichen Entscheidungen zu unterstützen. Damit werden diese erst in die Lage versetzt, selbstbestimmt zu agieren. Aktuell hat in diesem Zusammenhang vor allem das Internet eine ganz wesentliche Rolle – im Sinne einer neuen Transparenz – übernommen.[37]

Für das Gesundheitssystem lässt sich hier gegenüber den anderen Branchen und gesellschaftlichen Bereichen ein großer kommunikativer Nachholbedarf ableiten. Gerade die teilweise starke Fragmentierung des medizinischen Bereiches der Gesundheitswirtschaft (z. B. Aufsplitterung in stationären und ambulanten Bereich sowie des niedergelassenen Bereiches in sich) wirkt sich verschärfend und veränderungsfeindlich aus. Dabei könnte nur ein differenziertes Kommunikationsmanagement – mit entsprechenden Führungs- und Unterstützungsfunktionen – erfolgskritische Zielgruppen bedarfsgerecht ansprechen.[38]

Durch einen diesbezüglichen Rückstand des Gesundheitssystems brechen aktuell immer mehr Legitimationsdefizite auf, wobei ein grundlegender Wandel im Informationsver-

---

[36] Vgl. Rademacher L., Remus N. (2010), S. 59.

[37] Vgl. Rademacher L., Remus N. (2010), S. 45.

[38] Vgl. Rademacher L., Remus N. (2010), S. 46.

halten der Kunden und damit auch der Patienten wenig Berücksichtigung gefunden hat. Bisher spielen traditionelle Kommunikationskanäle in der Informationsarbeit von Kliniken und medizinischer Institutionen immer noch die vorherrschende Rolle (siehe z. B. den zögerlichen Einsatz von Telemedizin). Darüber hinaus ist das Bemühen der Gesundheitswirtschaft und der Medizin, die Kommunikation auch kundengerecht aufzubereiten (im Sinne eines verständlichen Transports ihrer Anliegen, aber auch der Betreuungsinhalte), noch wenig ausgeprägt,[39] wodurch die Legitimationsproblematik nochmals verschärft wird. Kurz zusammengefasst: Die Gesundheitswirtschaft kommt weder über die genutzten Kommunikationskanäle noch über die Kommunikationsinhalte bei der Haupt-Zielgruppe Patienten kundengerecht an.

8.3.2.2 Das Internet als „Gamechanger"

Bezug nehmend auf eine Analyse der Einflussfaktoren weist das Patientenverhalten eine besondere Entwicklung im Rahmen der Entscheidungsstruktur und der Verhaltensmuster auf, die den Gesundheitssektor in der Vergangenheit von anderen Wirtschaftsbereichen wesentlich abgegrenzt hat. Als wesentliche Ursachen wurden die fehlende Transparenz des Gesundheitsmarktes und die fehlende Vergleichbarkeit des Angebotes durch den Konsumenten – sprich Patienten – ausgewiesen. Daraus resultiert auch die manifestierte Einschätzung des Gesundheitssektors als expertenorientiertes System im Rahmen der Informations- und Entscheidungskompetenz. Als Beispiel sei hier die ausschließliche Einweisungskompetenz der niedergelassenen Ärzte früherer Jahre angeführt, wobei im Entscheidungsprozess der Wille des Patienten kaum eine Rolle gespielt hat.

Ein grundsätzlicher Wandel in Richtung Konsummarkt (Konsum von Gesundheitsleistungen) und des Patienten in Richtung „echter" Konsument und selbstbestimmter Patient fand daher vor allem durch die neuen Informations- und damit Beeinflussungsmöglichkeiten des Internets und der digitalen Kommunikation statt. In Sekundenschnelle kann sich heute der Patient z. B. über Angebote von Therapien und Behandlungsmethoden einen globalen Überblick verschaffen. Erst das Internet machte damit den Gesundheitssektor zu einem richtigen Markt. Durch den grundsätzlichen Wandel von der Experten- zur Patientenorientierung stellt daher das Internet einen „Gamechanger" für das Marktgeschehen dar, indem er Möglichkeiten und Verhaltensmuster von Konsummärkten (im Sinne einer umfassenden Information und eines schnellen Angebotsvergleiches) in das Gesundheitssystem überträgt.

Entsprechende Online- bzw. Benchmarking-Plattformen (z. B. Kliniksuche.at) mit einer Publikation von amtlich-neutralen Krankenhaus-Qualitätsdaten sind daher das Herzstück dieser Beeinflussungstechniken und Informationsmedien. Gemäß einer Studie der Bertelsmann-Stiftung schätzen die Patienten „Dr. Googles" Vielseitigkeit. Mehr als die

---

[39] Vgl. Rademacher L., Remus N. (2010), S. 47.

Hälfte der Patienten ist dabei mit den online gefundenen Gesundheitsinformationen zufrieden.[40]

8.3.2.3 Das Internet und der Transparenzdruck des Marktes

Wie aktuelle Analysen zeigen, führt ein zunehmender Transparenzdruck auch zu einem Machtausgleich im Gesundheitsmarkt: Im Sinne eines neuen Transparenzverständnisses will der Patient als Konsument von Gesundheitsdienstleistungen vor allem

- seine Gesundheitsprobleme verstehen und
- die Vorgänge bzw. Prozesse, die ihn im Rahmen der medizinischen Betreuung betreffen, durchschauen und nachvollziehen können,
- um dann auch selbstbestimmt mitzuentscheiden.

Damit wird die Transparenz – auch im Sinne der EU-Transparenzverordnung zur besseren Beteiligung der Bürger am Entscheidungsprozess – zu einem demokratischen Grundrecht.[41]

In einer auf Transparenz abgestellten Gesellschaftsordnung ergeben sich Folgen für die Erwartungshaltung des Einzelnen. Während in vielen anderen Bereichen Leistungs-Transparenz allgegenwärtig ist, hat die Medizin und das Gesundheitssystem damit nicht Schritt gehalten.[42]

Ein speziell auf das Gesundheitssystem und die Medizin abgestellter Transparenzbegriff definiert darunter die Summe aller Kennziffern und Parameter, die[43]

- zur Erhöhung der Qualität der Versorgung,
- zur Sicherstellung der Finanzierbarkeit sowie
- zur Orientierung im Gesundheitswesen

dienen können. Wesentlich Punkte können dabei Leistungsergebnisse, die Messung der Leistungsqualität u. v. a. sein.

Grundsätzlich entspricht das im Gesundheitsmarkt gebotene Transparenzniveau bei Weitem nicht dem Transparenzstatus anderer Lebensbereiche, die die Patienten als Kunden und Konsumenten gewohnt sind, wodurch sich ein entsprechender Druck und Aufholbedarf ableiten lässt.

---

[40] Vgl. Bertelsmann Stiftung (2018): Patienten schätzen „Dr. Googles" Vielseitigkeit, Studie unter Quellbezug auf das Rheingold-Institut unter URL: https://www.bertelsmann-stiftung.de/de/themen/aktuelle-meldungen/2018/januar/patienten-schaetzen-dr-googles-vielseitigkeit? am 30.07.2021.

[41] Vgl. Rademacher L., Remus N. (2010), S. 52.

[42] Vgl. Rademacher L., Remus N. (2010), S. 53.

[43] Vgl. Rademacher L., Remus N. (2010), S. 54.

8.3.2.4 Onlinemedien und der spielerische Zugang (Gamification und Serious Games) zu Präventionsthemen

Wie bereits dargestellt, nehmen Onlinemedien im Gesundheitsmarkt allgemein und speziell bei präventiven bzw. gesundheitsfördernden Interventionen neben den traditionellen Kommunikationsmedien einen immer größer werdenden Stellenwert ein. Als Onlinemedien werden in diesem Zusammenhang die zeit- und ortsunabhängigen Informationsquellen Websites, Social Media und mobile Medien verstanden.[44]

Entsprechende Studien weisen eine zunehmende Bedeutung von mobilen Endgeräten für die Nutzung des Internets sowie für Gesundheits-Apps – mit einem jährlichen Wachstum von rund 25 % – aus, was bei entsprechenden Interventionen zu berücksichtigen ist. Gesundheitsaffine Internetseiten und Apps sollen dabei keine isolierte Maßnahme darstellen,[45] sondern in Richtung Wirkungsorientierung verknüpft und – eingebettet in ein zielorientiertes Marketingsetting – umgesetzt werden.

Im Rahmen von internetgestützten Belohnungssystemen nehmen Auszeichnungen, Ranking-Listen etc. mit Gamification-Elementen[46] (z. B. Herzinfarkt-Risikobewertung, Body-Mass-Index-Rechner) auch für den gesundheitsaffinen Nutzer eine immer größer werdende Motivationsrolle ein. In Kombination mit der klassischen Präventionsintervention, z. B. der Bonusprogramme mit Tracking-Apps der gesetzlichen Krankenversicherung, können diese Programme als eine Form der Gamification verstanden werden (z. B. Sammlung von Bonuspunkten bei Vorsorgeuntersuchungen oder Gewichtskontrolle, die zu einer Reduktion der Beiträge führt). Zusätzlich bieten Serious Games[47] die Möglichkeit, Lerninhalte (z. B. über gesunde Ernährung) in einen spielerischen Kontext zu stellen. Im Kontext der Prävention und Gesundheitsförderung werden dabei gesundheitsspezifische Aufklärungsinhalte spielerisch vermittelt (mit Entertainment-Elementen).[48] Überdosierte Unterhaltungselemente sollen dabei jedoch vermieden werden.

Von besonderer Bedeutung ist dabei wieder die positive Orientierung der eingesetzten Instrumente, indem z. B. durch Gewinnrechner auf die positiven Gesundheitsgewinne aufmerksam gemacht wird. In diesem Rahmen sollen die informativen und methodischen Elemente sich auf die Vermittlung positiver Botschaften und Handlungsempfehlungen zur Verhaltensumstellung (z. B. Rückfallprophylaxe) konzentrieren.[49]

Seitens der Zielgruppen werden in den entsprechenden Studien vor allem Frauen und Menschen mit Behinderung als besonders onlineaffin ausgewiesen, mit einem besonderen Wert auf fördernde und instrumentelle Unterstützung oder zur Kompensation situativer Nachteile. Interventionen im Bereich der Prävention und Gesundheitsförderung für unter-

---

[44] Vgl. Scherenberg V. (2017), S. 40 f.

[45] Vgl. Scherenberg V. (2017), S. 41.

[46] Im Sinne vom Einsatz spieltypischer Elemente in neuen Kontexten.

[47] Im Sinne von Spielen, die vordergründig nicht der Unterhaltung dienen (z. B. Lernspiele).

[48] Vgl. Scherenberg V. (2017), S. 42.

[49] Vgl. Scherenberg V. (2017), S. 42.

schiedliche Zielgruppen werden dabei nicht nur über unterschiedliche Settings, sondern zunehmend auch über Onlinemedien initiiert.[50]

8.3.3 Benchmarking als marktgerechte Form der Konsumenteninformation aus Patientensicht

Die vergleichende Leistungsdarstellung und damit der Überblick der Konsumenten über das vorhandene Angebot hatte seit jeher einen definierenden Charakter für ein funktionierendes Marktgeschehen. Daraus ableitend stellt eine entsprechende Markttransparenz und Übersicht der Nachfrage auch im Gesundheitssystem die Voraussetzung für ein entsprechendes Marktgeschehen sowie einen selbstentscheidenden Konsumenten von Gesundheitsdienstleistungen und Patienten dar.

Während der Begriff „Benchmark" mit „Vergleichsmaßstab" definiert werden kann, wird unter „Benchmarking" vor allem der systematische und kontinuierliche Vergleich von Produkten, Dienstleistungen und Prozessen von Unternehmen bzw. Organisationen verstanden. Dies ist meist mit der Zielsetzung verknüpft, Leistungslücken zum „Klassenbesten" (gemäß Best-Practice-Modell) zu schließen.[51]

In diesem Rahmen zielt Benchmarking darauf ab, aus Intransparenz Transparenz zu schaffen und damit einen großen Nachteil des Gesundheitssektors in Richtung funktionierenden Markt zu beseitigen. Gleichzeitig soll dadurch ein Qualitätswettbewerb der Leistungsanbieter unterstützt werden. Damit trägt Benchmarking zu einer Transformation des Gesundheitssektors zu einem echten Gesundheitsmarkt im Sinne eines „freiwilligen" Zusammentreffens von Angebot und Nachfrage bei. Qualität wird dabei als Preisersatz seitens der Nachfrage beurteilbar und unterstützt bei der Differenzierung des Angebotes.

Der Gesundheitsmarkt wurde über Jahrzehnte durch die angebots- bzw. expertenorientierte Ausrichtung mit der Einstellung geprägt, dass medizinische Leistungsqualität nur durch die Experten selbst (Selbstbeurteilung) beurteilt werden kann. Als aktueller Ausläufer dieser Situation kann die Qualitätskontrolle des niedergelassenen Ärztesektors gesehen werden, wobei diese bisher teilweise durch die eigene Organisation erfolgt ist (Selbstkontrolle).

Einen ersten Kontrapunkt in Richtung marktkonformer Information von Patienten als Konsumenten bilden die Beispiele konsumentengerechter Online-Plattformen „Weiße Liste" in Deutschland und „Kliniksuche.at" in Österreich sowie als Vorläufer und Best Practice Beispiel (mit entsprechender Risikoadjustierung) das ACS National Surgical Quality Improvement Program[52] der American Veterans Health Administration in den

---

[50] Vgl. Scherenberg V. (2017), S. 43.

[51] Vgl. Benchmarking (2021): Gabler Wirtschaftslexikon unter URL https://wirtschaftslexikon.gabler.de/definition/benchmarking-29988 am 10.05.2021.

[52] Vgl. ACS (2021): National Surgical Quality Improvement Program (facs.org) unter URL https://www.facs.org/quality-programs/acs-nsqip am 13.06.2021.

USA, wobei hier hauptsächlich Qualitätsdaten von Krankenhäusern zur Vermittlung eines Gesamtüberblicks – derzeit jedoch überwiegend nur intern – publiziert werden. Kundenbewertungen im Sinne von Patientenbeurteilungen von ärztlichen Leistungen sieht z. B. die Online-Plattform „docfinder.at" vor.

Im Gesundheitsmarkt bewirkt damit ein neues Konsumverhalten auch ein neues Patientenverhalten bzw. Informationsmuster. Online-Plattformen zum Angebotsvergleich von Gesundheitsdienstleister (z. B. Krankenhäuser oder Arztpraxen) erfreuen sich dabei zunehmender Beliebtheit. Diesbezüglich anzumerken ist, dass Bezug nehmend auf die Komplexität der medizinischen Sachverhalte sowie zur richtigen Interpretation der Datenlage auch selbstbestimmte Patienten und Konsumenten von Gesundheitsleistungen noch entsprechender Hilfestellungen durch die Experten bzw. durch das Gesundheitssystem bedürfen.

Im Rahmen einer im Jahre 2016 durchgeführten Evaluierung einer Qualitätsdatenpublikation von Krankenhäusern im Zusammenhang mit einer Online-Plattform konnten folgende zielgruppenspezifische Befunde (N= 339, repräsentativ für die Bevölkerung) erhoben werden, wobei der besondere Zielgruppenbezug im Sinne einer differenzierten Wirkungsorientierung zu berücksichtigen ist.

Bekanntheit und Nutzung von Leistungsvergleichen bzw. Info-Plattformen der Krankenhäuser[53] (N= 339, Bev.)
Frage: Sind Ihnen Leistungsvergleiche über Krankenhäuser im Internet bekannt, und haben Sie diese schon selbst genutzt oder sind Ihnen diese nicht bekannt?

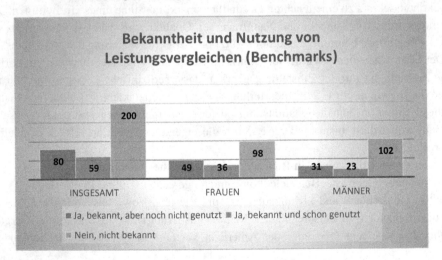

---

[53] Entnommen aus Hubatka K., Petz G., Halmerbauer G. (2016): Projektbericht „Kliniksuche.at", Fachhochschule OÖ, Steyr-Linz, S. 34.

Die allgemeinen Ergebnisse hinsichtlich Bekanntheit und Nutzung bereits vorhandener Internet-Plattformen weisen für rund 17 % der Befragten eine Bekanntheit bei gleichzeitiger Nutzung und für rund 24 % nur eine Bekanntheit ohne Nutzung auf.

Getrennt nach Geschlecht zeigt sich konkret die höhere Gesundheits- und Internetaffinität der Frauen mit rund 20 % Nutzerinnen und rund 27 % Bekanntheit, gegenüber den Männern mit rund 15 % Nutzer und rund 20 % Bekanntheit von Leistungsvergleichen.

Künftige Nutzungsbereitschaft bzw. Nutzungswahrscheinlichkeit von Krankenhaus-Leistungsvergleichen bzw. Online-Publikationen[54]

Frage: Würden Sie einen amtlich-neutralen Leistungsvergleich auch nutzen? (Auswertung nach Geschlecht, N= 339, Bev.)

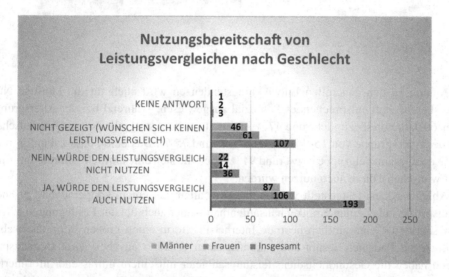

Die Ergebnisse hinsichtlich Nutzung eines amtlich-neutralen Leistungsvergleiches (von jenem Teil der Befragten, die sich diesen auch wünschen) weisen rund 57 % der Befragten auf eine relativ hohe Nutzungswahrscheinlichkeit und damit auf eine wesentliche Funktionalität einer diesbezüglichen Internet-Plattform hin. Geschlechtsspezifisch werden bezüglich Nutzung nur geringe Unterschiede aufgezeigt.

Der grundsätzlichen Entwicklung des Gesundheitsmarktes entsprechend werden größere Unterschiede bezüglich Nutzungsbereitschaft von Leistungsvergleichen in einer Auswertung nach Altersschichten ausgewiesen.[55]

Frage: Würden Sie einen amtlich-neutralen Leistungsvergleich auch nutzen? (Auswertung nach Alter, N= 315, Bev.)

---

[54] Entnommen aus Hubatka K., Petz G., Halmerbauer G. (2016), S. 36.
[55] Entnommen aus Hubatka K., Petz G., Halmerbauer G. (2016), S. 53.

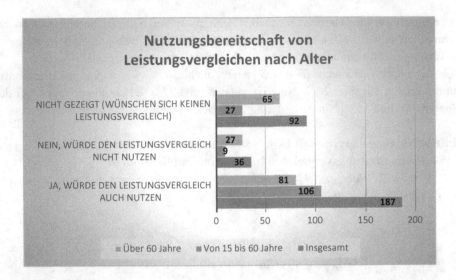

Analog zu den generellen Entwicklungstendenzen wird auch für die künftige Nutzungsbereitschaft entsprechendes Potenzial ausgewiesen. Während bei der Altersgruppe über 60-Jahre diesbezüglich rund 47 % ermittelt werden, steigt die Nutzungsbereitschaft bei der Altersgruppe von 15- bis 60-Jahre auf rund 75 %. Das heißt, dass zukünftig rund 75 % der Gesamtzielgruppe (bzw. rund 94 % jener, die sich eine amtlich-neutrale Information wünschen), diese auch nutzen würden.

Ableitend kann festgestellt werden, dass vor allem bei einem kooperativen Entscheidungsprozess über einen Krankenhausaufenthalt – aber auch bei der Festlegung von Therapieschritten – eine amtlich-neutrale Internet-Plattform einen großen informatorischen Einfluss auf Patienten ausübt und zukünftig noch verstärkt ausüben wird. Dementsprechend haben die Gesundheitsdienstleistungsanbieter mit einem umfassend informierten Konsumenten als Patienten zu rechnen, wobei die Dialog- und Bewertungsmöglichkeiten von Online-Plattformen eine zusätzliche Feedback-Funktion aufweisen sollen und so zu einer verbesserten Markttransparenz und Leistungsvergleich beitragen.

8.3.4   Neuromarketing als Besonderheit der Gesundheitskommunikation

Als Neuromarketing wird die Anwendung des neuroökonomischen Ansatzes im Rahmen absatzwirtschaftlicher Fragestellungen bezeichnet. Neuromarketing wendet daher neurowissenschaftliche Methoden sowie die aus der Neuroökonomie stammenden Erkenntnisse (Stichwort: „Homo oeconomicus" und der – nicht – rational handelnde Konsument als Patient) an, um Marketingprozesse zu optimieren.

Gerade im Bereich der Gesundheitsvorsorge bzw. Prävention spielen die Erkenntnisse des Neuromarketings und der marketingbedingten „Interventionen", z. B. bei Vorsorgekampagnen (auch Impfkampagnen sind als Vorsorge- bzw. Präventionsleistungen zu sehen) eine große Rolle. Aktuelle empirische Befunde weisen darauf hin, dass – wie bereits dargestellt – im Präventionsbereich den Angeboten und Leistungen einerseits der Produktcharakter (Kommodifizierung) fehlt, andererseits Zielgruppen sich im Gesundheitsmarkt analog dem Konsumbereich – oft nicht rational – verhalten (siehe z. B. Markenartikelbranche). Zukünftige Kampagnen haben diese Entwicklung zu berücksichtigen.

8.3.4.1 Der neue Ansatz des Neuromarketings und Gesundheitskampagnen

Die Anwendung des neuroökonomischen Ansatzes für das Gesundheitsmarketing allgemein und für Gesundheitskampagnen speziell entspricht grundsätzlich der Erkenntnis des fortgeschrittenen Wandels des Patienten zum Konsumenten von Gesundheitsleistungen. Durch eine Analogie der Bestimmungsfaktoren des Konsumentenverhaltens sind auch etwaige Interventionen entsprechend auszurichten.

Besonderheit von verhaltens- und verhältnisorientierten Interventionen

Interventionen im Bereich Gesundheitsförderung und Prävention weisen zwei grundsätzliche Perspektiven auf:[56]

- Verhältnisorientierte Intervention im Sinne einer positiven Einflussnahme durch strukturale und prozessuale (positive) Veränderungen in gesundheitsfördernden Settings (z. B. Schule, Krankenhaus).
- Verhaltensorientierte Interventionen als individuelle, gruppenspezifische oder populationsbezogene Beeinflussung einer gesünderen Lebensführung durch Information und Aufklärung.

In der Praxis überwiegen meist verhaltensorientierte Maßnahmen gegenüber der Verhältnisprävention. In Bezug auf die Kommunikation und den Ergebnissen der Gehirnforschung scheint dementsprechend die Klassifikation nach Caplan in Primär-, Sekundär- und Tertiärprävention teilweise überholt zu sein. Nach Gordon zählt mehr die Gliederung in universelle (breite Öffentlichkeit), selektive (Risikogruppen) und indizierte Prävention (Risikogruppen in Vorstufen zur Erkrankung),[57] wobei nicht so sehr das Ziel, sondern mehr die Zielgruppe im Fokus der kommunikativen Ausrichtung steht (Ausgangspunkt Zielgruppen).

Bedingungen einer wirkungsorientierten Ansprache

Als Bedingungen einer wirkungsorientierten Ansprache lassen sich vor allem zwei Anforderungen differenzieren:[58]

---

[56] Vgl. Scherenberg V. (2012), S. 152 f.
[57] Vgl Scherenberg V. (2012), S. 153.
[58] Vgl Scherenberg V. (2012), S. 153 f.

- Erschließung präventiver Rationalisierungspotenziale, indem sich unmotivierte Risikogruppen persönlich angesprochen fühlen. Die Zielgruppe muss einen individuellen Nutzen erkennen und sich emotional angesprochen fühlen. Problematik bei Prävention und Gesundheitsförderung: Die bloße Annahme einer Krankheitswahrscheinlichkeit bedingt eine erhebliche Überzeugungsarbeit. Dabei ist der innere Konflikt zwischen Lebensbewahrung und hedonistischen Genüssen zu überwinden. Möglichkeiten der Überwindung gibt es bei Lebensbedrohung oder wenn nur geringe Anstrengungen notwendig sind. Bei fest verankerten Verhaltensweisen (z. B. Rauchen) sind sehr große Anstrengungen und Willenskraft erforderlich. Motivation und individuelles Können spielen in diesem Zusammenhang eine große Rolle (beispielhaft Rubikon-Modell – motivationaler Prozess, bei dem nach langer Abwägung der Wunsch einer Handlung zur Intention wird).
- Gesundheitskampagnen müssen kognitive Prozesse aller Handlungsphasen berücksichtigen, wenn sie dauerhaft motivieren sollen. Dauerhaft vor allem dann, wenn sie aus eigenem Antrieb (intrinsisch) erfolgen, dabei sind emotionale Motive – die das limbische System ansprechen – entscheidend (Befriedigung liegt in der Zielerreichung). Im Rahmen der wirkungsorientierten Gesundheitskommunikation gibt es markante geschlechts- und schichtspezifische Unterschiede zu berücksichtigen (während sich Frauen je nach Alter zu 50 % bis 60 % an Vorsorgemaßnahmen beteiligen, erreichen Männer die 20 %-Marke erst im hohen Alter).

8.3.4.2 Kennzeichen der veränderten Logik von Gesundheitskampagnen

Entsprechend den angeführten Erkenntnissen der Gehirn- und Konsumforschung haben sich auch Gesundheitskampagnen – einer veränderten Logik folgend – diesen Anforderungen anzupassen, will man dem selbstbestimmten Patienten und Konsumenten von Gesundheitsdienstleistungen entsprechende Handlungsimpulse liefern.

Neuer Ansatz mit einer Kompetenz- und Lösungsorientierung

Der neue Ansatz einer Sinn- und Lösungsorientierung der modernen Gesundheitskommunikation und von wirkungsorientierten Gesundheitskampagnen weist einen eindeutigen Perspektivenwandel aus.

Gemäß Scherenberg V. zeigt sich die Problematik von Gesundheitskampagnen hauptsächlich darin, dass Gesundheitsförderungs- und Präventionskampagnen oftmals sehr stark defizit- und problemorientiert sind. Die vorherrschende Präventionslogik stellt dabei die Krankheitsvermutung über die Gesundheitsvermutung und ersetzt die Kompetenz- durch eine Inkompetenzvermutung (Negativbotschaften, misstrauens- und verdachtsgeleitete Sichtweisen; Stärken werden dabei ausgeblendet).[59] Auch die Corona-Pandemie hat aktuell bewiesen, dass dieser Ansatz keinen Beitrag darstellt, um Risikogruppen mithilfe

---

[59] Vgl. Scherenberg V. (2012), S. 155.

einer gezielten Lösungs-, Ressourcen- und Kompetenzorientierung zur Veränderung ihrer Gewohnheiten zu ermutigen.

Demgegenüber bindet ein lösungs- und ressourcenorientierter Ansatz Lernstrategien mit ein (mit Lust oder Angst werden unterschiedliche Mechanismen im Gehirn in Gang gesetzt). Bei Angst erfolgt ein erneuter Abruf des Gelernten im Angstkontext (z. B. Nichtraucherkampagnen). Damit verbundene negative Emotionen lösen meist Abwehrreaktionen aus (wie z. B. Ignorieren, Verdrängen, Vergessen). Je stärker gesundheitsschädigend Handlungen sind, desto wirkungsloser sind dann Angstappelle. Schwache Angstappelle sind vor allem nur dann wirksam, wenn gleichzeitig eine Lösung aufgezeigt wird z. B. (Kondombenützung bei HIV). Schockkampagnen sind meist wirkungslos.[60]

Beim Lernen aus Einsicht und Freude wird der Inhalt meist mit kreativen, entwicklungs- und wachstumsorientierten Aspekten verknüpft (an anderer Stelle im Gehirn abgespeichert). Eine positive gefühlsmäßige Beteiligung beeinflusst den Lernprozess und lenkt die Wahrnehmung auf die Lösungs- und Ressourcenorientierung (höhere Bewältigungskompetenz).[61]

Im Rahmen der Motivation lassen sich zwei voneinander unabhängige Motivationssysteme unterscheiden: Lustgewinn (Annäherungsziel) und Unlustvermeidung (Vermeidungsziel). Vermeidungsziele mit negativen Vorstellungsbildern (Verneinungen) können im Gehirn aber nicht richtig umgesetzt werden. Positiv assoziierte Annäherungsziele verfolgen demgegenüber den direkten Weg des gewünschten Verhaltens (positive Vorstellungsbilder im Gehirn). Das neuronale Netz wird aktiviert und die Wahrscheinlichkeit des gewünschten Verhaltens dabei erhöht.[62]

Ableitung für Gesundheitskampagnen
Daraus ableitend empfiehlt sich für wirkungsorientierte Gesundheitskampagnen, grundsätzlich belohnende Motive im Sinne „positiver ich-bezogener Motive" in den Mittelpunkt zu rücken. Abhängig vom Alter, Gesundheitszustand und Gesundheitsverhalten der anvisierten Zielgruppe der Gesundheitskampagne sollen gesundheitsfördernde Botschaften Anregungen (Stimulanz) und Ermutigungen (Balance, Dominanz) enthalten (Gefühle und Geschichten und nicht Daten und Fakten). Die Beispiele „moderne Helden" oder „Siegertypen" als Vorbild lösen positive Gefühle aus (Persönlichkeitstransfer). Grenzen: Instabilität von Lebenslagen und Lebensentwürfen, die die Bewältigung individueller Probleme erforderlich machen.[63]

---

[60] Vgl. Scherenberg V. (2012), S. 155 f.

[61] Vgl. Scherenberg V. (2012), S. 155 f.

[62] Vgl. Scherenberg V. (2012), S. 156.

[63] Vgl. Scherenberg V. (2012), S. 157 f.

8.3.5 Vom Zu- und Einweisermarketing zum Vermittlungsmarketing, vom Gatekeeper zum Gesundheitscoach

Die Neupositionierung der Patienten als Konsumenten im Gesundheitsmarkt bedingt auch eine Neupositionierung der Gesundheitsdienstleister in einem freien Marktgeschehen, verbunden mit den Wahl- und Entscheidungsmöglichkeiten der Nachfrage. In einem unmittelbaren Zusammenhang damit steht die Stellung der zu- und einweisenden Gesundheitsdienstleister sowie deren Rollenverständnis als Gatekeeper und Einweiser in das Gesundheitssystem.

8.3.5.1 Perspektivenwandel im Zu- und Einweisungsmanagement durch den neuen Patienten als Konsumenten

Im Mittelpunkt des traditionell geprägten Krankenhausmarketings stand bisher das Zu- und Einweisermarketing.[64] Dies basierte vor allem auf der Annahme, dass Zu- und Einweiser fast ausschließlich für die Krankenhausbelegung sowie für die entsprechende Leistungsinanspruchnahme verantwortlich zeichnen (Entscheider über Krankenhausaufenthalt).

Inhaltlich werden unter Zu- und Einweisermarketing in diesem Zusammenhang alle Maßnahmen von Kliniken und Krankenhäuser verstanden, die in Richtung der zu- und einweisenden Ärzteschaft geplant und umgesetzt werden,[65] verbunden mit der Zielsetzung, den Ein- und Zuweisungsprozess zu unterstützen und damit die vorhandenen Ressourcen bestmöglich auszulasten.

Die neue Sicht des Patienten als Konsumenten hat damit auch im Bereich des Zu- und Einweisermarketings große Auswirkungen. Durch die zunehmende Selbstbestimmtheit und der daraus abgeleiteten Entscheidung über die Inanspruchnahme einer Gesundheitsdienstleistung (z. B. Krankenhausaufenthalt) verlieren die zu- und einweisenden Ärzte an Entscheidungsmacht (siehe dazu die Evaluierung der Art und Weise der Krankenhauswahl von Patienten). Darüber hinaus wird aber die Informationsmacht der Experten beibehalten, wodurch die ein- und zuweisenden Ärzte verstärkt die Rolle des Angebotsvermittlers einnehmen. Die entsprechende Evaluierung hat diese Entwicklung bestätigt (siehe dazu auch Art und Weise der Krankenhauswahl).

Grundsätzlich bekommt damit die Rolle der zu- und einweisenden Ärzte als Absatzmittler von Krankenhausleistungen eine neue Bedeutung, wobei ein diskursiver Prozess einer Entscheidung vorangeht. Im Vergleich zur Konsumwirtschaft erhalten die zu- und einweisenden Ärzte damit die Rolle eines „beratenden Händlers" als Absatzmittler und übernehmen damit aus der Sicht der neuen Patienten eine bestimmte Verantwortung über die vermittelte Leistung. Da es sich dabei meist um vertrauensintensive Leistungen

---

[64] Unter „Einweiser" wird in diesem Zusammenhang der stationär in das Krankenhaus einweisende und unter „Zuweiser" der ambulant zuweisende Arzt verstanden.

[65] Vgl. Töpfer A. (2006): Marktorientierte Ausrichtung und Gestaltung aller Klinikaktivitäten, in Albrecht M, Töpfer A. (Hrsg.) (2006): Erfolgreiches Changemanagement im Krankenhaus, 15-Punkte Sofortprogramm für Kliniken, Heidelberg, Springer Medizin Verlag, S. 287 f.

handelt, sollte im Rahmen der Weitervermittlung die entsprechende Leistungsqualität und die mit dem Angebot verbundene menschliche Zuwendung (siehe dazu die Analyse der Patientenzufriedenheit im Erklärungsansatz für das Patientenverhalten) im Fokus stehen.

Das marktkonforme Zu- und Einweisermarketing entspricht damit verstärkt der Vertrauensbildung, der Qualität der Leistung und der besonderen Rolle der Ärzte als Leistungsvermittler im Argumentationsstatus (z. B. Feedback über Behandlungserfolg, Einbindung in die Behandlung selbst etc.). Als Konsequenz daraus hat das „Vermittlungsmarketing" der zu- und einweisenden Ärzte auch die Basis für den diskursiven Beratungsprozess mit dem selbstbestimmten Patienten als Konsumenten darzustellen.

8.3.5.2 Perspektivenwandel im Rollenverständnis des zu- und einweisenden Arztes vom Gatekeeper zum Gesundheitscoach

Der Wandlungsprozess zum selbstbestimmten Patienten als Konsumenten von Gesundheitsleistungen bedingt auch neue Anforderungen an betreuende Gesundheitsdienstleister und konkret an die zu- und einweisende Ärzteschaft. Gemäß Harms F. et al. wirkt sich in einer Zeit, in der die Menschen ihr Leben individuell gestalten, der Gestaltungswille auch auf die medizinische Versorgung aus. Durch ein geändertes Endkonsumenten-Verhalten nimmt auch der Druck auf die Verschreibungsgewohnheiten zu.[66]

Wie in den vorangegangenen Analysen aufgezeigt, weist das Gesundheitssystem seit Jahrzehnten die Kriterien eines angebots- bzw. expertenorientierten Systems auf (z. B. Deutungsmacht der Experten). Damit in einem unmittelbaren Zusammenhang stehen die Position und Rolle des Arztes, der – gemäß tradierten Werten – genau weiß, was gut für die Gesundheit seines Patienten ist und dementsprechend auch die Therapie festsetzt. Analog hat sich auch die Rolle des zu- und einweisenden Arztes als „Gatekeeper" etabliert, verbunden mit der Vorstellung, dass ausschließlich dieser über den weiteren Zugang zum Gesundheitssystem entscheidet.

Die diskursive Entwicklung des Gesundheitsmarktes mit einer Neupositionierung des Patienten als Konsumenten und die daraus abgeleitete Wahlfreiheit bei den Gesundheitsdienstleistern hat zu einer Fragmentierung des Gesundheitssystems geführt. So stehen z. B. Vertragsärzte der Kassen freien Wahlärzten gegenüber, was auch zu einer Aufsplitterung des Gesamtangebotes geführt hat. Um dabei Auswüchse einer Doppelgleisigkeit und Mehrfachleistung vermeiden zu können, hat sich die Vorstellung ergeben, den Zu- und Einweiser – z. B. den Hausarzt – als Gatekeeper („Türwächter") und damit „Einspeiser" in das weitere Gesundheitssystem zu etablieren. Ansätze in dieser Richtung stellen z. B. die Chefarztpflichtigkeit einer Psychotherapie dar. Vorläufer dieses Systems waren vor allem in anglikanischen Gesundheitssystemen zu beobachten (z. B. mit der verpflichtenden Einschreibung bei den Hausärzten in Großbritannien).

Grundsätzlich wird dadurch die Position eines Systems gestärkt, das durch Experten (Ärzte, Therapeuten etc.) definiert wird, wobei die Annahme zugrunde liegt, dass der Patient über kein Wissen verfügt, was und wer für seine Gesundheit gut ist. Gleichzeitig wird

---

[66] Vgl. Harms F., Gänshirt D., Lonsert M. (2005), S. 22.

die Wahlfreiheit des selbstbestimmten Patienten als Konsumenten eingeschränkt. Daraus abgeleitet lässt sich daher feststellen, dass damit das Gatekeeper-System eher einem fremdbestimmenden „Aufseher" bzw. „Regulator" entspricht, was wiederum dem Markt-gedanken und der Wahlfreiheit des selbstbestimmten Patienten widerspricht.

Als Konsequenz für die Bedürfnislage der selbstbestimmten Patienten und Konsumen-ten müsste daher der zu- und einweisende Gesundheitsdienstleister (z. B. Hausarzt) eher als Vertrauensperson in Sachen Gesundheit und als individueller Gesundheitscoach seiner Patienten gesehen werden, was vor allem einen grundlegenden Wandel im Selbstbild bzw. Selbstverständnis der Gesundheitsdienstleister – hin zu einem kompetenten Gesundheits-coach – zur Folge hätte. Harms F. et al. spricht dabei von einem Rollentausch, wobei „mittelfristig der Patient zum Katalysator der Entscheidungsfindung bei sämtlichen Insti-tutionen unseres Gesundheitssystems avanciert",[67] und damit selbst zum Gatekeeper wird.

Auswirkungen hat dies vor allem auf die Beratungsfunktion sowie Vertrauensposition der Haus- und Fachärzte gegenüber einem immer stärker mitentscheidenden und mitpro-duzierenden Patienten, was auch mit einer entsprechenden Akzeptanzwirkung der getrof-fenen Maßnahmen einhergehen würde.

8.4   Conclusio 4: Zwischenübersicht zusammengefasster Ergebnisse konsumentengerechter Ansprache von Patienten

Kriterien	Alter Patient		Neuer Patient als Konsument	
	Typologisierung (Verhalten)	Maßnahmen (Instrumente)	Typologisierung (Verhalten)	Maßnahmen (Instrumente)
Konsumentengerechte Ansprache von Patienten (Kap. 8)				
• Entscheidungsverhalten von Patienten	„Verordnungssystem" mit einseitiger Therapieinformation, Experte entscheidet alleine bzw. überwiegend über therapeutische Behandlung		Diskursiver Weg, Experte (z.B. Arzt) bespricht mit Patient als Konsument die therapeutische Behandlung, der dann entscheidet (-selbstbestimmt)	
• Mitwirkung Patienten	Patient hat Behandlungsplan zu „befolgen"		Compliance bildet die Basis der Therapie bzw. Mitwirkung der Patienten	
• Leistungsgestaltung		Standardisierte Leistung durch tradierte Kompetenz		Individualisierung standardisierter Leistung
	Kein Interesse an Prävention (siehe Impfraten, Präventionsparadoxon), Gesundheitsvorsorge und Prävention haben keinen Produktcharakter		Prävention als Ausdruck von Selbstverantwortung (Überwindung Präventionsparadoxon), Gesundheitsvorsorge und Prävention haben Produktcharakter, Angebot muss attraktiv sein	
• Informations- und Kommunikationsverhalten	Patient verfügt über geringes Wissen betreffend seiner Gesundheit bzw. Krankheit und		Der informierte Patient wird zum Online-Konsumenten und zum Experten seiner Gesundheit, hat	

---

[67]Vgl. Harms F., Gänshirt D. (2005a): Virtuelles Marketing – Erfolgsfaktor der Zukunft, in Harms F., Gänshirt D. (Hrsg.) (2005): Gesundheitsmarketing, Patientenempowerment als Kernkompetenz, Stuttgart, Lucius & Lucius Verlagsgesellschaft, S. 251.

		hat erschwerten Zugang zu Gesundheitsinformationen, Gesundheitskommunikation rational orientiert		leichteren Zugang zu Gesundheitsinformationen, Gesundheitskommunikation emotional und compliancebildend orientiert, Referenzgruppenfit	
• Markttransparenz und Patient		Keine Markttransparenz: Klassische Medien (Werbeinstrumente) dienen der Rollenabsicherung und Imagebildung			Internet erhöht Markttransparenz und stützt Entscheidungsverhalten der selbstbestimmten Patienten, zusätzlich zu den klassischen Medien
• Vergleichen und Qualitätssicht		Keine Vergleichsmöglichkeiten über Anbieter und keinen Überblick über die Leistungsqualität			Gamification und Benchmarking erleichtern Zugang und einen Leistungsvergleich
• Ansprache des Patienten und Konsumenten von Gesundheitsleistungen		Durch den Glauben an den rational handelnden Patienten werden immer nur die Gesundheitsgefahren angeführt (rational-kognitiv orientierte Ansprache)			Neuromarketing geht von einer emotionalen Ansprache aus, die den Patienten berührt und seine Gesundheitskompetenz einbindet (Sinn- und Lösungsorientierung)
• Angebotszugang seitens Gesundheitsdienstleister		Zu- und Einweisermarketing im Fokus des Krankenhausmarketings (keine Wahl) – Patient wird zu- bzw. eingewiesen			Zu- und Einweisermarketing entwickelt sich zum Vermittlungsmarketing nach Beratungsprozess – Patient wird nach seiner Entscheidung vermittelt
• Kommunikationsprinzip	Wird von Experten „überredet"		Wird von Experten überzeugt		

Conclusio 4: Der selbstbestimmte Patient als Konsument verfolgt einen diskursiven Weg, erfordert compliancebildende Maßnahmen und Kommunikation, bedient sich des Internets und konkreter Leistungsvergleiche (z.B. Benchmarking), erwartet eine emotionale Ansprache sowie eine kundengerechte Vermittlung. Damit will der neue Patient als Konsument auswählen, entscheiden und mitwirken.

Empfehlungen für Herrn Leiden

„… Nach einem zusätzlichen Jahr des zunehmenden Schmerzgeschehens erhielt Herr Leiden durch die Unterstützung eines Freundes, dem Geschäftsführer einer Reha-Klinik (Systemexperten), einen wertvollen Tipp: Über dessen Vermittlung wurde Herr Leiden an einen kompetenten und kunden- bzw. patientenorientierten Orthopäden weitergeleitet, der auch sofort eine Vertrauensbasis aufbauen konnte …"

Exemplarisch und beispielhaft für innovative Interventionen im Gesundheitsmarkt, die vor allem aus der Sicht der selbstbestimmten Patienten als Konsumenten eine besondere Wirkungsorientierung aufweisen, werden folgende Programme und Instrumente einer weiterführenden Analyse unterzogen:

- PROMs Programm zur Mitwirkung und Optimierung des Behandlungserfolgs
- Das Rubikon-Modell zur Unterstützung therapeutischer Entscheidungssituationen
- Entscheidungsarchitekturen und Anreize als wirkungsorientiertes Instrumentarium im Rahmen der Gesundheitskommunikation
- Benchmarking zur Unterstützung des Entscheidungsverhaltens selbstbestimmter Patienten als Konsumenten
- Empfehlungsmarketing (WOM) als Relaunch patientengerechter Kommunikation
- Customer Relationship Management (CRM) zur Beziehungspflege mit dem konsumierenden Patienten
- Markenpolitik als „Role Model" für die wirkungsorientierte Gesundheitskommunikation

© Der/die Autor(en), exklusiv lizenziert an Springer Fachmedien Wiesbaden
GmbH, ein Teil von Springer Nature 2022
K. Hubatka, *Wie Patienten ticken? Wie Konsumenten handeln!*,
https://doi.org/10.1007/978-3-658-37998-8_9

Die angeführten Programme und Instrumente haben sich dabei gesondert von den traditionellen Interventions- und Kommunikationsmechanismen des Gesundheitsmarktes entwickelt und können damit auch auf eine entsprechende Akzeptanz und Wirkungsorientierung seitens der angesprochenen Zielgruppen stoßen.

9.1   Der konsumierende Patient und die Conclusio für die Gesundheitskommunikation

Gemäß den vorliegenden Analysen hat sich die moderne Gesundheitskommunikation der Erkenntnisse der Konsum- und Konsumentenforschung zu bedienen und ist auch – wenn sie die angestrebte Wirkung erzielen soll – dementsprechend auszurichten. Analog der Problematik von Lebensversicherungen und Krankenzusatzversicherungen sind bestimmte Wunschzustände oder gewünschte Verhaltensansätze nicht mit Bedrohungsbildern zu hinterlegen, sondern mit positiven Zielbildern (i.S. von Wunschbildern), die das angestrebte Verhalten erzeugen sollen. Eine Problematik, die speziell bei Lebensversicherungen gegeben ist, aber auch in diesem Angebotssegment geht es dann um die Ansparung von Boni (i.S. von Vergütungen) und die Möglichkeiten, gesundheitsfördernde und attraktive Aktionen zu unterstützen. Krankenzusatzversicherungen verkaufen sich damit über das Wunschbild „Wellness" und versprechen bei Leistungsfreiheit z. B. Thermenaufenthalte.

Wie bereits dargestellt, muss man analog dem Kaufverhalten im Konsumartikelbereich (Stichwort Emotionalität, Entscheidung mit dem Bauch) und gemäß den neuesten Forschungsergebnissen auch im medizinischen Bereich davon ausgehen, dass Patienten nicht rational handeln, auch wenn das Risiko oder der Behandlungserfolg eindeutig darstellbar sind.

Der Ableitung entsprechend müsste vor allem in der längerfristigen Gesundheitskommunikation nicht von „Schau auf Dich, schau auf mich", sondern in Anlehnung an die BMW-Kommunikation („Aus Freude am Fahren") von „Aus Freude am Leben" gesprochen werden. Kommunikatoren im Gesundheitssektor sollen dabei – analog der Konsumartikelwirtschaft – positive Bilder von zukünftigen Wunschzuständen und Erlebnissen transportieren, die es den einzelnen Bevölkerungs- und Patientengruppen ermöglichen, sich damit zu identifizieren und diese Zustände auch als Ihre persönlichen Ziele umzuwandeln. Konkret hieße dies, Familienfeste in der Natur zu zeigen, die wieder möglich werden, wenn wir durchhalten. Für den Opa auf Reha nach einem Herzinfarkt wäre das genauso Compliance-bildend wie für die junge Enkelin, der dabei schöne Bilder traumhafter Naturlandschaften präsentiert werden. In diesem Zusammenhang trägt zum Beispiel eine AMA-Gütesiegel-Kommunikation[1] stärker zu einem positiven Zukunftsbild bei, als die gefahrenzentrierte Krisen- und Gesundheitskommunikation (siehe dazu auch die unterschiedlichen Kommunikationsmodi des Gesundheitsmarktes).

---

[1] AMA steht in diesem Zusammenhang für die Agrar Markt Austria Organisation.

Konsequenzen für eine wirkungsorientierte Gesundheitskommunikation

* Hat man keine Zeit, das Verhalten der Bevölkerung bzw. von Zielgruppen länger-fristig zu beeinflussen, wird man mit Bedrohungsbildern und Gefahrenhinweisen arbeiten müssen (ein Kapitän von einem sinkenden Schiff kann auch nicht mit positiven Bildern das Rettungsverhalten beeinflussen).

* Bei einer längeren Krisensituation wäre jedoch die Kernbotschaft der Krisen-kommunikation und damit auch der Gesundheitskommunikation auf positive Emotionalität und imagebildende Wunschzustände umzustellen.

Damit sollte vor allem ein „Kipp-Effekt" der Krisen- und Gesundheits-argumentation – im Sinne eines Ignorierens der Botschaft aufgrund einer falschen bzw. nicht-kundenkonformen Übermittlung – verhindert werden.

9.2   Der mitwirkende Patient und PROMs – Optimierung eines Behandlungsverlaufes bzw. Therapieerfolgs

Gemäß den aktuellen Analysen und modernen Therapieansätzen stellt die Mitwirkung der Patienten einen wesentlichen Beitrag zum Therapieerfolg dar (Stichwort „Prosument"). Dieser Thematik nimmt sich vor allem die OECD-Initiative[2] „PROMs" mit dem Fokus auf eine stärkere Einbindung der Patienten in den Behandlungsprozess sowie einer daraus re-sultierenden Optimierung des Behandlungserfolgs an.

Der Begriff „PROMs" steht in diesem Zusammenhang für „Patient Reported Outcome Measures", d. h. für von Patienten mitgeteilten Therapie- und Behandlungswirkungen, und bedeutet die Messung des Behandlungserfolgs aufgrund einer standardisierten Patientenbefragung.

Die Mitwirkung hat dabei nicht nur eine unmittelbare Auswirkung auf den Therapie-prozess (Eigennutz, Optimierung etc.), sondern auch einen motivierenden Charakter für die Patienten im Sinne eines Mitproduzenten. Wenn dies noch mit einer Darstellung (Mes-sung) eines verbesserten Gesundheitszustandes (siehe Compliance-Analyse) und einer verstärkten Wirksamkeit der Therapien kombiniert wird, dann ist ein weiterer Schritt in Richtung Optimierung des Therapieerfolgs durch eine laufende Anpassung des Be-handlungsprozesses (i.S. regelmäßiger Feedback-Prozesse) gegeben. Patient Reported Outcome Measures (PROMs) sind daher standardisierte Instrumente, die auch zur Mes-sung und Erfassung von Ergebnisdaten dienen. Die zugrundeliegenden PROs (Patient Re-ported Outcomes) liefern in diesem Rahmen die Perspektive von Patienten über eine be-stimmte Krankheit und deren Behandlung.[3]

---

[2] OECD-Initiative steht hier für eine Gesundheitsinitiative der Organisation for Economic Co-operation (Organisation für wirtschaftliche Zusammenarbeit und Entwicklung).

[3] Vgl. PROs (2020): Patient Reported Outcomes, unter URL https://toolbox.eupati.eu/resources/beurteilung-der-patient-reported-outcomes-pros/?lang=de am 10.01.2020.

Dementsprechend wurde das PROMs-Programm durch die OECD initiiert, welches einerseits auf einem mitwirkenden Patienten – im Sinne einer Einflussnahme durch Befragung – und andererseits auf einem jeweils adaptierten Therapieprogramm aufbaut. "Adressing the lack of patient-reported indicators of performance is an urgent need … each health system is currently pursuing its own path …" besagt schon eine Empfehlung der OECD-Ministers of Health im Jahre 2017,[4] wobei die Mitgliedsstaaten eingeladen wurden, sich an diesem Entwicklungsprogramm zu beteiligen. Entsprechende Impulse gehen aktuell auch von der ISQua (International Society for Quality in Health Care) aus, einer weltweiten Organisation, die sich speziell der Patientensicherheit und der Qualität der Gesundheitsversorgung verschrieben hat.[5]

Aktuell ist das PROMs-Programm mit standardisierten Patientenbefragungen (beispielhaft auch „Scores" genannt) vor allem in den USA, in Kanada und Australien, in einigen Staaten der Europäischen Union (mit nationalen Eigeninitiativen) und speziell in Israel in Einsatz. Das Sheba-Medical-Center in Tel Aviv ist dabei ein wesentlicher Initiator im Einsatz von PROMS-Programmen, besonders z. B. im Rahmen der Diabetes-Behandlung. Im deutschsprachigen Raum gibt es diesbezügliche Ansätze in selektiven Indikationsgebieten, z. B. bei der orthopädischen Rehabilitation. Als Vorläufer der Befragungen können der WOMAC Score bei Schmerzen, der Roland Morris Score bei Rückenbeschwerden und der EQ-5D Score für den allgemeinen Gesundheitszustand angesehen werden.

PROMs stellen dabei standardisierte Patientenbefragungen zur Messung des – individuellen – Gesundheitszustandes und damit auch des Behandlungserfolgs dar.[6] Ziel eines europäischen Projektes wäre festzustellen, auf welche Art und Weise und in welchen Indikationsgebieten sich die Anwendung von PROMs-Programmen zur individuellen Behandlungsoptimierung besonders eignen würden, bzw. wo und wie die PROMs-Programme den größten Nutzen generieren können. Da es – bis auf nationale Einzelinitiativen – aktuell noch keinen markt- bzw. systemdurchgängigen Einsatz von PROMs-Programmen gibt, kann derzeit auch noch kein entsprechendes Mitwirkungsverhalten (Konsumentenverhalten) seitens der selbstbestimmten Patienten und Konsumenten von Gesundheitsleistungen ausgewiesen werden.

Konkret sollen Behandlungen im Rahmen des PROMs-Programmes nicht nur aus klinischer Perspektive, sondern vor allem auch aus Patientensicht nutzenstiftend sein (maßgeblich für Therapietreue bzw. Compliance). Maße für die klinische Wirksamkeit sagen

---

[4]Vgl. OECD (2020): Recommendations to OECD Ministers of Health from the High Level Reflection Group on the Future of Health Statistics, January 2017, S. 9, unter URL https://www.oecd.org/els/health-systems/Recommendations-from-high-level-reflection-group-on-the-future-of-health-statistics.pdf am 11.01.2020.

[5]Vgl. ISQua Org. (2021): International Society for Quality in Health Care, unter URL https://isqua.org/who-we-are-heading/our-organisation am 16.06.2021.

[6]Vgl. PROMs (2019): Patient-reported outcome measures and patient-reported experience measures, unter URL https://academic.oup.com/bjaed/article/17/4/137/2999278 am 06.12.2019.

dabei meist nichts darüber aus, wie sich ein Patient fühlt oder funktioniert, bzw. was er mit der Behandlung erreichen möchte. Im Gegensatz zu klinischen Standardergebnissen geben PROs einen einzigartigen Einblick in die Fragestellung, wie sich eine Therapie auf einen Patienten auswirken kann (neuer Wissenschafts-Ansatz, der sich auf den realen Nutzen – inklusive persönlicher Einschätzung – konzentriert).[7]

Der PROMs-Ansatz zielt dabei auf einer auf Patienten beruhende Evidenz (Messen von persönlichen Faktoren) ab, die auch Maße für Wohlbefinden einschließen.[8] Dementsprechend wird ein zunehmender Fokus auf die Entwicklung von Patient Reported Outcomes Programmen (PROs als Behandlungsergebnis) gelegt, die auf die Wahrnehmung einer Krankheit und ihrer Behandlung durch den Patienten beruhen und sich daher auch sehr gut als Instrument der personalisierten Medizin eignen.[9]

> **Zusammenfassende Beurteilung von PROMs für den selbstbestimmten Patienten und Konsumenten von Gesundheitsleistungen**
>
> Unter dem PROMs-Programm wird – unter Mitwirkung des Patienten – die standardisierte, regelmäßig wiederkehrende Befragung (Messung des Behandlungserfolgs, auch unter Einschluss subjektiver Kriterien, z. B. Wohlbefinden) verstanden, wodurch es zu einer individuellen und patientengerechten Anpassung des Behandlungsprozesses und in weiterer Folge zu einer Optimierung des Behandlungserfolgs kommt. Damit eignet sich das PROMs-Programm besonders auch als Instrument der personalisierten Medizin bzw. Therapie.

9.3   Neue Ansätze für eine wirksame Gesundheitskommunikation

Ein geändertes Gesundheitsverhalten von Konsumenten und Patienten bedingt konkret auch ein geändertes und wirkungsorientiertes Kommunikationsverhalten der Anbieter von Gesundheitsleistungen und der Gesundheitspolitik.

---

[7] Vgl. PROs (2020), https://toolbox.eupati.eu/resources/beurteilung-der-patient-reported-outcomes-pros/?lang=de am 10.01.2020.

[8] Vgl. PROs (2020), https://toolbox.eupati.eu/resources/beurteilung-der-patient-reported-outcomes-pros/?lang=de am 10.01.2020.

[9] Betreffend „personalisierter Medizin" wird in diesem Zusammenhang der Definition des ESF-Reports gefolgt, wobei darunter „... die Berücksichtigung quantifizierbarer individueller Unterschiede in allen Phasen der medizinischen Forschung und Praxis ..." verstanden wird. Vgl. Preinsack B. (2013): Personalisierte Medizin aus der Sicht des Patienten – Nutzen oder Überforderung, in Deutscher Ethikrat: Tagungsdokumentation Personalisierte Medizin – der Patient als Nutznießer oder Opfer? Berlin 2013, S. 24 unter URL https://www.ethikrat.org/fileadmin/Publikationen/Dokumentationen/tagungsdokumentation-personalisierte-medizin.pdf am 16.06.2021.

Während im Konsumbereich die Wirkungsorientierung vor allem durch entsprechende Umsatz- und Absatzziffern zum Ausdruck kommt, ist der Erfolg von Gesundheitskampagnen nicht so leicht darstellbar. Die folgenden Analysen basieren daher auf einer entsprechenden Erfolgsorientierung von Interventionen, wobei vor allem der Einfluss auf das Entscheidungsverhalten im Fokus steht.

9.3.1 Das Rubikon-Modell und das Entscheidungsverhalten im Rahmen von Gesundheits- bzw. Präventionsinterventionen

Speziell Präventions- und Gesundheitsförderungsinterventionen haben – bezugnehmend auf die Problematik des Präventionsparadoxons – einen Paradigmenwechsel bei den Konsumenten bzw. Patienten – weg von der Problem- bzw. Defizitorientierung und hin zur Lösungs- bzw. Ressourcenorientierung – zu berücksichtigen, wobei gleichlaufend auch größere Wirkungseffekte ausgewiesen werden.

Grundsätzlich bedingt diese Präventionslogik – wie auch schon bei der veränderten Logik von Gesundheitskampagnen dargestellt – eine Abkehr von der bisherigen Inkompetenzvermutung bzw. Krankheitsvermeidung (mit wenig Anreiz zur Lebensstiländerung) und eine Hinwendung zur Kompetenzvermutung (mit einer Betonung der menschlichen Stärken und einer entsprechenden Anreizwirkung). In einem wirkungsorientierten Lernprozess soll dabei der Angstkontext vermieden und eine entsprechende Freude (gestärktes Kompetenzerlebnis) vermittelt werden. Im Rahmen des Motivationssystems kommt es dementsprechend zu einer Stärkung der Annäherungsziele („Hin-zu"-Ziele, die mit positiven Emotionen bzw. Freude einhergehen) und einer Schwächung der Vermeidungsziele („Weg-von"-Ziele, die mit negativen Emotionen bzw. Angst einhergehen).[10] Damit Ziele in eine konkrete Absicht und weiter in Handlungen übergeleitet werden, bedarf es starker positiver Emotionen.

Einen Erklärungs- und Handlungsansatz liefert diesbezüglich das „Rubikon-Modell der Handlungsphasen" nach Heckhausen und Gollwitzer im Rahmen therapeutischer Beratungsprozesse.[11] Mit diesem Modell werden grundsätzlich Entscheidungsprozesse gezielt beeinflusst und die Unwiderruflichkeit von Entscheidungsprozessen („ab diesem Punkt kein Zurück mehr") zum Ausdruck gebracht. In diesem Zusammenhang sollen Motivationsblockaden gelöst sowie eine Änderungsmotivation im Sinne einer Aktivierung von Zielgruppen unterstützt werden.[12]

Nach dem Rubikon-Modell wird motiviertes Verhalten in drei Phasen unterteilt:[13]

---

[10]Vgl. Scherenberg V. (2017), S. 48 f.
[11]Vgl. Sachse R., Langens T., Sachse M. (2018), S. 29.
[12]Vgl. Sachse R., Langens T., Sachse M. (2018), S. 37.
[13]Vgl. Sachse R., Langens T., Sachse M. (2018), S. 29 f.

- Motivierungs- und Abwägungsphase („Was möchte ich, was möchte ich nicht", Prozess des Anreizes).
- Entscheidungs- und Planungsphase („Wohin tendiere ich" „Wofür entscheide ich mich" mit der Überschreitung des Rubikons).
- Umsetzungs- und Handlungsphase („Wie setze ich meine Entscheidung in die Realität um?" Umsetzbarkeit).

Dementsprechend lässt sich feststellen, dass im Rahmen der Prävention und Gesundheitsförderung aufgrund der aufgezeigten Problematik alle Phasen des Rubikon-Modells zu berücksichtigen sind. Gemäß der Neurowissenschaft bilden Bilder in diesem Zusammenhang die Basis für geistige Funktionen. Wie bereits aufgezeigt, verfolgen Annäherungsziele mit positiven Bildern im Gehirn den direkten Weg des angestrebten Zustandes. Das neuronale Netz wird aktiviert und die Wahrscheinlichkeit des gewünschten Verhaltens erhöht.[14]

> **Zusammenfassende Beurteilung des Rubikon-Modells für den selbstbestimmten Patienten und Konsumenten von Gesundheitsleistungen**
> Eine informatorische Motivations- und Entscheidungsunterstützung im Sinne des Rubikon-Modells empfiehlt sich vor allem bei komplexen Sachverhalten im Sinne einer Unterstützung beim Abwägen einzelner Vor- und Nachteile sowie zur Ermittlung eigener Präferenzen und eignet sich daher zur Entscheidungsunterstützung sowohl im Bereich der Gesundheitsvorsorge bzw. Prävention als auch im Rahmen komplexer Krankheitszustände bei einem geringen Informationsstatus des Entscheidungsträgers.

9.3.2   Entscheidungsarchitekturen als wirkungsorientiertes Instrument für Gesundheitskampagnen und Gesundheitskommunikation

Ableitend aus der Problematik einer Handlungsmotivation von Patienten und Konsumenten von Gesundheitsleistungen kann geschlossen werden, dass konventionelle Kommunikationsformen, die vor allem auf den informierten Patienten und den rational (gesundheitskonform) handelnden Menschen aufbauen, zunehmend ihre Wirkung verlieren.

Im Zusammenhang mit einer Analyse von Entscheidungsarchitekturen gilt es, den Ansatz von speziellen Anreizen – als wirkungsorientiertes Instrumentarium im Rahmen der Gesundheitskommunikation – einer Analyse zu unterziehen. Obwohl grundsätzlich – aus Patientensicht – global gültig, spielen dabei vor allem die Rahmenbedingungen der mitteleuropäischen Gesundheitsmärkte eine einflussreiche bzw. differenzierende Rolle.

---

[14]Vgl. Scherenberg V. (2017), S. 50.

9.3.2.1 Entscheidungsarchitekturen und wirkungsorientierte Entscheidungsanreize im Gesundheitsmarkt

Grundsätzlich zeigt sich konkretes Verhalten auch immer wieder im Zusammenhang mit einer Entscheidungssituation in einem gewissen Entscheidungsumfeld. In diesem Rahmen bezeichnen Thaler und Sunstein jene Menschen, die auch ein bestimmtes Entscheidungsumfeld und damit auch die Entscheidungssituation gestalten, als „Entscheidungsarchitekten"[15] (Design von Entscheidungssituationen z. B. Gestaltung von Stimmzettel bei einer Wahl).

Es ist dabei davon auszugehen, dass viele Faktoren wichtig sind und einzelne Faktoren die Aufmerksamkeit der Zielgruppe in eine bestimmte Richtung lenken bzw. eine spezifische Wirkung erzielen. Die Entscheidungsarchitektur legt dabei eine bestimmte Anordnung bzw. Grundgestaltung fest, die beim Entscheidungsträger eine entsprechende Wirkung erzielen soll. Dieser „kleine Schubs" in Richtung einer bestimmten Entscheidung wird in den entsprechenden Konzeptionen als „Nudge"[16] bezeichnet.

Unter Nudging wird auch jener Teil der Verhaltensökonomie verstanden, der sich dem Verhalten von Menschen widmet, das oft nicht deren rationaler Überzeugung entspricht. Dementsprechend geht es darum, das Verhalten in eine gewünschte Richtung zu verändern, wobei Menschen grundsätzlich an Gewohntem festhalten und ungern etwas verändern.[17]

Im Rahmen der Corona-Pandemie ist weltweit (angefangen von den USA über Europa und Russland bis nach China) über Impfzwang und die Rechtfertigung von Anreizen (Nudges) im Rahmen der Impfkampagne diskutiert worden Dabei wurde auch immer wieder die ethische Fragestellung einer Differenzierung von Geimpften versus Ungeimpften aufgeworfen und mit einer Stigmatisierung in Verbindung gebracht.

Bezug nehmend auf die vorangegangene Verhaltensanalyse seitens der selbstbestimmten Patienten und Konsumenten von Gesundheitsleistungen werden folgende Kriterien in die weitere Analyse einbezogen: Patienten handeln wie Konsumenten und müssen vor allem emotional überzeugt werden. Bei einem pandemischen Erkrankungsgeschehen schlägt vor allem auch die Verantwortung des Einzelnen für die Gemeinschaft (i.S. von kollektiver Verantwortung, siehe Ausführungen über die persönliche versus kollektive Verantwortung) durch. Reine Appelle an die Vernunft bzw. an rational handelnde Menschen haben sich in diesem Rahmen weltweit als mehr oder weniger wirkungslos erwiesen.

Ableitend werden daher nur jene Anreizsysteme ausgewählt und einer Analyse unterzogen, die vor allem – unter Vermeidung einer gesetzlichen Verpflichtung – eine Selbst-

---

[15] Vgl. Thaler R.H., Sunstein C.R. (2019): Nudge – Wie man kluge Entscheidungen anstößt; 15. Auflage, Berlin, Ullstein Buchverlag, S. 11.

[16] Im Sinne von „sanft schubsen", „anstoßen" oder „auf etwas hinweisen", vgl. Thaler R.H., Sunstein C.R. (2019), S. 13.

[17] Vgl. Karmasin S. (2021): Sinn und Unsinn von Anreizsystemen, gemäß Nachlese 14. CCIV Symposium Integrierte Versorgung vom 02.12.2021, Wien; unter URL www.cciv.at/cdscontent/?contentid=10007.864499&portal=ccivportal am 30.06.2021.

bestimmung des Patienten und Konsumenten von Gesundheitsleistungen gewährleisten und nur zur Entscheidungsunterstützung dienen. In diesem Sinne wird „Nudging" als „Anstupsen" verstanden, um Menschen ohne Zwang zu einem Verhalten zu bewegen (Verhalten beeinflussen, ohne die rechtlichen Rahmenbedingungen zu verändern, Anreize statt Zwang).[18]

Grundsätzliche Einsatzmöglichkeiten von Anreizen im Gesundheitssystem:[19]

* ungesunde Verhaltensweisen reduzieren
* gesunde Verhaltensweisen aneignen/verstärken
* Prozessadaptionen in Richtung gesunder Verhaltensweisen
* Inspirationen der Entscheidungsträger
* Entwicklung neuer Strategien in Richtung Optimierung
* Entwicklung neuer Strategien in Richtung kollektiver Schutz

Wichtige Kriterien von Anreizen bzw. Nudges sind die Ansprache (Personalisierung und attraktiv), Einfachheit (verständlich, unerwünschtes Verhalten erschweren), Incentivierung (Belohnung, Gamification), Orientierung (Vorbildwirkung, soziale Normen veranschaulichen) und Unmittelbarkeit (Erinnerungen, kleine Happen).[20]

9.3.2.2 Wahl und Entwicklung wirksamer Entscheidungsarchitekturen und Anreize (Nudges)

Grundsätzlich scheinen Klarheit der Aufgabenstellung im Sinne einer richtigen Entscheidungsstruktur und -architektur sowie ein entsprechender Anreiz relevant für ein bestimmtes Verhalten zu sein. Gerade aber im Gesundheitsbereich dürfte man sich dieser Regel bei der Angebotsgestaltung nicht immer bewusst sein, wenn man einen gesundheitskonformen und compliant-handelnden Patienten (im Sinne von Einsicht) als Kunden erwartet.

Wie Thaler und Sunstein bezugnehmend auf Beobachtungen und Versuche nachweisen konnten, fußen viele Verhaltensentscheidungen auf einer falschen bzw. schlechten Entscheidungsarchitektur. Als diesbezügliche Beispiele werden die überdimensionalen Griffe bei Ausgangstüren angeführt, die zu einem Öffnungsversuch nach innen verleiteten oder ein Farbversuch mit der Listung von Farbnamen, wobei – wenn z. B. das Wort „Grün" mit roter Farbe geschrieben wurde – die Reaktionszeit langsamer und die Fehlerrate größer war. Als Hauptgrund dafür wird gesehen, dass das automatische Wahrnehmungssystem die Wörter schneller liest als die Schriftfarbe erfasst werden kann.[21]

---

[18] Vgl. Bonavida I. (2020): „Wenn es um Dritte geht, agieren wir viel rationaler", in Die Presse vom 28.11.2020, „Die Presse" Verlags-Gesellschaft, Wien, S. 4.

[19] Vgl. Karmasin S. (2021), unter URL www.cciv.at/cdscontent/?contentid=10007.864499&portal=ccivportal am 30.06.2021.

[20] Vgl. Krisam M. (2021): Thinking outside the Box: Nudging? gemäß Nachlese 14. CCIV Symposium Integrierte Versorgung vom 02.12.2021, Wien; unter URL www.cciv.at/cdscontent/?contentid=10007.864499&portal=ccivportal am 30.06.2021.

[21] Vgl. Thaler R.H., Sunstein C.R. (2019), S. 119.

Sowohl das Beispiel mit den Türen als auch die Farbenliste sind Beispiele für eine schlechte Entscheidungsstruktur, weil sie das Prinzip der „Reiz-Reaktions-Kompatibilität" verletzen. Diese Kompatibilität bedeutet grundsätzlich, dass das empfangene Signal (Reiz) zur gewünschten Handlung passen sollte. Im konkreten Beispiel mit den Türen soll das Design des Handgriffes eher zum Drücken und nicht zum Ziehen auffordern. Daraus wurde abgeleitet, dass wenn Reiz und Reaktion nicht konsistent sind (z. B. das Wort „Grün" in roter Farbe geschrieben) Fehler passieren bzw. abweichende Handlungen erfolgen. Bei derartigen Aufgaben und Anforderungen triumphiert das automatische Wahrnehmungssystem über das reflektierende,[22] das aber für ein rationales bzw. vernunftorientiertes Entscheidungsverhalten Voraussetzung wäre.

Ableitung für den Gesundheitsmarkt: Bedingt durch die Konfrontation mit den vielen Werbebotschaften und die ständig empfangenden Signale bzw. Reize sowie durch die noch teilwise fehlende Transparenz dürfte gerade das persönliche Gesundheitsverständnis häufig abweichendes Verhalten generieren (im Sinne von „unlogisch", „irrational" oder „gesundheitsgefährdend").

Damit ist menschliches Verhalten auch im jeweiligen Design von Gesundheitsangeboten zu berücksichtigen, will man systemkonformes – konkret gesundheitskonformes – Verhalten initiieren. Als positives Beispiel eines erfolgreichen Nudge nennen Thaler und Sunstein die berühmte Fliege, die in den Urinalen des Amsterdamer Flughafens abgebildet ist und zu einer systemkonformen Nutzung – bei Reduktion des Reinigungsaufwandes – sowie zum verstärkten Umweltschutz beitragen.

Als Designer eines geschlossenen Anreizsystems haben Thaler und Sunstein sechs Grundprinzipien der guten Entscheidungsarchitektur identifiziert,[23] die durch ein sich aktuell in der Corona-Pandemie entwickeltes Grundprinzip ergänzt werden können:

Institutionelle Anreize bzw. Nudges durch

- Standardvorgaben
- Fehlervermeidung
- Feedback geben
- komplexe Entscheidungen erleichtern – Mapping
- besonderen Entscheidungssupport liefern
- Incentive als wirtschaftliche Anreize

Darüber hinaus lassen sich in diesem Zusammenhang auch

- lebensverändernde Anreize

definieren.

---

[22] Vgl. Thaler R.H., Sunstein C.R. (2019), S. 119 f.

[23] Vgl. Thaler R.H., Sunstein C.R. (2008): Nudge – Improving decisions about health, wealth and happiness, Yale University Press, Penguin Books, S. 109.

Bei der Betrachtung rein finanzieller Anreize bezogen sich im Rahmen der Corona-Pandemie Bedenken darauf, dass dahinter ein verstecktes Risiko seitens der Zielgruppe vermutet werden kann, wenn einen der Staat für die Impfung bezahlt.[24] Unter Berufung auf Karmasin S. wurde diesbezüglich auch die Einschätzung veröffentlicht, dass „wer die Leute für das Impfen bezahlt, ihre Motivation zerstört …. Geld und Gutscheine würden relativ wenig bringen".[25] Bei der Impfpflicht wird wiederum auf die Gefahr eines re-aktanten Verhaltens hingewiesen (Betonung der Selbstbestimmung). Zusammenfassend resultiert daraus der Bedarf an notwendigen experimentellen Untersuchungen im Rahmen der Verhaltenswissenschaften.[26]

Daraus ableitend werden daher die selbstbestimmte Verhaltensbeeinflussung und die Betrachtung des Patienten als selbstentscheidenden Konsumenten in den Fokus einer ana-lytischen Betrachtung gestellt.

Anreize über Standardvorgaben versus Pflichtentscheidungen
Entsprechend den angeführten Gründen (Reiz-Reaktions-Kompatibilität, automatisiertes Wahrnehmungssystem etc.) wählen viele Menschen in ihrem Entscheidungsverhalten jene Optionen, die ihnen am wenigsten Aufwand abverlangen (Weg des geringsten Wider-standes). In diesem Sinne werden Standardvorgaben gegenüber aktiven Entscheidungen in Systemabläufen bevorzugt, bei normalen oder empfohlenen Handlungsweisen wird diese Tendenz verstärkt („Man will dazugehören"). Damit sind Standardvorgaben allgegen-wärtig und von großer Bedeutung, vor allem dort, wo man sich nicht oder nur schwer entscheiden kann (z. B. Standardeinstellungen vom Computer, wobei die jeweiligen Aus-wirkungen oft unklar sind).[27]

Viele Organisationen und Unternehmen bedienen sich dieser Bedeutung von Standard-vorgaben, um ihre Angebote zu platzieren (z. B. die automatische Verlängerung von Abonnements). Dabei spielen vor allem Hilfsbereitschaft (im Sinne von hilfreichen Vor-gaben) und Eigennutz (im Sinne von Werbekontakten) eine bedeutende Rolle. Damit kann mit Voreinstellungen und Festlegungen das Verhalten des Nutzers wesentlich beeinflusst werden, ohne seine Selbstbestimmung einzuschränken.[28]

Gegenüber den Standardeinstellungen kann der Entscheidungsarchitekt die Betroffenen auch zwingen, eine eigene Wahl – im Sinne einer Pflichtentscheidung – zu treffen. Gerade bei wichtigen Entscheidungsprozessen scheint die Pflichtentscheidung im Sinne der Ent-scheidungsfreiheit der beste Weg zu sein (z. B. bei Gewissensentscheidungen von Ge-

---

[24] Vgl. Weiser U., Hertwig R. (2020): „Warum Impfanreize abschrecken können", in Die Presse vom 19.12.2020, „Die Presse" Verlags-Gesellschaft, Wien, S. 4.

[25] Vgl. Kotanko C. (2020): Der Stoff, aus dem die Hoffnung ist: Wie wird die Bevölkerung über-zeugt? in OÖ Nachrichten vom 18.12.2020, Wimmer Medien, Linz, S. 3.

[26] Vgl. Weiser U., Hertwig R. (2020), S. 4.

[27] Vgl. Thaler R.H., Sunstein C.R. (2019), S. 123 f.

[28] Vgl. Thaler R.H., Sunstein C.R. (2019), S. 124.

schworenen). Damit wird eine Pflichtentscheidung meist auch als „lästig" empfunden und ist für einfache Ja-Nein-Fragen besser geeignet als für komplexe Sachverhalte.[29]

▶   *Ableitung für den selbstbestimmten Patienten und Konsumenten von Gesundheitsleistungen: Gerade im Bereich der Gesundheitsvorsorge und Prävention kann ein Mix aus transparenten Standardvorgaben und vereinfachten (ja/nein), aber bewussten Pflichtentscheidungen eine wirkungsvolle Anreizform darstellen.*

Anreize durch Einkalkulieren von Fehlern
Menschen ganz allgemein und Patienten im Speziellen machen Fehler, z. B. indem sie sich irren oder die Einnahme von Medikamenten vergessen. Damit sollen Angebote in diesem Bereich mit einer hohen Fehlertoleranz ausgestattet sein.

Vorhersehbare Handhabungsfehler (Post Completion Error) können durch Zwangsfunktionen (z. B. Geldentnahme kann erst nach Auswurf der Bankomatkarte erfolgen) weitestgehend vermieden werden.[30] Speziell im OP-Bereich wurden dementsprechend SOPs (Standard Operating Procedures bzw. Standardarbeitsanweisungen) entwickelt, um diese Fehlerbereiche durch menschliches Versagen weitestgehend ausschließen zu können (im Sinne einer detaillierten Anweisung zur einheitlichen Ausführung eines Prozesses).
Weiterhin stellt im Zusammenhang mit fehlerhafter Handhabung die Medikamenten-Compliance[31] ein Hauptproblem dar. Besonders bei älteren Patienten ist die regelmäßige und richtig dosierte Medikamenteneinnahme eine Herausforderung. Anreiz-Ansatzpunkte stellen hier vor allem die Regelmäßigkeit (automatisierte Einnahme), die Häufigkeit (möglichst einmal am Tag) sowie eine bestimmte Automatisierung der Einnahme dar.[32]

▶   *Ableitung für den selbstbestimmten Patienten und Konsumenten von Gesundheitsleistungen: Gerade im Bereich der akuten Gesundheitsversorgung sowie im Behandlungsbereich der chronischen Erkrankungen kann das Einkalkulieren von Fehlverhalten eine wirkungsvolle Anreizform darstellen.*

Anreize über Feedback bzw. Rückmeldungen
„Überall wo Menschen agieren, passieren Fehler" – ein allgemein gebräuchliches Sprichwort. Das heißt, bei Anreizen geht es auch darum, das allzu Menschliche im Sinne von Fehlern zu reduzieren und durch das Vorbeugen von Fehlern auch eine Nutzungsmotivation auszusenden.

---

[29] Vgl. Thaler R.H., Sunstein C.R. (2019), S. 125 f.
[30] Vgl. Thaler R.H., Sunstein C.R. (2019)., S. 128.
[31] Im Sinne einer Therapietreue, sich an Verordnungen halten.
[32] Vgl. Thaler R.H., Sunstein C.R. (2019), S. 129 f.

Eine der besten Methoden, Fehler zu reduzieren bzw. zu vermeiden, ist Feedback bzw. Rückmeldung über die Wirkung zu geben.[33] Vor allem beim Autofahren bedient man sich heute vieler automatisierter Feedback-Systeme, die auch als Assistenzsysteme die Fahrt sicherer gestalten und vor allem Fehler seitens Fahrender vermeiden helfen sollen. Entsprechende Feedback- bzw. Rückmeldungssysteme (z. B. Warnsysteme) sind schon so fest in unseren Alltag integriert, dass ihre Funktionen in Richtung Erhöhung der Sicherheit oder Unterstützung schon gar nicht mehr bewusst wahrgenommen werden. Positives Feedback kann auch zu einer Änderung gesundheitsschädlicher Gewohnheiten sowie zur besonderen Compliance-Bildung verwendet werden, indem Bestätigungs- impulse für den richtigen Weg und sofortige Erfolgserlebnisse ausgesendet werden. Als Beispiel sei der Fitnessbereich angeführt, wobei es zur regelmäßigen Ausübung einer mo- tivierenden Bestätigung und manchmal auch eines „Nudges" zur Überwindung des „inne- ren Schweinehundes" bedarf.

► *Ableitung für den selbstbestimmten Patienten und Konsumenten von Gesundheits- leistungen: Diese Anreizform kann vor allem im Rahmen eines massiven Krank- heitsgeschehens (z. B. Schlaganfall) von besonderer Bedeutung sein, wobei es durch positives Feedback zu einer motivierenden Unterstützung von Patienten und damit zur Optimierung der Behandlung kommt (z. B. Einsatz von PROMs).*

Anreize durch die Strukturierung komplexer Entscheidungen – Mapping
Während in vielen Lebensbereichen – vor allem in Genusslagen – die entsprechende Ent- scheidungsfindung für ein bestimmtes Angebot relativ leichtfällt, indem z. B. nach einem bestimmten Geschmack entschieden wird, sind vor allem im Gesundheitsbereich oft sehr komplexe Entscheidungslagen für die Patienten (z. B. die unterschiedlichen Behandlungs- möglichkeiten bei einer Krebserkrankung mit OP, Strahlen- oder Chemotherapie) festzu- stellen.[34]

Oftmals zeigt sich in diesem Rahmen, dass die Patienten nicht mehr in der Lage sind, die Beziehung zwischen ihrer Wahl bzw. Entscheidung und dem Ergebnis bzw. dem Nutzen einer Behandlung herzustellen, was man auch als Mapping bezeichnen kann.[35] Gerade die komplexe Wahl zwischen verschiedenen Therapieformen stellt für die Patienten als Ent- scheidungsträger oftmals eine große Herausforderung dar (Berücksichtigung der Erfolgs- aussichten, der Nebenwirkungen sowie der persönlichen Lebensumstände) und wird auch noch durch externe Faktoren (z. B. Fachrichtung des behandelnden Arztes) beeinflusst.[36] Eine klare Entscheidungsarchitektur erleichtert dabei den Patienten, den Ursachen- Wirkungszusammenhang im Sinne eines Mappings herzustellen und unterstützt bei der

---

[33] Vgl. Thaler R.H., Sunstein C.R. (2019), S. 131.
[34] Vgl. Thaler R.H., Sunstein C.R. (2019), S. 133.
[35] Vgl. Thaler R.H., Sunstein C.R. (2019), S. 132.
[36] Vgl. Thaler R.H., Sunstein C.R. (2019), S. 133.

Optionsauswahl.[37] Verständlich aufbereitete Informationen können dabei hilfreich sein. Eine aktuelle Studie im Bereich der Herzinfarkt-Rehabilitation bestätigt den unmittelbaren Einfluss der zielorientierten Information auf den medizinischen Behandlungserfolg (Unterstützung des Nutzens).[38]

. Als Konsequenz aus solchen Situationen gilt es daher, komplexe Entscheidungssituationen transparent darzustellen, klar zu gliedern und die einzelnen Alternativen vergleichbar zu machen (z. B. Erfolgsaussicht, jeweiliger Nutzen bzw. Wirkung). Analog zu anderen Lebensbereichen (z. B. Transparenz durch Bekanntmachung von Handytarifen) kann der Patient als Konsument von Gesundheitsleistungen unterstützt werden, gute Entscheidungen zu treffen.[39]

▶   *Ableitung für den selbstbestimmten Patienten und Konsumenten von Gesundheitsleistungen: Diese Anreizform kann vor allem im Rahmen eines komplexen Krankheitsgeschehens (z. B. Krebsbehandlung) mit unterschiedlichen Behandlungsoptionen eine wertvolle Entscheidungshilfe darstellen, wobei durch eine transparente Präsentation von Nutzen und Wirkung der jeweiligen Optionen eine Entscheidungshilfe gewährt und eine Beurteilung ermöglicht wird.*

Anreize durch besonderen Entscheidungssupport
In einer Zeit der fast unbegrenzten Möglichkeiten nehmen komplexe Entscheidungssituationen schlagartig zu. Wenn das Angebot an Wahlmöglichkeiten für den Einzelnen immer größer wird, bedarf es neuer Strategien, mit diesen auch umzugehen.

Grundsätzlich haben diese neuen Strategien den Komplexitätsgrad an Wahlmöglichkeiten und eine Anzahl bestimmter Entscheidungskriterien und -präferenzen zu berücksichtigen. Dementsprechend unterscheiden Thaler und Sunstein[40] zwischen

- einer **kompensatorischen Strategie** mit einem Abwägen weniger bzw. überblickbarer Entscheidungskriterien,
- einer **Strategie der aspektweisen Eliminierung** von Entscheidungskriterien (Aspekte), wobei nach deren Präferenzen bzw. Bedeutung einzelne Entscheidungen getroffen bzw. Alternativen eliminiert werden, sowie
- einem **Collaborative Filtering** (referenzgruppenbezogene und individuell generierte Entscheidungspräferenzen i.S. eines Vorschlags) als weitere Methode einer Komplexitätsreduktion.

---

[37] Vgl. Thaler R.H., Sunstein C.R. (2019), S. 133.
[38] Vgl. Raffetseder C.M. (2019): Compliance-Bildung als Schlüssel für den Reha-Erfolg – am Beispiel des optimierten Informationsprozesses der Herz-Kreislauf-Rehabilitation, Masterarbeit, Fachhochschule OÖ, Linz, S. I.
[39] Vgl. Thaler R.H., Sunstein C.R. (2019), S. 136.
[40] Vgl. Thaler R.H., Sunstein C.R. (2019), S. 137 ff.

Daraus kann abgeleitet werden, dass je komplexer Entscheidungssituationen bzw. je größer die Auswahlmöglichkeiten sind, desto mehr sich die Entscheider vereinfachender Strategien bedienen werden, was Entscheidungsarchitekten wiederum grundsätzlich zu berücksichtigen haben.[41]

Bezogen auf den Gesundheitsbereich können Entscheidungssituation aus der Sicht von Patienten zum Beispiel bei der onkologischen Therapie als sehr komplex angesehen werden (z. B. Wahl zwischen Strahlen-, Chemo- oder chirurgischer Therapie, in der Folge Wahl des Krankenhauses nach Vertrauen, Beurteilung der Auswirkungen auf die jeweilige Lebenssituation etc.), wobei Entscheidungshilfen bzw. die Reduktion des Komplexitätsgrades die Entscheidung stark beeinflussen können. Dabei spielt auch die Simulation von Behandlungsergebnissen eine große Rolle.

Komplexitätsreduzierend können in diesem Zusammenhang auch zielgruppenbezogene „Konfiguratoren"[42] (wie z. B. beim Autokauf bzw. im Konsumartikelbereich) eingesetzt werden, die sowohl bei der Präferenzbildung einzelner Kriterien als auch bei der Entscheidung unterstützen. Dementsprechend wird diese Entscheidungsarchitektur auch als Collaborative Filtering bezeichnet, wobei man individuelle Präferenzen generiert und sich gleichzeitig der Beurteilung und dem Geschmack von Referenzgruppen bedient (z. B. Amazon). Bei all diesen Methoden ist vor allem im Gesundheitsbereich der ethische Aspekt zu berücksichtigen, Konsumenten und Patienten in eine Richtung zu schubsen, die einen größeren Gesundheitserfolg bzw. einen höheren individuellen Nutzen versprechen.

▶   *Ableitung für den selbstbestimmten Patienten und Konsumenten von Gesundheitsleistungen: Diese Anreizform kann vor allem im Rahmen sehr komplexer Entscheidungssituationen bei akutem Krankheitsgeschehen, aber auch im Bereich der Prävention eine wertvolle Entscheidungshilfe darstellen, wobei vor der Entscheidung eine individuelle – aber referenzgruppenorientierte – Präferenzhierarchie der Entscheidungskriterien abgearbeitet wird.*

Incentive als wirtschaftliche Anreize

Angebotspreise stellen in der Ökonomie und Wirtschaftstheorie immer schon Anreize für den Kauf von Produkten oder den Bezug von Leistungen dar und bringen – zumindest modellhaft – Angebot und Nachfrage in ein Gleichgewicht. Freie Märkte werden zu einem großen Teil dadurch gekennzeichnet, dass sie Anreize bzw. Incentives bieten, um gute Produkte anzubieten und zum richtigen Preis zu verkaufen. Im jeweiligen Markt sind dabei die Anreize für die Leistungsanbieter (z. B. Hersteller) und die Leistungsnachfrager (z. B. Käufer) kompatibel bzw. deckungsgleich.[43]

---

[41] Vgl. Thaler R.H., Sunstein C.R. (2019), S. 136.

[42] Im Sinne eines Programmes zur Gestaltung bzw. Zusammenstellung von Angeboten.

[43] Vgl. Thaler R.H., Sunstein C.R. (2019), S. 141.

Analogien für den Gesundheitsbereich sind dann gegeben, wenn ein Arzt für seinen Patienten die beste und teuerste Therapie auswählt und die Krankenversicherung diese zu bezahlen hat. Dabei gehen die Interessen der Beteiligten oft stark auseinander, verbunden mit unterschiedlichsten Motivlagen, wobei das Endresultat nicht unbedingt das Beste für den Patienten oder Arzt sein muss.[44]

Um Konsumenten und Patienten die richtige Entscheidung zu erleichtern, kann dementsprechend die Entscheidungsarchitektur verbessert werden, was mit dem Fachbegriff Salienz[45] bezeichnet wird. Ausgangspunkt ist dabei das Erkennen aller Anreize, die uns geboten werden, und die Auswahl daraus. Beim Vergleich von Problemlösungen werden bei den einzelnen Entscheidungsvarianten oft nicht immer die Kriterien, z. B. die Kosten, gleichwertig behandelt (z. B. Nichtberücksichtigung von Opportunitätskosten). Dabei werden saliente Kosten (die ins Auge springen bzw. hervorgehoben sind) mehr Bedeutung erhalten, als weniger hervorgehobene oder „versteckte" Kosten.[46]

Aus dieser Erkenntnis ableitend können Entscheidungsarchitekturen verwendet werden, um die Aufmerksamkeit der Konsumenten und Patienten auf bestimmte Anreize zu lenken. Beispielhaft empfehlen sich diese Belohnungsanreize für das Fitnesstraining bzw. für Fitnessstudios.[47] Dabei können die einzelnen Geräte nicht nur den Kalorienverbrauch oder sonstige Quick-Wins ausweisen, sondern diese auch in Form einer besonderen Belohnung (z. B. in Form eines Bonusprogramms) präsentieren.

Dass der Kreativität bei der Gestaltung von wirtschaftlichen Impf- bzw. Präventionsanreizen keine Grenzen gesetzt sind, betitelte eine Tageszeitung während der Corona-Pandemie mit „Ein Millionen-Gewinn" als Impfanreiz und meint damit die Teilnahme an einer Impf-Lotterie „Vax-a-Million" im Bundesstaat Ohio in den USA, wobei mit 2,8 Mio. Teilnehmern die Initiative die kühnsten Erwartungen übertroffen hat.[48] Dabei stieg die Zahl der Impfungen – vor allem im ländlichen Raum – um rund ein Drittel. Zusätzlich bieten Supermarktketten ihren Angestellten einen Bonus von 200 Dollar. Der harte Kern der Impfskeptiker fühlte sich durch den Wirtschaftsanreiz jedoch bestätigt. Eine analoge Initiative wird in Europa auch für Polen ausgewiesen. Zur Motivation für eine Corona-Impfung wurden im Rahmen einer Lotterie mehr als 31 Millionen Euro ausgespielt, wobei als Hauptgewinne zweimal rund 223.000 Euro und Autos mit Hybridantrieb winkten.[49]

---

[44]Vgl. Thaler R.H., Sunstein C.R. (2019), S. 141.

[45]Im Sinne eines in einem Kontext hervorgehobenen Schlüsselreizes, der dem Bewusstsein leichter zugänglich ist.

[46]Vgl. Thaler R.H., Sunstein C.R. (2019), S. 141.

[47]Vgl. Thaler R.H., Sunstein C.R. (2019), S. 143 f.

[48]Vgl. (spang) (2021): „Eine Millionen-Gewinn als Impfanreiz" in den OÖ Nachrichten vom 28.05.2021, Wimmer Medien GmbH & Co KG, Linz, S. 4.

[49]Vgl. O.V. (2021a): „Gewinne für Geimpfte: Polen lockt mit Lotterie", in Die Presse vom 26.05.2021, „Die Presse" Verlags-Gesellschaft, Wien, S. 28.

► *Ableitung für den selbstbestimmten Patienten und Konsumenten von Gesundheitsleistungen: Diese Anreizform kann vor allem im Rahmen eher grundsätzlicher, aber
aktivierender Entscheidungssituationen im Bereich der Prävention und Gesundheitsförderung eine wertvolle Entscheidungshilfe darstellen, um – im Sinne des Rubikon-
Modells – den letzten „Kick" und damit die Motivation zur Handlung auszulösen.*

**Anreize lebensverändernder Umstände – neue Möglichkeiten mit dem „Grünen
Pass" oder von Bonusprogrammen**

Pandemien zeigen es deutlich: Globale Gesundheitskrisen schränken weltweit sowohl das
öffentliche Leben als auch individuelle Lebensformen sehr stark ein. Vielfach sind ganze
Bevölkerungsschichten nicht gewohnt, ihr persönliches Verhalten an Krisenbedingungen
anzupassen. Dies zeigt vor allem ein Vergleich der Corona- Krisenbewältigung von Europa
mit Israel oder Chile als Best-Practice-Beispiele. In diesem Zusammenhang geht es vor
allem darum, wie schnell und in welchem Umfang eine Bevölkerung in der Lage ist, vom
normalen Lebensmodus in den Krisenmodus zu wechseln. Darüber hinaus spielt ein
krisengerechtes Datenhandling als Backbone der Kommunikations- und Verhaltens-
steuerung eine wesentliche Rolle.

Die Wechselfähigkeit in den Krisenmodus spielt dabei nicht nur bei der Einschränkung des
öffentlichen und individuellen Lebens als Lockdown[50] eine bedeutende Rolle, sondern ermöglicht auch beim „Lockup", d. h. dem Hochfahren (Aufsperren) des öffentlichen und individuellen Lebens gemäß einem innovativen Anreizsystem neue Möglichkeiten, im Sinne von
„neuen Freiheiten". So können bestimmten Personengruppen, die durch eine Impfung auch
kollektive Verantwortung übernommen haben (z. B. im Rahmen eines „Grünen Passes"),
mehr Freiheiten zugestanden werden,[51] als Personengruppen, von denen noch eine gewisse
Gefährdung – im Sinne einer leichteren Krankheitsübertragung – ausgeht. Entsprechende
„lebensverändernde" Anreize werden schon durch Kontrollbestätigungen für den Friseur realisiert und ermöglichen mit einem Grünen Pass – wie z. B. in Israel – wieder die Teilnahme
am genussvollen öffentlichen Leben oder die Konsumation einer Urlaubsreise (Stichwort
Reisefreiheit).[52] Bestimmte Bonusprogramme können dabei nur geimpften bzw. immunisier-
ten Zielgruppen zugänglich gemacht werden und damit einen selbstbestimmten Anreiz bieten.
Bemerkenswert ist, dass diese Anreize für den Gesundheitssektor systemkonform (Leistungen des Systems unterstützen) sind und in der Krisensituation dennoch positive lebensverändernde Umstände darstellen (Rückkehr zum alten Leben). Wie die Pandemie-
Ergebnisse in Israel[53] und in den fernöstlichen Destinationen (z. B. Singapur)[54] zeigen, kann

---

[50] Im Sinne einer verordneten Ausgangssperre.

[51] Vgl. (APA/red.) (2021): „Tourismus: Kriterien für den Grünen Pass", in Die Presse vom 13.04.2021,
„Die Presse" Verlags-Gesellschaft, Wien, S. 5.

[52] Vgl. (APA/red.) (2021), S. 5.

[53] Vgl. (Reuters) (2021), S. 3.

[54] Vgl. Bém M. (2021), S. 12 f.

durch systemorientierte Anreize und Sensibilisierungen vor allem die Krisen-Compliance (kollektive Compliance) ganzer Bevölkerungsschichten über einen längeren Zeitraum verbessert werden.

Eine dauerhafte Sensibilisierung für Krisensituationen und eine Routinisierung für die einzelnen Maßnahmen der Krisenbewältigung (z. B. Übung des Absperrens von Bezirken) könnte in Zukunft eine entsprechende Krisen-Compliance entwickeln bzw. aufrechterhalten.

▶   *Ableitung für den selbstbestimmten Patienten und Konsumenten von Gesundheitsleistungen: Diese Anreizform kann vor allem im Rahmen eher kollektiver Entscheidungssituationen im Bereich der Prävention und Gesundheitsförderung – bedingt durch individuelle Belohnung – eine wertvolle Entscheidungshilfe darstellen. Wirtschaftliche Anreize, beispielhaft im Sinne eines Bonusprogrammes (ohne dafür aber bezahlt zu werden), haben auch einen gewissen spielerischen Charakter (Gamification) und verstärken auf eine positive Art den Anreiz von Gesundheitsleistungen.*

Zusammenfassende Beurteilung von Anreizen und Nudges für den selbstbestimmten Patienten und Konsumenten von Gesundheitsleistungen
Hinsichtlich grundsätzlicher Entscheidungsfindung empfehlen sich Anreize bzw. Nudges primär bei automatischen, schnellen und unbewussten Entscheidungen, wobei diese meist auch ein relativ einfaches und attraktives Mittel zur Verhaltensbeeinflussung darstellen. Bei komplexen Entscheidungen wirken vor allem komplexitätsreduzierende Anreize bzw. Nudges unterstützend und stärken damit auch die Selbstbestimmtheit sowie Entscheidungsfähigkeit von Patienten und Konsumenten. Die Herausforderung in der Kommunikation von Anreizen und Nudges besteht hauptsächlich darin, eine richtige Balance zwischen Selbstbestimmung und Stigmatisierung zu finden.

9.3.3   Benchmarking zur Unterstützung des Entscheidungsverhaltens durch Anbieter

Die Qualität der Angebotsleistungen sowie deren Transparenz werden immer mehr zum wesentlichen Auswahlkriterium für die Konsumenten von Gesundheitsleistungen und selbstbestimmten Patienten. Umgekehrt bieten Benchmarkingsysteme in diesem Zusammenhang einen permanenten Anreiz zur Leistungsverbesserung seitens der Anbieter. Damit dient eine vergleichende Leistungsdarstellung – wie z. B. im Sinne des Benchmarkings – den nachfragenden Patienten und Konsumenten von Gesundheitsleistungen nicht nur zur Information über das Marktangebot, sondern auch zu einer objektivierten Entscheidungsunterstützung.

Das Internet und die Handykommunikation haben es möglich gemacht: Wie bereits in der vorangegangenen Analyse dargestellt, bewirken die neuen Kommunikationsformen eine neue Transparenz und damit auch einen Wettbewerb der Gesundheitsdienstleister sowie ein neues Konsumentenverhalten in Gesundheitsbereich.

Das Instrument des Benchmarkings im Rahmen der Konkurrenzanalyse kann zu einer wesentlichen Markttransparenz bzw. Angebotsübersicht und damit auch zur wesentlichen Entscheidungsinformation von Patienten als Konsumenten beitragen. Ein „Benchmark" bietet dabei einen Referenzmaßstab zur Beurteilung der Leistungsfähigkeit des Gesundheitsdienstleisters hinsichtlich marktrelevanter Kriterien. Das Benchmarking ist dabei ein systematischer und stufenweiser Informationsgewinnungsprozess, dessen Ziel die Realisierung von Leistungsverbesserungen ist.[55] Benchmarking bedeutet angebotsseitig auch das Lernen von vorbildlichen Einzelfällen bzw. auch die systematische Analyse von „Gewinnern".[56]

In diesem Zusammenhang dienen publizierte Leistungs- und Kennzahlenvergleiche von Krankenhäusern und Gesundheitsdienstleistern einerseits als Anreiz einer Leistungsoptimierung durch die Anbieter[57] und andererseits zur objektivierten und vergleichenden Information der Nachfrager. Beispielhaft seien hier die Online-Plattformen „Weisse-Liste.de", „jameda.de", „Kliniksuche.at" oder „docfinder.at" – teilweise noch mit eingeschränkten Funktionalitäten (z. B. keine Risikoadjustierung) – angeführt, wobei die Response-Funktionen (Bewertungen durch die Patienten bzw. Konsumenten) sehr unterschiedlich eingesetzt werden.

Ableitend lässt sich daher feststellen, dass Benchmarking als qualitative Darstellung von Leistungsergebnissen und Kundenbewertungen aktuell für die Information und Entscheidungsunterstützung von selbstbestimmten Patienten und Konsumenten von Gesundheitsleistungen stark an Bedeutung gewonnen hat.

Als gelernte Konsumenten sind wir gewohnt, vor einer Kauf- oder Nutzungsentscheidung auch das Internet hinsichtlich eines Vergleiches von Angeboten und Dienstleistungen zu befragen. Diese Verhaltensansätze finden dementsprechend auch zunehmend im Gesundheitsbereich eine Anwendung und sind durch die Leistungsanbieter zu berücksichtigen.

Gemäß einer Evaluierung von Krankenhaus-Qualitätsdatenpublikationen lassen sich die wichtigsten Kriterien von Benchmarking-Plattformen zur Patienten- und Konsumenteninformation (Anforderungsprofil[58]) aus der Sicht der Zielgruppen (z. B. Bevölkerung) wie folgt identifizieren und marktseitig gegenüberstellen:

---

[55] Vgl. Meffert H., Burmann C., Kirchgeorg M. (2008), S. 421 f.

[56] Vgl. Ahlert D., Kenning P., Brock C. (2018): Handelsmarketing, Grundlagen der marktorientierten Führung von Handelsbetrieben, Berlin, Springer Gabler Verlag, S. 99.

[57] Vgl. Heinrich S., Schmitt K.J., Wetekam V.G. (2001): Effizienz- und Qualitätssteigerung im Krankenhaus durch Prozessmanagement, in Kreyher V.J. (Hrsg.) (2001): Handbuch Gesundheits- und Medizinmarketing, Chancen, Strategien und Erfolgsfaktoren, Heidelberg, R. v. Decker Verlag, S. 516.

[58] Entnommen aus Hubatka K., Petz G., Halmerbauer G. (2016): Projektbericht „Kliniksuche.at", Fachhochschule OÖ, Steyr-Linz, S. 57.

Design-Anforderungsprofil der Nachfrage (Patienten, Konsumenten) an eine Benchmarking-Online-Plattform im Gesundheitssektor (in Richtung Nutzung; Basis: N = 339, repräsentativ Bevölkerung):

* Wunsch nach amtlich-neutralen Leistungsvergleich mit 67 %.[59]
* Nutzungsmöglichkeit der Internetpräsentation für die Krankenhausentscheidung, springt von 27 % der über 60-jährigen auf 48 % bei den 15- bis 60-jährigen (was auf eine verstärkte zukünftige Nutzung schließen lässt).[60]
* Interesse an Leistungsinformationen (Qualitätsempfinden) mit 78 %.[61]

Design-Anforderungsprofil der Anbieter an eine Benchmarking-Online-Plattform (in Richtung Akzeptanz)[62] im Gesundheitssektor (Basis: qualitative Befragung von Ärzten und KH-Leitungen):

* neutrale Informations- und Serviceplattform
* objektivierte, vergleichbare und standardisierte Darstellung (i.S. von fair, wenn risiko-adjustiert)
* Supportleistung für die Anbieter mit Unterstützungsfunktionen (Serviceverbesserung)
* verbesserte Patientensteuerung
* differenzierte Interpretationshilfen, je nach Zielgruppen

Die wichtigsten Gestaltungsgrundsätze von Benchmarking-Online-Plattformen im Gesundheitssektor seitens der Nachfrage[63] (%-Nennung mit sehr wichtig/wichtig; Basis: N= 339, repräsentativ Bevölkerung):

* „Muss klar und übersichtlich sein" (mit 98 %)
* „Muss mir einen schnellen Überblick über mein Gesundheitsproblem gewährleisten" (mit 95 %)
* „Muss die wesentlichsten Daten über den Behandlungserfolg im Krankenhaus bieten" (mit 90 %)
* „Muss mich davor warnen, wenn die Leistungen nicht dem Standard entsprechen" (mit 82 %)

Zusammenfassend lässt sich daher feststellen, dass Benchmarks und diesbezügliche Online-Plattformen geeignete Instrumente darstellen, um den selbstbestimmten Patienten und

---

[59] Entnommen aus: Hubatka K., Petz G., Halmerbauer G. (2016), S. 35.
[60] Entnommen aus: Hubatka K., Petz G., Halmerbauer G. (2016), S. 61.
[61] Entnommen aus: Hubatka K., Petz G., Halmerbauer G. (2016), S. 37.
[62] Entnommen aus: Hubatka K., Petz G. (2017): Projektbericht „Weiterentwicklung Kliniksuche.at", Fachhochschule OÖ, Steyr-Linz, S. 59 f.
[63] Entnommen aus: Hubatka K., Petz G., Halmerbauer G. (2016), S. 41.

Konsumenten von Gesundheitsleistungen marktgerechte Informationen für die Leistungswahl bzw. die entsprechende Entscheidung über den Gesundheitsdienstleistungsanbieter zur Verfügung zu stellen.

Generell lässt sich aus der Gegenüberstellung ableiten, dass anbieterseitig Benchmarking-Plattformen zukünftig noch viel intensiver genutzt werden, um die jeweilige Marktposition darzustellen, einen Leistungswettbewerb anzunehmen sowie für entsprechende Markttransparenz zu sorgen.

Zusammenfassende Beurteilung von Benchmarking für den selbstbestimmten Patienten und Konsumenten von Gesundheitsleistungen

Online-Benchmarking-Plattformen von Gesundheitsdienstleistern gewinnen zunehmend an Bedeutung im Rahmen der Information von Zielgruppen und tragen so mit einem qualitätsorientierten Leistungsvergleich zu einer weiteren Transparenz des Gesundheitsmarktes bei. Hauptbedingungen für eine Nutzung sind eine objektiv-neutrale Leistungsdarstellung sowie ein schneller Überblick über die Leistungsqualität der jeweiligen Anbieter, wodurch verstärkt Verhaltensmuster allgemeiner Konsumbereiche auch im Gesundheitssektor identifiziert werden können.

9.3.4   Empfehlungsmarketing („Word-of-Mouth") als Relaunch patientengerechter Kommunikation – Kundengewinnung

Wie bereits in der vorangegangenen Analyse aufgezeigt, verlangen Patienten – und selbstbestimmte Patienten sowie Konsumenten von Gesundheitsleistungen noch viel mehr – zunehmend an den Entscheidungen über den Gesundheitsdienstleister und den medizinischen Behandlungen teilhaben zu können, obwohl die entsprechende Qualitätseinschätzung immer noch sehr schwierig ist. Dementsprechend sind Patienten oft auf die Zugänglichkeit verständlicher Informationen über Gesundheitsdienstleister, über alternative Behandlungsmöglichkeiten sowie den damit verbundenen Risiken und Kosten angewiesen.[64] In diesem Rahmen scheint das Empfehlungsmarketing allgemein und die „Word-of-Mouth"-Konzeption im Speziellen diesen Anforderungen weitestgehend gerecht zu werden.

9.3.4.1 Empfehlungsmarketing bzw. die Word-of-Mouth-Konzeption als wichtiges Informations- und Kommunikationsinstrument im Gesundheitsmarkt

Nach dem Motto „Sag es weiter" wird zukünftig der Direktkommunikation im Sinne von Empfehlungsmarketing in der Kommunikation mit dem selbstbestimmten Patienten bzw.

---

[64]Vgl. Martin S. (2017): Toward a Model of Word-of-Mouth in the Health Care Sector, JOURNAL OF NONPROFIT & PUBLIC SECTOR MARKETING, VOL. 29, NO. 4, Taylor & Francis Online, S. 434; unter URL https://doi.org/10.1080/10495142.2017.1326344.

Konsumenten von Gesundheitsleistungen besonderes Augenmerk seitens der Gesundheitsdienstleister zu schenken sein. Unter Empfehlungsmarketing (engl. Bezeichnung „Word-of-Mouth" bzw. WOM) wird in diesem Zusammenhang hauptsächlich ein Instrument der Neukundengewinnung verstanden, das vor allem durch Mund-zu-Mund-Propaganda und Referenzen zufriedengestellter Kunden erfolgt.[65] Übertragen auf den Gesundheitsmarkt findet Empfehlungsmarketing dann statt, wenn ein Patient bzw. Konsument besonders mit einem Gesundheitsangebot zufrieden war und darüber seinen Freunden, Verwandten und Kollegen etc. berichtet.

Über die hauptsächliche Funktion der Neukundengewinnung hinaus kann Empfehlungsmarketing bzw. WOM aber auch als Instrument der Verhaltensbeeinflussung von bestehenden oder potenziellen Kunden, im engeren Sinne von Konsumenten und Patienten, gesehen werden. Dies hat sich in der medizinischen Praxis vor allem dann als wirksames Instrument erwiesen, wenn es um vertrauensbedingende Leistungen (z. B. schwierige Operationen) oder um Lebensstiländerungen (z. B. Umstellung einer genussorientierten Ernährung in Richtung einer gesundheitsbewussten Ernährung) handelt, wobei vor allem auch die Dauer des empfehlenden Einflusses maßgeblich ist.

Generell ist als Bedingung für die „Kundenzufriedenheit" zumindest die Erfüllung der Erwartungen von Patienten und Konsumenten erforderlich, im Idealfall werden diese übertroffen[66] (siehe Kano-Modell der Kundenzufriedenheit mit den Begeisterungsfaktoren[67]). Damit versucht der Gesundheitsdienstleister, ein positives Image und gleichzeitig auch langfristige Patienten- und Kundenbeziehungen aufzubauen.

Die Patientenkommunikation – meist aufbauend auf Empfehlungen im Bekannten- und Verwandtenkreis – hatte schon früher (im vordigitalen Zeitalter) eine große Bedeutung für die Gesundheitsdienstleister (z. B. Schwerpunkt der ehemaligen hausärztlichen Ordinationspolitik) und erlebt damit in neuer Form eine Art „Relaunch" (i.S. einer Wiedereinführung bzw. einer Neugestaltung eines alten, aber bewährten Angebotes).

Mit dem modernen Ansatz der „Word-of-Mouth"-Konzeption bzw. des Empfehlungsmarketings erhalten Gesundheitsdienstleistungsanbieter zusätzliche Möglichkeiten der Direktkommunikation mit den selbstbestimmten Patienten und Konsumenten von Gesundheitsdienstleistungen. Dabei sind jedoch nicht nur die Form der Kommunikation für die Zielgruppe von Bedeutung, sondern vor allem auch die vertrauensbildenden Inhalte,[68] die durch Empfehlung im Freundes- und Bekanntenkreis einen besonderen „Spin"

---

[65] Vgl. Wirtschaftslexikon (2021): Empfehlungsmarketing, unter URL https://www.onpulson.de/lexikon/empfehlungsmarketing/ am 17.05.2021.

[66] Vgl. Wirtschaftslexikon (2021), https://www.onpulson.de/lexikon/empfehlungsmarketing/ am 17.05.2021.

[67] Vgl. Töpfer A. (2006a): Konzeption und Messung der Zufriedenheit von Adressaten der Klinikleistung, in Albrecht M.D., Töpfer A. (Hrsg.) (2006): Erfolgreiches Changemanagement im Krankenhaus, 15-Punkte Sofortprogramm für Kliniken, Heidelberg, Springer Medizin Verlag, S. 187 f.

[68] Im Sinne von „sich darauf freiwillig zu verlassen, dass in risikobehafteten Situationen ein bestimmtes Angebot den Erwartungen gerecht wird", vgl. Meffert H., Burmann C., Kirchgeorg M. (2008), S. 129.

(„Dreh") bzw. eine besondere Glaubwürdigkeit erhalten und daher einen Schwerpunkt der wirkungsorientierten Kommunikation darstellen können.

Damit einher geht vor allem auch die Schwerpunktverlagerung in der Gesundheitskommunikation, weg von der Zielgruppe der Experten hin zu der Zielgruppe der Endkunden. Konkret bedeutet dies, dass in Zukunft der Weiterempfehlung von Patienten als Endkunden seitens der Gesundheitsdienstleistungsanbieter besonderes Augenmerk zu schenken ist. Durch entsprechende Empfehlungs- und Online-Foren kann dieser Austausch auch mittels Internet unterstützt bzw. gefördert werden.

Vor allem die besondere Glaubwürdigkeit der direkten Informationen und Empfehlungen sowie das hohe Vertrauensniveau des kommunikativen Senders bilden den Vorteil dieses Instruments, mit dem in der aktuell kommunikationsintensiven Zeit noch bis in das Bewusstsein der selbstbestimmten Patienten und Konsumenten von Gesundheitsleistungen vorgedrungen werden kann.

Auch hier stellt die Corona-Pandemie wieder einen Entwicklungsmaßstab dar: Aufgrund der Kontakthäufigkeiten bzw. der permanenten Konfrontation dringen mediale Informationen nicht mehr zum Bewusstsein der Patienten bzw. Konsumenten vor. Solange eine Impfempfehlung nur in den Medien steht, wird diese – auch bedingt durch eine Reizüberflutung – nicht oder kaum wahrgenommen und umgesetzt (die entsprechenden – freiwilligen – Impfraten mit rund 8 % bestätigen diese Analyse). Wenn aber der Bekannten- und Freundeskreis bzw. eine Referenzgruppe eine entsprechende Empfehlung ausspricht, wird reagiert und diese verstärkt als Entscheidungs- und Handlungsbasis herangezogen. Dabei spielt auch eine gewisse soziale Wünschbarkeit des persönlichen Umfelds eine handlungsbeeinflussende Rolle.

Darüber hinaus stellen Gesundheitsinformationen und medizinische Begriffe oft erklärungsintensive Sachverhalte dar, die bei einer medialen Kommunikation nicht vermittelt werden können („Hat es weh getan?", „Wie ist es Dir nachher ergangen?"). In diesem Zusammenhang können vor allem zugrundeliegende Ängste und Blockaden (z. B. gegenüber einer bestimmten Impfung oder Behandlung) auf der Seite der Zielgruppe durch den Direktkontakt und durch das Empfehlungsmarketing gelöst werden. Daraus ableitend wird dem Empfehlungsmarketing bzw. der Weiterempfehlung vor allem im Bereich der Prävention sowie der Gesundheitsförderung – im Sinne einer Überzeugungsarbeit – zukünftig eine besondere Bedeutung zukommen.

Die in der vorangegangenen Analyse dargestellte empirischen Evaluierung stützt diesen Ansatz

- einerseits durch den Informations- und Entscheidungseinfluss der Bekannten und Verwandten sowie
- andererseits durch die verstärkte Selbstentscheidung des neuen Patienten und Konsumenten von Gesundheitsdienstleistungen bei der Auswahl der Gesundheitsdienstleister und der Gesundheitsleistung selbst.

Damit kommt auch besonders die Multiplikatorfunktion (z. B. Einschätzungsabgabe gegenüber der Umwelt) und die Zu- und Einweiserbeeinflussung (z. B. Rückmeldung an zu- und einweisenden Arzt) durch den selbstbestimmten Patienten und Konsumenten von Gesundheitsleistungen zum Ausdruck.[69]

Daraus ableitend erlebt ein „vormediales" Marketinginstrument in neuer Form verbunden mit neuen Techniken einen Kommunikations-Relaunch. D. h., Krankenhäuser und Arztpraxen haben sich zukünftig verstärkt auch bestimmter Referenzgruppen bzw. „Influencer" zu bedienen, die einen besonderen Teil der Empfehlungsmarketingaktivitäten mittragen.

Moderne Instrumente in diesem Bereich stellen vor allem (zur Unterstützung der Aktivitäten) Patientenplattformen (z. B. von Selbsthilfegruppen) sowie die Social-Media-Kanäle und Influencer-Modelle dar, wodurch sich der instrumentelle Kreis im Rahmen des Empfehlungsmarketings schließt. Damit werden Patientenforen, Selbsthilfe- und Angehörigengruppen in Zukunft eine besondere Bedeutung für eine wirkungsorientierte Kommunikation und ein patientengerechtes Gesundheitsmarketing erhalten.

Grundsätzlich soll in diesem Zusammenhang aber auch auf bestimmte Gefahren des Empfehlungsmarketings im Gesundheitssektor hingewiesen werden, wobei gerade die Corona-Pandemie bestimmten Empfehlungen in Richtung Leugnung von Gefahren als kritisches Verhalten mit Breitenwirkung ausgewiesen hat. In diesem Rahmen haben die Zirkulation von Falschinformationen und negativer Ratschläge (Problematik falscher Gesundheitsratschläge) Compliance-erzeugende Gesundheitskampagnen maßgeblich erschwert. Meist ist dabei auch zu berücksichtigen, dass Gesundheitsleistungen oft sehr heterogene Problem- und damit auch Entscheidungslagen bedingen und damit Empfehlungsquellen qualitative Unterschiede aufweisen. Generell wird man diesen Entwicklungen nur durch wissenschaftlich fundierte Informationen, durch eine umfassende Darstellung von Vor- und Nachteilen sowie vor allem auch durch einen offenen Diskurs (siehe diskursiver Charakter der Medizin) begegnen können.

9.3.4.2 Das Modell der Word-of-Mouth-Konzeption im Gesundheitssektor als theoretischer Ausgangspunkt patientengerechter Information und Kommunikation

Die modellgetriebene Analyse der „Word-of-Mouth"-Konzeption des Empfehlungsmarketings in Richtung patienten- und konsumentengerechter Information und Kommunikation weist eindeutig neue und integrative Aspekte – im Sinne von Anforderungen sowie Vor- und Nachteilen – aus.

Martin S. definiert in seiner Analyse des Empfehlungsmarketings die „Word-of-Mouth (WOM)"-Konzeption als eine wichtige Informationsquelle im Gesundheitsmarkt. In diesem Rahmen wird WOM „als eine mündliche, von einer sendenden zu einer empfangenden Person gehende, nicht-kommerzielle Produkt- oder Leistungsinformation gesehen".[70]

---

[69]Vgl. Ziesche A. (2008), S. 18 ff.

[70]Vgl. Martin S. (2017), S. 434; https://doi.org/10.1080/10495142.2017.1326344.

WOM bietet dabei sehr oft authentische Informationen hinsichtlich einer bestimmten Behandlung durch erfahrene Patienten. Manchmal sind diese Patienten die einzige Informationsquelle betreffend negativer Informationen eines bestimmten Gesundheitsdienstleistungsanbieters oder einer Behandlung, wodurch es nicht nur zur Empfehlung einer Leistung oder eines Anbieters, sondern auch zu einer offenen Diskussion darüber kommen kann. Damit beeinflusst WOM nicht nur die Einstellungen von Patienten und Konsumenten sehr stark, sondern auch deren Verhalten gegenüber einem bestimmten Gesundheitsdienstleister oder einer Behandlung.[71]

Einen wesentlichen theoretischen Ausgangspunkt für die Analyse des Empfehlungsmarketings bzw. der WOM-Konzeption als Informationsinstrument für den selbstbestimmten Patienten bzw. Konsumenten von Gesundheitsleistungen stellt die Theorie der kognitiven Dissonanz „(Theory of Cognitive Dissonance", Festinger), weiterhin die Theorie der Stärke von schwachen Bindungen („Theory of the Strength of Weak Ties", Granovetter) sowie die Theorie des wahrgenommenen Risikos („Theory of Perceived Risk", Bauer) dar.[72]

Die kognitive Dissonanz identifiziert psychologische Aspekte von Personen, die auch den Entwicklungsansatz von WOM definieren, wie z. B. Kenntnisse über sich selbst, seine Umgebung, seine Einstellungen und Meinungen sowie sein vergangenes Verhalten.[73] Widersprechen sich einzelne Aspekte, entsteht eine Dissonanz bzw. eine Dysbalance, erlebt als Spannungszustand. Vor allem in Dissonanz-Fällen nach wesentlichen Entscheidungen eignet sich Empfehlungsmarketing bzw. WOM besonders zur Auflösung dieser Zustände, positive persönliche Empfehlungen können darüber hinaus zu einer Vermeidung von kognitiven Dissonanzen beitragen.

Die Theorie der Stärke von schwachen Bindungen betont die Stärke von Bindungen in zwischenmenschlichen Netzwerken im Rahmen der Information und Kommunikation des Empfehlungsmarketings. Schwache Bindungen scheinen dabei entscheidend für den Empfehlungsfluss zwischen den einzelnen Netzwerken bzw. Clustern zu sein. Die Verbreitung von WOM durch starke Bindungen beeinflusst stattdessen eher das Verhalten von Personen, wie z. B. die Inanspruchnahme einer bestimmten Gesundheitsleistung.[74]

Als dritter Erklärungsansatz für die Wirkungsweise von Empfehlungsmarketing bzw. WOM im Gesundheitssektor dient die Theorie des wahrgenommenen Risikos und fügt wichtige Aspekte hinzu, die vom WOM gesuchten Informationen und ihre Auswirkungen zu verstehen. Die meisten Entscheidungen dabei werden mit dem gleichen Maß an Unsicherheit getätigt. Individuen erleben diese Unsicherheit meist in Form eines wahrgenommenen Risikos, das selbst wieder einen entscheidenden Faktor des Konsumentenverhaltens darstellt. Im Sinne der Entscheidungsauswirkungen steht die Risikoreduktion

---

[71] Vgl. Martin S. (2017), S. 435; https://doi.org/10.1080/10495142.2017.1326344.

[72] Vgl. Martin S. (2017), S. 435 f; https://doi.org/10.1080/10495142.2017.1326344.

[73] Vgl. Martin S. (2017), S. 436; https://doi.org/10.1080/10495142.2017.1326344.

[74] Vgl. Martin S. (2017), S. 436 f; https://doi.org/10.1080/10495142.2017.1326344.

und persönliche Absicherung im Vordergrund. In diesem Rahmen bietet die WOM-Kommunikation eine generelle Strategie zur Reduktion des wahrgenommenen Risikos.[75]

Unter Bezugnahme auf die Erstellung eines Modells für das Empfehlungsmarketing bzw. die WOM-Kommunikation im Gesundheitssektor lassen sich nach Martin S. drei Phasen unterscheiden[76]:

- Kreation bzw. Konzeption einer WOM-Information bzw. -Kommunikation
- Verbreitung der WOM-Kommunikation bzw. Streuung der WOM-Information
- Wirkung dieser WOM-Information bzw. -Kommunikation

Die WOM-Konzeption wird meist durch medizinische Faktoren, durch Anbieter-, Absender- und Aufnahmemerkmale sowie durch die jeweils geltenden Rahmenbedingungen beeinflusst. Die Motive für die Verbreitung der WOM-Kommunikation können dabei altruistisch (anderen helfen) oder egoistisch (Ablassen von negativen Gefühlen) sein. In diesem Rahmen kann die WOM-Kommunikation zur Vermeidung oder zum Abbau von kognitiven Dissonanzen beitragen. Die Überzeugung anderer mag auch zu einer Festigung der eigenen Entscheidung beitragen. Die verbreiteten Informationsinhalte handeln dabei entweder über Gesundheitsverhalten oder über Gesundheitsleistungen. Hinsichtlich Wirkung wird die WOM-Kommunikation durch die Stärke der Bindung beeinflusst. Der Vertrauensgrad von Informationen bei starken Bindungen ist häufig höher und beeinflusst Empfehlungen hinsichtlich Inanspruchnahme bestimmter Gesundheitsdienste. Studien betreffend der persönlichen Netzwerkstruktur weisen als wichtige WOM-Dimensionen die Beziehung und deren Stärke aus.[77]

Darüber hinaus kann Empfehlungsmarketing zur Reduktion von Unsicherheit beitragen, indem WOM das Wissen, den emotionalen Zustand und auch das Verhalten des Informationsempfängers beeinflusst. Grundsätzlich ist beim Einsatz des Empfehlungsmarketings zu bedenken, dass die Bereitschaft von Personen, über WOM nach gesundheitsbezogenen Informationen zu suchen, von einem Set an Merkmalen abhängig ist, wie z. B. dem Gesundheitszustand, dem Alter, der Bildung oder ein ethischer Hintergrund.

Bezug nehmend auf die vorangegangenen Analysen stellt das Word-of-Mouth-Modell gemäß Abb. 9.1 für den Gesundheitssektor einen umfassenden und integrierten Erklärungsansatz dar, der gleichzeitig als marktgerechter Konzeptionsrahmen für entsprechende Aktionen und Maßnahmen im Bereich des Empfehlungsmarketings herangezogen werden kann.

Ableitung: Die Bedeutung dieses Modellansatzes wird durch die Entwicklung des selbstbestimmten Patienten und Konsumenten von Gesundheitsleistungen als WOM-Empfänger noch gestärkt und rückt damit in den Fokus der Gesundheitskommunikation (i.S. der WOM-Kommunikation).

---

[75]Vgl. Martin S. (2017), S. 437; https://doi.org/10.1080/10495142.2017.1326344.

[76]Vgl. Martin S. (2017), S. 443; https://doi.org/10.1080/10495142.2017.1326344.

[77]Vgl. Martin S. (2017), S. 444; https://doi.org/10.1080/10495142.2017.1326344.

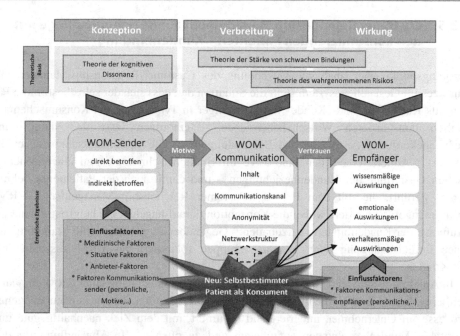

Abb. 9.1 Word-of-Mouth-Modell für den Gesundheitssektor und der Bezug zum selbstbestimmten Patienten als Konsumenten (nach Martin) (Entnommen aus Martin S. (2017), S. 445; https://doi.or g/10.1080/10495142.2017.1326344)

Zusammenfassende Beurteilung von Empfehlungsmarketing bzw. WOM für den selbstbestimmten Patienten und Konsumenten von Gesundheitsleistungen

Analog zu den bisherigen Analysen setzt die WOM-Konzeption im Rahmen des Empfehlungsmarketings auf einem ursprünglichen Konsumentenverhalten auf und entspricht damit auf eine besondere Art und Weise den Bedingungen des selbstbestimmten Patienten und Konsumenten von Gesundheitsleistungen. Im Fokus dieser Konzeption steht die persönliche Kommunikation bzw. Empfehlung sowie die Information über Gesundheitsdienstleister und deren Leistungen. Gemäß Modellansatz spielt in diesem Rahmen die Motivation des Kommunikationssenders und das Vertrauen des Empfängers in die Information eine große Rolle. Vor allem bei kognitiven Dissonanzen, unbekannten bzw. schwer einschätzbaren Risiken und bei informativen Netzwerken empfiehlt sich der Einsatz von Empfehlungsmarketing bzw. einer WOM-Konzeption.

9.3.5 Customer Relationship Management zur Beziehungspflege mit den konsumierenden Patienten – Kundenbindung

Ausgangspunkt einer analogen Anwendung des Customer-Relationship-Management-Ansatzes im Gesundheitssystem stellt die Situation dar, dass sich der selbstbestimmte Patient als Konsument und „Kunde" immer weniger in Typologien und Konsumschema – ähnlich den anderen Wirtschaftsbereichen – einordnen lässt und damit eine nachfragekonforme Ansprache und Behandlung durch die Gesundheitsdienstleister erschwert.[78] Andererseits haben innovative Informationstechnologien zu einer systematischen Gestaltung der Kundenbeziehungen – und damit auch der Patientenbeziehungen – geführt, die mit dem Begriff „Customer Relationship Management" (CRM) zusammengefasst werden, wobei die Konzeption darauf angelegt ist, langfristig neue Instrumente der Kundenbindung aufzubauen.[79] Gegenüber dem Relationship Marketing mit einer Berücksichtigung aller Anspruchsgruppen fokussiert das CRM ausschließlich auf Kunden.

In Anlehnung an Ahlert D. et al. kann in diesem Zusammenhang unter CRM ein ganzheitlicher Ansatz der Unternehmensführung verstanden werden, der alle kundenbezogenen Prozesse im Unternehmen integriert und optimiert, mit dem Ziel, nachhaltig gute und profitable Kundenbeziehungen aufzubauen und zu pflegen.[80] In Abwandlung für den Gesundheitsmarkt kann das Wort „profitabel" auch durch die Wörter „nutzenstiftend" oder „wirksam" ergänzt bzw. auch teilweise ersetzt werden.

Grundsätzlich steht beim CRM die Intensivierung der Beziehung zum Kunden[81] – im Gesundheitsmarkt zum selbstbestimmten Patienten und Konsumenten von Gesundheitsleistungen – im Mittelpunkt. In diesem Rahmen kommt es zu einer Optimierung der Kundenidentifizierung, der Kundenbestandssicherung und damit auch des Kundenwertes, wobei Interaktionen aller Customer Touch Points (i.S. von Kundenkontaktpunkten IT-gestützt – meist in Datenbanken – zusammengefasst werden.[82]

Die dem Individualmarketing zuordenbare Strategie des CRM fußt auf einer möglichst genauen Kenntnis der Kunden- bzw. Konsumenten- und Patientenbedürfnisse mittels des Einsatzes moderner Kommunikationsmittel zur Identifikation von Synergieeffekten[83] (z. B. Verknüpfung der Einzelinformationen von Touch Points).

---

[78] Vgl. Harms F., Gänshirt D., Graf A. (2005): Customer-Relationship-Management (CRM), Zukunftsperspektiven für innovative Pharmamarketingkonzepte, in Harms F., Gänshirt D. (Hrsg.) (2005): Gesundheitsmarketing, Patientenempowerment als Kernkompetenz, Stuttgart, Lucius & Lucius Verlagsgesellschaft, S. 60 f.

[79] Vgl. Rüger C. (2012): Pharmamarketing, in Hoffmann S., Schwarz U., Mai R. (Hrsg.) (2012): Angewandtes Gesundheitsmarketing, Wiesbaden, Springer Gabler Verlag, S. 361.

[80] Vgl. Ahlert D., Kenning P., Brock C. (2018), S. 337.

[81] Vgl. Ahlert D., Kenning P., Brock C. (2018), S. 337

[82] Vgl. Harms F., Gänshirt D., Graf A. (2005), S. 60 f.

[83] Vgl. Harms F., Gänshirt D., Graf A. (2005), S. 60.

Im Fokus steht dabei auch eine messbare Kundenzufriedenheit und ein optimierter Kundenwert. Damit soll vor allem das Ziel einer langfristigen, vertrauensvollen und für beide Seiten vorteilhaften Geschäftsbeziehung realisiert werden,[84] was in diesem Zusammenhang auch als Anforderungsprofil eines selbstbestimmten Patienten und Konsumenten angesehen werden kann, wobei die Vertrauensbildung im Mittelpunkt der Beziehungspflege steht. Im tradierten[85] Gesundheitssystem ging die Ärzteschaft als Anbieter von Gesundheitsdienstleistungen automatisch von einem großen Vertrauensverhältnis und damit von einer besonderen Beziehung zu ihren Patienten aus.

Wie bereits in der empirischen Analyse dargestellt, wird dieses besondere Vertrauensverhältnis seitens der selbstbestimmten Patienten und Konsumenten von Gesundheitsleistungen nicht mehr vorausgehend und bedingungslos gewährt bzw. den Gesundheitsdienstleistungsanbietern entgegengebracht, sondern ist von diesen erst zu erwerben. Damit ist einerseits eine Gleichstellung zu allen anderen Anbietern von Leistungen gegeben und andererseits die Patienten- bzw. Konsumentenbeziehung besonders zu pflegen. Dies gilt vor allem in Zeiten des verstärkten Wettbewerbs der Anbieter und der zunehmenden Markttransparenz für die nachfragenden Patienten und Konsumenten. In diesem Zusammenhang gewinnt das Instrument des Customer Relationship Managements zur aktiven Steuerung der Kundenbeziehungen auch im Gesundheitsmarkt an besonderer Bedeutung.

Daraus abgeleitet wird unter CRM im Gesundheitsmarkt vor allem die systemgestützte Verwaltung und Analyse von Patienten- bzw. Konsumentenkontakten und -daten verstanden, um über eine entsprechende Steuerungsmöglichkeit bei der Umsetzung spezifischer Maßnahmen und Aktionen zu verfügen.[86]

Konkret ist CRM im Rahmen des Gesundheitsmarktes darauf angelegt, längerfristig innovative Instrumente der Patienten- und Konsumentenbindung – mit dem Erfassen von Patienteninformationen und dem Erstellen von IT-gestützten Konsumentenprofilen zwecks Optimierung aller kundenorientierter Maßnahmen – zu entwickeln.[87] Papenhoff und Platzköster sprechen im Zusammenhang mit dem Primat des Kunden auch von der Geburt des Customer Relationship Managements, indem Kunden bzw. Patienten mit allen Vorlieben und Eigenschaften erfasst und gezielt angesprochen werden. Zielsetzung ist es dabei, den Patienten bzw. Konsumenten zu kennen, ihn so individuell wie möglich zu behandeln und damit langfristig an sich zu binden,[88] was eindeutig auch den Bedingungen von Konsummärkten entspricht.

Daraus ableitend hat als Konsequenz aus den Wandlungsprozessen im Gesundheitsmarkt sowie aus der Sicht des selbstbestimmten Patienten als Konsumenten ein marktkonformes CRM vor allem folgende Kriterien zu erfüllen und in ihren Maßnahmen zu berücksichtigen:

---

[84] Vgl. Harms F., Gänshirt D., Graf A. (2005), S. 60.

[85] Im Sinne einer Weitergabe des Althergebrachten bzw. des Überlieferten.

[86] Vgl. Papenhoff M., Platzköster C. (2010): Marketing für Krankenhäuser und Reha-Kliniken, Heidelberg, Springer Medizin Verlag, S. 64.

[87] Vgl. Rüger C. (2012), S. 361.

[88] Vgl. Papenhoff M., Platzköster C. (2010), S. 8.

- fundierte Messung der Kunden- bzw. Patientenzufriedenheit (keine Alibibefragungen)
- laufende Analyse der Kunden- bzw. Patientenbedürfnisse nach Zielgruppen
- laufende Analyse der jeweiligen Kunden- bzw. Patientenbindungsfaktoren (z. B. Wechselbereitschaft)
- laufende Analyse spezieller, persönlichkeitsbezogener Kriterien des jeweiligen Dienstleistungsanbieters (z. B. personalisierte Medizin unter Einbindung von PROMs)
- Einbeziehung von kunden- bzw. patientenbezogenen Wohlfühlfaktoren (z. B. Darstellung und Beitrag zur individuellen Lebensqualität)
- emotionale Typologisierung der nachfragenden Patienten als Konsumenten (z. B. „ein Kämpfer" im Onkologiebereich – neben z. B. indikationsbezogener oder sozidemografischer Typologisierung)

Zusammenfassend lässt sich feststellen, dass das Instrumentarium vor allem bei vertrauensintensiven Leistungen und bei stark fluktuierender Nachfrage an Wirksamkeit gewinnt, wobei vor allem die langfristige und vertrauensvolle Kundenbindung im Vordergrund steht.

Zusammenfassende Beurteilung vom Customer Relationship Management für den selbstbestimmten Patienten und Konsumenten von Gesundheitsleistungen
Analysen haben gezeigt, dass hinsichtlich einer langfristigen Gestaltung der Kundenbeziehungen im Gesundheitsmarkt analoge Kriterien gelten wie im Konsumartikelbereich. Entsprechend des oftmals notwendigen hohen Vertrauensniveaus gegenüber den Gesundheitsdienstleistungsanbietern (z. B. im Zusammenhang mit Operationen oder Impfungen) eignet sich das Customer Relationship Management auf eine besondere Art und Weise für die Intensivierung und damit auch zur Steuerung der Kundenbeziehungen. Bedingung ist eine optimierte innerbetriebliche Ausrichtung aller kundenorientierte Prozesse und Kontaktpunkte auf Basis IT-gestützter Patientenprofile.

9.3.6   Aktive Produkt- und Markenpolitik sowie die Konsumgesellschaft als „Role Model" für eine wirkungsorientierte Gesundheitspolitik und -kommunikation

„Wenn der Gesundheitsbereich ein normaler Markt wäre, dann würden Gesundheitstouristen und Konsumenten von Gesundheitsleistungen genauso auf Marken und Angebotsprofilierungen reagieren, wie Kunden und Konsumenten in Konsum- und Markenmärkten" weist eine schon im Jahre 1994 veröffentlichte Dissertation einen entsprechenden Analogieschluss im Rahmen der Analyseergebnisse hin.[89]

---

[89] Vgl. Hubatka K. (1994); S. 361 ff.

Die Gesundheitsangebote und speziell die Angebote der Gesundheitsvorsorge und Prävention leiden – in einer auf Konsum ausgerichteten Gesellschaft – häufig an einer nutzungsreduzierenden Attraktivität und einer fehlenden Aktualität. Prinzipiell ist es Aufgabe von Vorsorgeprodukten, den Eintritt von Gesundheitsproblemen (Krankheit, Unfall, Abnützung etc.) versicherungstechnisch abzusichern und/oder durch den vorsorgenden Charakter den Eintritt dieser Gesundheitsprobleme durch Verhaltensanpassung zu verhindern oder hinauszuzögern (z. B. Impfung, Wirbelsäulengymnastik).

Die Versicherungswirtschaft der 80er- und 90er-Jahre des letzten Jahrhunderts konnte ein Lied von den Schwierigkeiten singen, beim Vertrieb ihrer Gesundheits-, Kranken- und Lebensversicherungen einen attraktiven Produktcharakter zu entwickeln, um auch ein entsprechendes Nachfrageverhalten zu erzeugen. „Wirklich gegriffen haben die Vorsorgemaßnahmen noch nicht", schreibt Dickinger G. in seiner diesbezüglichen Dissertation 1999.[90] Und gerade die Versicherungswirtschaft lebte und lebt von der Risikoteilung auf eine große Versichertengruppe. Erst als es gelang, hier einen „attraktiven Produktcharakter" zu entwickeln, stiegen die Absatzziffern und damit das Versichertenpotenzial. Mit der Anreicherung von Zusatznutzen – bei den Gesundheits- und Krankenversicherungen, z. B. direkt erlebbar durch Themenwochenenden, bei der Lebensversicherung durch Ansparmodelle – gelang es auch hier, einen echten Markt zu entwickeln und nachhaltiges Nachfrageverhalten zu erzeugen.

Im direkten Vergleich dazu ist es dem von Regierungen zur Jahrtausendwende postulierten Ansatz einer privaten Pensionsvorsorge nie gelungen, richtig Fuß zu fassen, weil die unmittelbare Erlebbarkeit der Vorsorge (Stichwort Paradoxon der Prävention) und damit auch der attraktive Produktcharakter fehlte und dementsprechend auch keine große Nachfrage erzeugte. Es war und ist nicht unbedingt „schick" bzw. „cool", ein erst zukünftig erlebbares Pensionsansparmodell zu unterstützen, aktuell erlebbare Thermenaufenthalte sind es aber sehr wohl. Die gesamte Kommunikation für die privaten Pensionsvorsorgen reduzierte sich anfangs auf den Grundnutzen in einer nicht fühl- und damit einschätzbaren Zukunft, wobei auch hier eine rationale Argumentation (nach dem Motto „Spare in der Gegenwart, dann hast Du in der Zukunft") eher wirkungslos verpuffte.

Daraus ableitend lässt sich daher feststellen, dass – reduziert auf den Grundnutzen – sich aus Marketingsicht keine attraktiven Angebote erstellen lassen, von der Entwicklung eigener Märkte – die für sich einen Pull-Effekt[91] erzielen – gar nicht zu reden.

Markenangebote und Markenprodukte stehen eigentlich für jenen Pull-Effekt, den man sich von Vorsorge- und Präventionsangeboten erwarten würde, sie sind derzeit leider verbunden mit der logischen Bedingung eines rational handelnden Patienten bzw. Konsumenten. Der Begriff „Marke" kommt dabei von „mark", ursprünglich als Kerbe oder Kennzeichnung („Markierung") verstanden. Die Marketingliteratur versteht unter Marke vor allem eine „psychologische Differenzierung", um Kaufpräferenzen zugunsten

---

[90]Vgl. Dickinger G. (1999): Vom Krankenversicherer zum Gesundheitssicherer, Dissertation im Rahmen der Schriften der Johannes Kepler Universität Linz, Linz, S. 182.

[91]Im Sinne einer Verkaufs- bzw. Absatzförderung mit Sogwirkung.

des Unternehmens bzw. Produktes zu erreichen.[92] Aus der Sicht der Nachfrage bietet eine starke Marke eine Orientierung und strahlt Vertrauen aus! Dem Anbieter erschließt sich die Möglichkeit, über eine starke Marke aus der Masse der Anbieter herauszustechen (i.S. eines Wettbewerbsvorteils).[93]

Eine Marke aus betriebswirtschaftlicher Perspektive stellt daher eine unterscheidungsfähige Markierung eines Produktes bzw. einer Leistung mit einem Qualitätsversprechen dar, das Nutzen (Vertrauensanker) stiftet und im Markt nachhaltigen Erfolg realisiert.[94] Darüber hinaus dient sie der Präferenzbildung im Wettbewerb sowie der Erzeugung von entsprechendem Nachfrageverhalten.

In einem erweiterten Sinne wird unter Marke „ein Nutzenbündel mit spezifischen Merkmalen verstanden, die dafür sorgen, dass sich dieses Nutzenbündel gegenüber anderen Nutzenbündel, welche dieselben Basisbedürfnisse erfüllen, aus der Sicht der relevanten Zielgruppe nachhaltig differenziert".[95] Aktive Markenpolitik stellt in diesem Rahmen den strategischen Einsatz einer Marke zur Erreichung von Unternehmenszielen (alle mit der Markierung verbundenen Entscheidungen und Maßnahmen) dar. Dabei ist Markenpolitik nicht neu: Seit über 4000 Jahren werden Produkte zu Identifikationszwecken mit Markierungen versehen (z. B. ägyptische Steinmetze beim Pyramidenbau).[96]

Gemäß Töpfer A. bezweckt eine Marke, im Hinblick auf eine Anwendung im Krankenhausbereich beim Kunden, vor allem Vertrauen durch eine eindeutig definierte Qualität und eine Verminderung des Risikos aufzubauen, um damit auch eine positive Einstellung hervorzurufen. Dementsprechend bilden Marken die emotionale Heimat für die Zielpersonen. Beispielhaft übertragen auf das Krankenhaus würde dies vor allem für Patienten, ihre Angehörigen und die Zu- und Einweiser gelten.[97]

Für den Gesundheitsbereich lässt sich daher ableitend feststellen, dass eine Marke und ein Markenangebot genau jene Funktionen und Anforderungen – im Sinne eines „Role Models" bzw. als Vorbild – erfüllt, die man sich auch von einem Gesundheitsangebot und speziell von einer medizinischen Leistung erwartet, wobei der Nutzen, die Qualität und das Vertrauen im Vordergrund stehen und durch ein bestimmtes Vorstellungsbild bzw. durch ein Image geprägt sind.

Ganz besonders treffen diese Kriterien auch auf Angebote im „Selbstvermarktungsbereich" der Gesundheitsvorsorge und Prävention zu. Gerade der Zusammenhang mit ent-

---

[92] Vgl. Meffert H., Burmann C., Kirchgeorg M. (2008), S. 305.

[93] Vgl. Meffert H., Burmann C., Kirchgeorg M. (2008), S. 349.

[94] Vgl. Meffert H., Bruhn M. (2009): Dienstleistungsmarketing, Grundlagen – Konzepte – Methoden, 6. Auflage, Wiesbaden, Gabler GWV Fachverlage GmbH, S. 264 ff.

[95] Vgl. Meffert H., Burmann C., Kirchgeorg M. (2008), S. 358.

[96] Vgl. Sickler M., Sahebi A. (2006): Markenpolitik, Seminararbeit, München, GRIN Verlag unter URL https://www.grin.com/document/62093 am 09.09.2020 sowie Meffert H., Burmann C., Kirchgeorg M. (2008), S. 355.

[97] Vgl. Töpfer A. (2006), S. 290.

sprechenden Anreizen zur Angebotsinanspruchnahme führt zum Lösungsansatz „Nudging à la Markenartikel" auch im Gesundheitsmarkt (im Sinne eines Analogieschlusses). Entsprechend den bereits dargestellten Analyseergebnissen erlangt daher die Markenpolitik durch ein gleichgelagertes Anforderungsprofil an die Marktleistungen für die selbstbestimmten Patienten und Konsumenten von Gesundheitsleistungen eine besondere Bedeutung.

Wesentliche Kriterien einer Marke sind dabei die Markenidentität, das Markenimage und die Markenbotschaft:

- Die Markenidentität als Selbstbild einer Marken-Organisation bzw. eines Markenangebotes ist durch materielle und immaterielle Nutzen-Komponenten geprägt und stellt auch eine Führungskonzeption einer Organisation dar.[98]
- Das Markenimage als Fremdbild der Marke stellt ein „bei der Zielgruppe fest verankertes, verdichtetes, wertendes Vorstellungsbild einer Marke" dar. Wesentliche Kriterien für das Markenimage sind die Bekanntheit einer Marke, die Markenpersönlichkeit (starke Marke-Nachfrager-Beziehung) sowie ein hoher Markennutzen[99] (z. B. die Zugehörigkeit zu einer bestimmten Gruppe).
- Die Markenbotschaft stellt in diesem Zusammenhang eine alleinstellende Information über Eigenschaft und Nutzen eines Angebotes (Organisation, Leistung etc.) dar.

Die Markenbotschaft – in analoger Anwendung auch im Gesundheitssektor – muss dabei vier zentrale Anforderungen erfüllen:[100]

- Die Botschaft muss den alleinstellenden Nutzen der gebotenen Leistung (inklusive Zusatznutzen/„added value") zum Ausdruck bringen.
- Die Botschaft muss glaubwürdig sein, d. h. mit der Markenidentität übereinstimmen.
- Die Botschaft muss auf eine unverwechselbare Art vermittelt und kommunikativ intensiv umgesetzt werden.
- Die Botschaft muss eine emotionale Unterstützung für die Nachfrage bieten.

Zusammenfassende Analyse der Gültigkeit des Markenverhaltens im Gesundheitsmarkt gemäß Analogieschluss

In der Wirtschaftswissenschaft ist die Besonderheit des Konsum- und Konsumentenverhaltens schon lange bekannt, da die Unternehmen vom Vertrieb und Verkauf ihrer Produkte und Angebote leben. Jahrhunderte wurde im Wirtschaftsbereich in die Analyse des Käufer- bzw. Nachfrageverhaltens investiert, was vom expertengetriebenen und traditionell orientierten Gesundheitssektor in Richtung Patientenverhalten nicht

---

[98] vgl. Meffert H., Burmann C., Kirchgeorg M. (2008), S. 358 f.

[99] vgl. Meffert H., Burmann C., Kirchgeorg M. (2008), S. 364 ff.

[100] vgl. Meffert H., Burmann C., Kirchgeorg M. (2008), S. 305 und 364 f.

behauptet bzw. ausgewiesen werden kann. Aktuell nimmt sich die Verhaltensökonomie genau dieser Thematik eines verstärkt nachfragegetriebenen Angebotes und
damit der Kommunikationsgestaltung im Gesundheitssektor an (siehe beispielhaft die
stark gewandelten Botschaftsausrichtungen im Rahmen des Verlaufes der Corona-Pandemie).

Die Gültigkeit der Markenkriterien auch im Gesundheitsmarkt bestätigen in diesem
Rahmen Studien über die Motivation zur Krankenhauswahl: Während die Lage einer
Klinik von – nur – rd. 52 % der Befragten als Auswahlmotiv eine hohe Bedeutung be-
sitzt, folgen der Ruf der Klinik mit rd. 48 % und der Ruf der Experten mit 45 % auf den
nächsten Plätzen, woraus indirekt nochmals die Bedeutung des Images und einer
etwaigen Markenbildung abgeleitet werden kann.[101] Darüber hinaus konnte die
neurologisch-ökonomische Forschung bestätigen, dass Adressaten – wenn sie ein bestimmtes Problem vor Augen haben – bei einer Problemlösung primär und verstärkt an
die ihnen vertraute und von ihnen geschätzte Marke denken (z. B. im Sinne eines bestimmten Krankenhauses). Dies wiederum erleichtert die Entscheidung für eine bestimmte Problemlösung. Dementsprechend kommt es durch eine starke Marke zu einer
reduzierten Hirnaktivität für rationale Entscheidungen und zum Phänomen der kortika-
len Entlastung[102] (siehe auch Bezug zum Neuromarketing), was wiederum dem Anforderungsprofil eines selbstbestimmten Patienten und Konsumenten von Gesundheitsleistungen entspricht.
   Ableitend empfiehlt es sich daher, vor allem im Bereich der Gesundheitsvorsorge
bzw. Prävention nicht von einem Patienten zu sprechen, der ein Gesundheitsproblem
aufweist oder eine Therapie erwartet, sondern vom Konsumenten von Gesundheitsleistungen, der ein gesundheitsschädliches Ereignis eigentlich vermeiden möchte. Damit
steht dieser Konsument noch gar nicht in der Gesundheitsproblematik drinnen, und entsprechende Botschaften (rationale) stoßen auf noch keine thematische Sensibilisierung.
Eine bestimmte Leugnungsfähigkeit negativer Entwicklungen bzw. Ereignisse erschwert
zusätzlich eine Lösung. Darüber hinausgehend weist der Grundnutzen dieser Gesundheitsangebote und Programme für den Konsumenten meist keinen „Erlebnischarakter"
auf, im Gegensatz zu Angeboten für Kunden in Fitnessstudios, die dem Training oder
der körperlichen Ertüchtigung sowie der gesellschaftlichen Anerkennung durchaus attraktive bzw. positive Einschätzungen – als Zusatznutzen zur Gesundheit – abgewinnen
können.[103]

---

[101] Vgl. Töpfer A. (2006), S. 290.
[102] Vgl. Töpfer A. (2006), S. 291.
[103] Vgl. Hubatka K. et al. (2017b), S. 66 f.

Dementsprechend hätten Markenangebote im Gesundheitsmarkt nicht nur die Vorteile einer Attraktivierung der Leistungen sowie einen Wunsch auslösenden und eine Bindung ermöglichenden Charakter, sondern haben auch eine gruppenbildende Wirkung, im Sinne eines Zugehörigkeitsgefühls (siehe beispielhaft die Mitglieder-Werbeaktion des Roten Kreuzes mit „Wir haben die passende Jacke für Dich").[104] Markenentwicklungen würden sich daher besonders auch zur besseren Vermarktung von Gesundheitsvorsorge- und Präventionsleistungen eignen. Bedingung ist jedoch die Erfüllung der Markenkriterien, die auch einen hohen kommunikativen Einsatz erfordern. Dementsprechend bedingen wirksame Gesundheitsmarken eine einmalige, emotionale und glaubwürdige Botschaft über den Nutzen, eine unverwechselbare Kommunikation sowie eine emotionale Unterstützung für den Botschaftsempfänger.

Ergänzend gilt es zu bedenken, dass im Falle von Qualitätsproblemen markenorientierter Gesundheitsdienstleistungsanbieter – so fern diese für den selbstbestimmten Patienten und Konsument erkenntlich sind – ein starker Rückkoppelungseffekt die Markenführung und damit auch die ökonomische Situation wesentlich beeinflussen kann.

> **Zusammenfassende Beurteilung des Marken-Managements für den selbstbestimmten Patienten und Konsumenten von Gesundheitsleistungen**
> Vergleichende Analysen des Markenmarktes mit dem Gesundheitsmarkt haben eine analoge Gültigkeit der Anforderungskriterien von Konsumenten und Patienten ergeben. Diese sind vor allem im spezifischen Nutzenbündel, im besonderen Qualitätsverständnis sowie in einem vertrauensbildenden Image gegeben, was in Summe zu einer unverwechselbaren und alleinstellenden Markenpersönlichkeit beitragen kann. Besonders würde sich eine entsprechende Markenpolitik (Pull-Effekt) – durch die besondere Ansprache des selbstbestimmten Patienten und Konsumenten von Gesundheitsleistungen – für den Bereich der Gesundheitsvorsorge und Prävention eignen, den Faktor des „Dazugehörens" und damit die Pull-Wirkung ausnützend. Darüber hinaus eignet sich die Markenbildung aber auch zur Präferenzbildung im Bereich der primären Gesundheitsversorgung (z. B. im Sinne einer Entscheidungsunterstützung bei der Krankenhauswahl).

9.4   Conclusio 5: Zwischenübersicht zusammengefasster Analyseergebnisse wirkungsorientierter und patienten- bzw. konsumentengerechter Interventionen

---

[104]Vgl. Rotes Kreuz (2021) unter URL https://www.roteskreuz.at/news-knotenseite/news-25 am 27.08.2021.

Kriterien	Alter Patient		Neuer Patient als Konsument	
	Typologisierung (Verhalten)	Maßnahmen (Instrumente)	Typologisierung (Verhalten)	Maßnahmen (Instrumente)
Wirkungsorientierte Ansätze patientengerechter Interventionen (Kap. 9)				
• Patientenmitwirkung				Standardisierte Patientenbefragung zur Mitwirkung: PROMs und die personalisierte Medizin
• Entscheidungsarchitektur und -unterstützung sowie Anreize			Entscheidungsunterstützung durch Lösungs- und Ressourcenorientierung	Patientengerechte Entscheidungsarchitekturen und Anreize zum gesundheitskonformen Verhalten (z.B. Feedback oder Entscheidungssupport)
• Empfehlungsmarketing				Empfehlungsmarketing als persönliche Information mit großem Vertrauenspotenzial
• Customer Relationship Management				Aktive Beziehungspflege mit Customer Relationship Management durch kundengerechte Ansprache
				Management durch kundengerechte Ansprache
• Markenpolitik				Markenpolitik und das besondere Vertrauen der Patienten in Markenprodukte und emotional wirkendes Image

Conclusio 5: Im Sinne einer wirkungsorientierten Intervention und Ansprache eignen sich besonders das PROMs-Instrumentarium zur Mitwirkung und Compliance-Bildung, Anreize zur Impulssetzung, Empfehlungsmarketing und die Markenpolitik zur speziellen Vertrauens- und Imagebildung.

Visionen eines neuen Gesundheitsmarktes mit einem selbstbestimmten Patienten und Konsumenten

10

10.1 Von der Vision zur Realität: Die Impfung beim Möbelshopping

Die Corona-Pandemie hat der Menschheit global gelehrt, dass viele unserer gesellschaftlichen Systeme und Regelungen – aber auch unsere individuellen Verhaltensmuster – in Krisenzeiten nicht alltagstauglich sind.

Aufgrund der gesetzlichen Lage – speziell im Gesundheitssektor mit der aktuellen Strukturierung der Gesundheitswirtschaft (z. B. Trennung zwischen stationärem und ambulantem Bereich sowie der Aufgabenstellung an die Hausärzte) – im zentraleuropäischen Raum hat die medizinische Versorgung ihren „Elchtest" zu bestehen. In diesem Rahmen zeigt sich auch, dass tradierte Strukturen in Pandemiezeiten im nationalen Kontext des Gesundheitssektors nur sehr schwer oder nicht aufrechtzuerhalten sind. Denken wir beispielhaft an den Einsatz des Heeres zur Unterstützung der Gesundheitsbehörden oder konkret an die medizinische bzw. ärztliche Versorgung von Alten- und Pflegeheimen sowie an die Diskussion, wer hier die Impfungen durchführt.

Wie teils schmerzlich von gesundheitspolitisch Verantwortlichen zur Kenntnis genommen werden musste, gehören zu einer „marktkonformen und kundengerechten" medizinischen Versorgung nicht nur die Verabreichung von wirksamen Therapien bzw. Medikamenten sowie die Bereitstellung von modernen Behandlungsmöglichkeiten, sondern auch die Bereitschaft, diese als „Systemkunde" überhaupt in Anspruch zu nehmen und sich krisenkonform bzw. compliant zu verhalten. Darüber hinaus sind die Therapien bzw. Medikamente (z. B. Spritzen) zur richtigen Zeit, in der richtigen Menge am richtigen Ort zur Verfügung zu stellen, soll die Schwelle der Inanspruchnahme möglichst niedrig gehalten sein (z. B. niedrigschwelliges Impfangebot).

Damit wird beispielhaft die Logistik der Therapien ein wichtiger Bestandteil der medizinischen Versorgung der Bevölkerung, die in Normalzeiten (d. h. Zeiten ohne Krise) den

Anforderungen entsprechend von der Pharmaindustrie und dem Pharmagroßhandel gewährleistet wird. Dementsprechend lehrt uns die Pandemie auch eine Erweiterung des Blickwinkels der „medizinischen Versorgung", abgehend vom ausschließlichen Fokus auf die ärztliche Tätigkeit hin zu einer interdisziplinären und ein über mehrere Berufsgruppen spannendes Netzwerk von unterschiedlichsten Professionen. Virologen können die Auswirkungen einer Erkrankung noch so oft erklären, wenn die Zielgruppe nicht hinhört, hilft auch eine wissenschaftliche Begründung nichts. Hier sind eher verhaltenswissenschaftliche Hinweise und Aktionen als medizinisches Wissen gefragt. Damit erfährt die Fokussierung der medizinischen Versorgung mit einer Beschränkung auf die ärztliche Leistung eine notwendige Expertiseerweiterung auf viele Felder des täglichen Lebens.

Generell zeigt uns die Pandemie, dass es vor allem auch auf die Geschwindigkeit der Reaktion ankommt, ob ein Bezirk abgeriegelt werden und ganze Branchen (z. B. Gastronomie) geschlossen werden müssen. Dementsprechend wird auch eine schnelle Durchimpfung der Bevölkerung als beste Finanzpolitik seitens der wissenschaftlichen Fachwelt empfohlen.[1]

Die Diskussion, wer wann impfen darf bzw. mit Impfdosen versorgt wird und über den logistischen Ablauf, wie diese zum Ort des Verbrauches gelangen, sowie die damit einhergehenden Verzögerungen haben – in schon grundsätzlich angespannten Zeiten – zusätzlich viel unnötiges Chaos und Leid verursacht. Die Regelung, wer in Pandemiezeiten in einem Heim die Impfung durchführt und wann im niedergelassenen Bereich oder in eigenen Impfzentren die Impfdosen für die breite Bevölkerung zu Verfügung stehen, müssen schon im Vorfeld bzw. in einem nationalen oder internationalen Epidemieplan berücksichtigt werden. Bedingung dabei ist, dass vor allem in Krisenzeiten die alltägliche Klientelpolitik übersprungen wird.

Den Lösungsansatz für die Krisenbewältigung und zur Akzeptanzerhöhung von restriktiven Maßnahmen hat uns hier Israel erstmals vor Augen geführt: Zur Attraktivierung der Corona-Impfung wurde die Impfaktion unter Ausschöpfung aller Ressourcen in voller Breite angelegt, um möglichst rasch auch einen hohen Durchimpfungsgrad bei der Bevölkerung zu erreichen. Es wurde trotz militärisch und krisenerprobter Organisation die zu impfende Bevölkerung als „Konsumenten von Gesundheitsleistungen" angesprochen. Im Rahmen der Impfaktion sind Popkonzerte in Krankenhäusern abgehalten und der Erhalt einer Corona-Impfung sogar im Rahmen eines Einkaufs bei fünf IKEA-Möbelhäusern angeboten worden.[2] Damit wird die Aussage „Schatz ich fahre zur IKEA, hole das Regal und lasse mich schnell gegen Corona impfen" Realität.

---

[1] Vgl. Neumüller H. (2021): „Die Bürger schnell durchimpfen ist derzeit die beste Finanzpolitik" in den OÖ Nachrichten am 16.03.2021 unter URL https://www.nachrichten.at/wirtschaft/die-buerger-schnell-durchimpfen-ist-derzeit-die-beste-finanzpolitik;art15,3368027.

[2] Vgl. DER SPIEGEL (2021): „Ikea bietet Kunden in Israel Corona-Impfungen an" am 16.03.2021; unter URL https://spiegel.de/wirtschaft/unternehmen/ikea-bietet-kunden-in-israel-corona-impfungen-an-a-c4fbe350-23d1-4944-a028-57adb9af66e8.

Aber auch in Europa finden sich Beispiele einer Annäherung der Corona-Impfaktion an die Konsummärkte: „Um Unentschlossene zur Corona-Schutzimpfung zu motivieren, weitet Oberösterreich sein niederschwelliges Impfangebot aus. Die ... Pop-up-Impfstraße (i. S. von zeitbezogener und aktuell realisierter Einrichtung), für die keine Anmeldung nötig ist, wurde angenommen"[3] betitelt eine Zeitung den Erfolg dieser kundengerechten Einrichtung im Rahmen eines großen Einkaufszentrums. Die entsprechend hohe Impf-nachfrage bedingte jeweils eine Erweiterung des Angebotes. Dies kann auch als starkes Heranrücken des Patienten an den Konsumenten gewertet werden, und die Prävention und Gesundheitsvorsorge erreichte eine neue Dimension, die vor Jahren noch undenkbar ge-wesen ist.

„Einfach, schnell und unkompliziert muss der Zugang zu den Pop-up-Impfstraßen in Einkaufzentren, aber auch bei Festivals sein" wird im zweiten Jahr der Corona-Pandemie die Gesundheitspolitik in Richtung Erhöhung der Impfbereitschaft der Bevölkerung sowie der entsprechenden Durchimpfungsrate zitiert. Gemeint ist damit auch ein nieder-schwelliges Angebot für jene Bevölkerungsschichten, die sonst nur sehr schwer für Gesundheitsangebote zugänglich sind.

Mit den aktuellen und realen Beispielen von IKEA-Israel sowie den Pop-up-Impfstraßen in europäischen Einkaufszentren finden die wissenschaftlichen Thesen der voran-gegangenen Analysen eine Bestätigung und belegen deren praktische Anwendbarkeit im Gesundheitsmarkt. Gleichzeitig findet damit auch die Entwicklung eines kunden-orientierten Marktgeschehens im Rahmen der Gesundheitswirtschaft eine praxisbezogene Evidenz.

> **Zusammenfassende Beurteilung eines konsumentengerechten Gesundheitsangebotes für den selbstbestimmten Patienten und Konsumenten von Gesundheitsleistungen**
> Die Aktion eines niederschwelligen Gesundheitsangebotes, z. B. einer Pop-up-Impfstraße in einem Einkaufzentrum, im Rahmen einer medizinischen Versorgung entspricht verstärkt der vielfach dargelegten akzeptierenden und damit nutzungs-fördernden Grundhaltung des Patienten als Konsumenten von Gesundheits-leistungen. In diesem Sinne erfährt auch die Gesundheitsleistung allgemein und speziell die Prävention und Gesundheitsvorsorge eine neue Marktfähigkeit, was auch als Annäherung des Gesundheitssektors an den Konsummarkt gewertet wer-den kann.

---

[3] Vgl. O.V. (2021b): „Impfen ohne Anmeldung: Land weitet Angebot aus" in den OÖ Nachrichten am 12.07.2021; Wimmer Medien, Linz, S. 2.

10.2   Aktueller Status als Basis zukünftiger Entwicklungen im Gesundheitsmarkt – Punktation der Analyseergebnisse

Bezug nehmend auf die zusammenfassenden Ergebnisableitungen lassen sich folgende Statuspunkte des Gesundheitsmarktes sowie des selbstbestimmten Patienten als Konsumenten von Gesundheitsleistungen im Rahmen einer Punktation ableiten:

- **Die Gesundheitsbranche hat sich zu einem „echten" Markt entwickelt!**
  (Kriterien: Nachfragemarkt, Wahlmöglichkeit, irrationales Verhalten, emotional geprägt, psychische Komponente von Gesundheit und Krankheit, Kommerzialisierung von Gesundheit in Richtung Wohlfühlen, analog Konsumwelt muss Patient vom Angebot überzeugt werden)
- **Der Patient hat sich zu einem selbstbestimmten Entscheider bei der Inanspruchnahme von medizinischen Leistungen entwickelt!**
  (Kriterien: Patient als Erkrankter ist auch Mitproduzent/Prosument, Patient ist selbstbestimmter Konsument von Gesundheitsleistungen, Arzt behält Informationsfunktion, Patient erhält Entscheidungsfunktion)
- **Der Patient verhält sich ganz ähnlich wie ein Konsument, mit analogen Bestimmungsfaktoren für das Verhalten!**
  (Kriterien: Bestimmungsfaktoren sind im Rahmen des Angebotes in Richtung Bedürfnisbefriedigung und in der Kommunikation durch den emotionalen Faktor zu berücksichtigen, wesentliche Bestimmungsfaktoren: Emotion, Motivation und Einstellung)
- **Der selbstbestimmte Patient und Konsument von Gesundheitsleistungen verfolgt einen diskursiven Weg!**
  (Kriterien: Erfordert compliancebildende Maßnahmen und Kommunikation, bedient sich zur Information des Internets und nutzt konkrete Leistungsvergleiche, erwartet emotionale Ansprache sowie kundengerechte Vermittlung, will selbst auswählen, entscheiden und mitwirken)
- **Der selbstbestimmte Patient und Konsument von Gesundheitsleistungen erfordert eine Neuausrichtung der Gesundheitsleistungen!**
  (Kriterien: Individualisierung des standardisierten Angebotes, kundengerechte Internetkommunikation, Leistungsvergleiche mit Marktüberblick, sinn- und lösungsorientiertes Neuromarketing mit emotionaler Ansprache, problemorientierte Vermittlung)
- **Der selbstbestimmte Patient und Konsument von Gesundheitsleistungen erfordert eine wirkungsorientierte Intervention und Ansprache!**
  (Kriterien: Einsatz wirkungsorientierter und kundengerechter Instrumente, wie z. B. PROMs, Anreizsysteme, Benchmarkingsysteme, Empfehlungsmarketing, Markenpolitik)

10.3   Perspektivische Visionen eines kundengerechten und medizinisch orientierten bzw. „neuen" Gesundheitsmarktes

Im aktuellen Gesundheitsmarkt zeichnet sich bereits die Realisation bestimmter Visionen als perspektivische Entwicklungsansätze ab. Setzt man die sich abzeichnenden Trends in der Zukunft fort, so lassen sich die folgenden Entwicklungsperspektiven ableiten.

10.3.1   Bekenntnis zu einem echten Gesundheitsmarkt als Perspektive eines nachfragegetriebenen Angebotes

- Grundsätzlich kommt es zu bedürfnisgerechten **Leistungsverschiebungen zwischen dem Ersten und Zweiten Gesundheitsmarkt,** vor allem was die Leistungsfinanzierung betrifft. Beispiel: Durch die zunehmende Inanspruchnahme von Wahlärzten mit der Inkaufnahme eines Zuschuss-Systems seitens der nachfragenden, selbstbestimmten Patienten kommt es **generell zu einem Rollen- und Positionswandel im Gesundheitsmarkt** (Wandel von einem expertengetriebenen zu einem nachfragegetriebenen System).
- Die **Gesellschafts- und Gesundheitspolitik bekennt sich** – in einer Abkehr von durchgängigen Reglungsbestrebungen – **zu einem echten Marktgeschehen,** verstärkt auch im Ersten Gesundheitsmarkt. Durch die zunehmende Unmittelbarkeit der Beziehung von Angebot und Nachfrage sowie einer Reduktion der Beziehungsebenen (Ausblendung des von Experten definierten Systems) wird der **Gesundheitsmarkt insgesamt selbstbestimmter, kundenorientierter und damit auch demokratischer.** Dahingehend wichtig erscheint, dass die Rahmenbedingungen, unter denen die selbstbestimmten Patienten und Konsumenten von Gesundheitsleistungen dementsprechend ihre Entscheidungen fällen und Handlungen ausrichten, ihre „empowernde" Wirkung entfalten können.
- Auch **im Ersten Gesundheitsmarkt findet zunehmend eine Finanzierung der Leistungen mittels Zuschuss-System** – analog dem Wahlärztesystem – statt. **Damit reduziert sich die Anzahl der Entscheidungsträger** im Beanspruchungsfall von drei auf zwei und der Patient als Konsument von Gesundheitsdienstleistungen erfährt eine Aufwertung im Sinne des selbstbestimmten Patienten und ermöglicht erstmalig eine echte partnerschaftliche Beziehung. Sozial gestaffelt kann damit auch die Leistungsbreite der Sozialversicherungen erweitert werden und richtet sich nach der anteiligen Leistungsfähigkeit der Versicherten. Die **Patienten als Konsumenten** bekommen damit auch einen Einblick in die Leistungsfinanzierung, verfügen dabei über eine breitere Entscheidungsbasis und werden damit zum **aktiven bzw. selbstverantwortlichen Marktpartner.**
- Eine **Marktregulation findet über wesentliche Qualitätsparameter** der einzelnen Anbieter (analog dem Qualitätssicherungssystem der Universitäten im Europäischen Raum) statt. Regelmäßige Zertifizierungen und Audits (von neutraler Stelle) gewähr-

leisten gegenüber der Nachfrage und den in weiterer Folge finanzierenden Institutionen ein qualitatives Mindestniveau der Anbieter.

- Die **einzelnen Anbieter im Gesundheitssystem** (z. B. selbstständige Ärzte, Therapeuten) **sehen sich als Gesundheitsdienstleister** und stellen dies auch in ihrer Kommunikation so dar. Das **Konkurrenz- und Wettbewerbsgeschehen** im freien Markt – aber mit definierten und sozial orientierten Mindeststandards – wird **reguliert über die Markttransparenz der Qualität des Angebotes** (z. B. durch Benchmarking) und gewährleistet gleichzeitig den Patienten bzw. den Konsumenten von Gesundheitsleistungen einen notwendigen Marktüberblick.
- **Prävention, Gesundheitsvorsorge und -förderung werden im Gesundheitsmarkt neu positioniert** und dabei zu einem bedürfnisgerechten bzw. marktfähigen Angebot entwickelt. In diesem Rahmen bedient man sich spezieller Anreizsysteme im Sinne einer privatwirtschaftlichen Verkaufsorientierung.
- **Es etabliert sich ein geänderter Umgang mit Daten und Informationen im Gesundheitsmarkt (zentrales Instrumentarium der Gesundheitspolitik).** Verstärkter Datenaustausch zwischen den Leistungsanbietern sowie gesichertes Datenpooling ermöglichen einerseits eine Serviceerweiterung bzw. -verbesserung für die Kunden des Gesundheitssystems und andererseits eine Optimierung des Marktgeschehens, beispielhaft durch die Vermeidung von Mehrfachleistungen oder den Zugriff auf ein zentrales Impfregister.
- **Es findet gesamtgesellschaftlich ein neuer Umgang mit Krisen und pandemischen Gesundheitsgeschehen statt, was auch das Alltagsbewusstsein der Bevölkerung beeinflussen wird** (Stichwort „kollektive Verantwortung"). Krisenverhalten wird auch im Gesundheitssektor geplant und geübt werden müssen, Behörden und Ämter haben sich auf eine entsprechende Führungsverantwortung im Krisenmodus einzustellen, beispielhaft die Absperrung von ganzen Bezirken.
- Analog den allgemeinen Konsummärkten erfolgt die **Ansprache der Kunden im Gesundheitsmarkt zunehmend emotional ausgerichtet, motivierend und zur Entscheidung anregend. Dabei spielen positive Botschaften und impulsgebende Anreize eine besondere Rolle.**

10.3.2 Bekenntnis zu einem selbstbestimmten Kunden – Perspektiven des neuen Patienten und Konsumenten von Gesundheitsdienstleistungen

- **Neue Marktbeziehungen manifestieren sich.** Im Gesundheitsmarkt allgemein und speziell im Ersten Gesundheitsmarkt verlieren Zu- und Einweiser als Entscheider über die Gesundheitsleistung sowie das gemeinschaftlich ausgerichtete Sachleistungsprinzip seitens der Versicherungen an Bedeutung. **Die selbstbestimmten Patienten und Konsumenten von Gesundheitsleistungen sowie die entsprechenden Zuschuss-Systeme gewinnen an Bedeutung** und reduzieren damit die Marktbeziehung von einer

Dreier- auf eine Zweierbeziehung, im Sinne einer **direkten Beziehung zwischen dem Leistungsanbieter und dem Leistungsnachfrager.** Dadurch erhält auch die dem selbstbestimmten Patienten und Konsumenten von Dienstleistungen vermittelte Anbieterqualität eine neue Dimension.

- **Der selbstbestimmte Patient und Konsument von Gesundheitsleistungen wird generell informierter.** Die endgültigen Auswirkungen des Internets und der digitalen Entwicklung werden sich erst in Zukunft genau feststellen lassen, doch bereits jetzt zeigt sich, dass diese **Möglichkeiten der permanenten Information und Kommunikation den Gesundheitsmarkt revolutioniert und wesentlich in das Alltagsverhalten der Patienten und Konsumenten von Gesundheitsdienstleistungen eingreift.** Dabei sind die Diskussionen über den Einfluss von Dr. Google nur der Anfang bzw. nur ein Indikator für einen grundlegenden Wandlungsprozess, der die generelle Einstellung im Bezug auf die Nachfrage im Gesundheitsbereich wesentlich beeinflusst.

- **Der selbstbestimmte Patient und Konsument von Gesundheitsleistungen wird gesundheitsbewusster und beschäftigt sich auch schon in jungen Jahren mit seinem Körper und seiner Gesundheit.** Wesentliche Einflussfaktoren sind hier die Sozialen Medien und die Markenbilder von trendigen Sportangeboten. Seitdem der großflächige Lebensmittelhandel die gesunde Ernährung zum Zwecke der Marktpositionierung verwendet, verfehlen entsprechende Entscheidungs- und Verhaltenseinflüsse nicht ihre Wirkung. Als Beispiel sei hier „Natur pur" oder „Zurück zum Ursprung" von großen Handelsorganisationen in Richtung gesunder Ernährung angeführt.

- **Die Gesundheit und der Körper werden auch aus der Sicht des selbstbestimmten Patienten und Konsumenten von Gesundheitsleistungen zum wirtschaftlichen Gut, in das man investiert.** Während die gesundheitliche Grundversorgung des Ersten Gesundheitsmarktes weiterhin hauptsächlich als Solidarleistung zu sehen ist, sind auch im medizinischen Bereich Modeströmungen entstanden, in denen selbstbestimmte Patienten und Konsumenten von Gesundheitsleistungen bereit sind, für ihre Gesundheit und ihren Körper beträchtliche Finanzmittel aufzuwenden. Beispielhaft sind Lasik-Behandlungen genannt, um Brillen zu vermeiden sowie der gesamte Bereich der Zahnprothetik.

- **Der selbstbestimmte Patient und Konsument von Gesundheitsleistungen wird – bedingt durch das Internet – noch viel internationaler,** was vor allem auch in der Corona-Pandemie zum Ausdruck gekommen ist. Die Konsultation des Internets nach einem Haus- bzw. Facharztbesuch in Richtung Diagnose ist bereits Alltagsroutine. Damit steht dem recherchierenden Patienten aber sofort ein weltweites Informationsangebot zur Verfügung, das sein Entscheidungsverhalten entsprechend beeinflusst. Die Bestrebungen der Europäischen Union in Richtung verbesserter Koordination der nationalen Gesundheitspolitiken verstärkt zusätzlich **die internationale Komponente eines „europäischen" Patienten** und Konsumenten von Gesundheitsleistungen. Damit steht **dem lokalen Gesundheitsangebot auch ein internationaler Vergleich gegenüber.** Die entsprechende Diskussion über Behandlungsformen wird sich noch weiter intensivieren. Dr. Google wird weiterhin überwiegend die ärztlichen Konsultationen prägen. Dies kann einerseits die allgemeine Gesundheitsversorgung (Zugang, Finanzierung etc.) und die Leistungsmethodik (Behandlungsformen und -arten) sowie andererseits auch die jeweiligen Erfolgsraten (Behandlungsergebnisse, Outcome) betreffen.

- **Der selbstbestimmte Patient und Konsument von Gesundheitsleistungen wird zunehmend entscheidungsfreudiger.** Bedingt durch einen besseren Markt- bzw. Anbieterüberblick und dem weltweit stark zunehmenden Patiententourismus erhöht sich auch die Auswahlmöglichkeit von Gesundheitsdienstleistern seitens der Patienten und Konsumenten. Ein entsprechender Marktüberblick – im Sinne einer ausgeprägten Health Literacy bildet die Voraussetzung für die „neue" Entscheidungsfreudigkeit.
- **Der Konsument von Gesundheitsleistungen und selbstbestimmte Patient wird achtsamer, Gesundheitsförderung wird „in".** Die Corona-Pandemie hat es gezeigt, schon im Grundschulalter wird eine bestimmte Achtsamkeit der Kinder und Jugendlichen auf die Gesundheit initiiert (z. B. das Tragen einer Mund-Nasenschutz-Maske in der Schule). Diese Achtsamkeit kann dann bei Jugendlichen und Erwachsenen zu einer stärkeren Sensibilisierung des Köper- und Gesundheitsbewusstseins beitragen.
- **Das persönliche Verantwortungsbewusstsein erhält eine neue Dimension.** Kollektive Verantwortung wird seitens der selbstbestimmten Patienten und Konsumenten von Gesundheitsleistungen verstärkt wahrgenommen, Solidarität in der Lebensgestaltung ist nicht mehr nur ein Schlagwort, wobei die entsprechende Sensibilisierung von Kindern und Jugendlichen eine große Rolle spielen wird. Voraussetzung dafür wird die Betrachtung von Jugendlichen als selbstbestimmte Konsumenten des Gesundheitssystems sein.
- **Kinder und Jugendliche erhalten eine besondere Bedeutung für die wirkungsorientierte Gesundheitskommunikation.** Speziell im Bereich der Gesundheitsvorsorge und -förderung gilt es, eine entsprechende Sensibilisierung für Gesundheitsthemen sowie motivierende Anreize zu einem gesundheitskonformen Verhalten zu erzeugen. Voraussetzung dafür stellt ein bedürfnisgerechtes Gesundheitswissen für diese Zielgruppen dar.
- **Markttransparenz sowie ein Überblick über die Gesundheitsleistungen ermöglichen ein selbstbestimmtes Patienten- und Konsumentenverhalten.** Durch die verbesserte Transparenz und einem entsprechenden Datenaustausch erhält der selbstbestimmte Patient und Konsument von Gesundheitsleistungen auch einen verbesserten Einblick in die Leistungen des Gesundheitssystems sowie deren Leistungsfinanzierung und kann dementsprechend sein Entscheidungsverhalten und seine Mitwirkung ausrichten. Zu- und Einweisungen werden zunehmend durch Selbstentscheidungen der Patienten und Konsumenten sowie einem Zuschuss-System geprägt.

Abschließende Bemerkungen und Ausblick zur Analyse des selbstbestimmten Patienten als Konsumenten

11

11.1 Der Gleichklang des „Tickens" von selbstbestimmten Patienten und Konsumenten als Systemkunden

Einleitend wurde auf die Frage fokussiert, ob Patienten und Konsumenten von Gesundheitsleistungen in Richtung ihres Gesundheitsverhaltens anders (im Sinne von „besser" bzw. „bewusster") reagieren, oder ob hinsichtlich der einzelnen Verhaltensansätze eine gewisse Gleichheit zum allgemeinen Konsumverhalten gegeben ist.

Dementsprechend wurde auch die Frage gestellt, ob daraus ein konkretes Marktgeschehen mit dem selbstbestimmten Patienten und Konsumenten von Gesundheitsleistungen ableitbar ist und sich langfristig der Anbieter- (i.S. von Expertenorientierung) zu einem Nachfragermarkt – speziell auch im Bereich des medizinischen Versorgungssystems – entwickeln wird.

Wie sowohl in den theoretischen als auch in den empirischen Analysen ausgewiesen werden konnte, ist ein gewisser Gleichklang des „Tickens" (i.S. einer Entscheidungs- und Verhaltensneigung) von Konsumenten in Konsummärkten und Patienten in Gesundheitsmärkten feststellbar. Dieser Gleichklang bezieht sich dabei vor allem auf eine Analogie der Bestimmungsfaktoren des Konsumverhaltens von Leistungen und macht einen markt- bzw. nachfragekonformen Auftritt der Gesundheitsdienstleistungsanbieter erforderlich.

Ergänzende Information Die elektronische Version dieses Kapitels enthält Zusatzmaterial, auf das über folgenden Link zugegriffen werden kann [https://doi.org/10.1007/978-3-658-37998-8_11].

11.2   Der selbstbestimmte Patient als internationaler Konsument und die globale Herausforderung

Ableitend aus den vorangegangenen Analysen ist damit zu rechnen, dass sich zukünftig die unterschiedlichen Gesundheitssysteme der einzelnen Länder – verbunden durch einen stark „internationalisierten" Patienten als Konsumenten – zumindest in grundsätzlichen Strukturen anpassen werden. Als aktuelles Beispiel können die Impfregister der einzelnen Länder herangezogen werden. Impulsgebend für diese Entwicklung war und ist der internationale Patient, der mit den „Füßen" abstimmt und auch ein kundengerechtes Gesundheitsangebot auswählt. Beispielhaft haben noch vor dem BREXIT systemflüchtige Patienten aus England von der europäischen Dimension Gebrauch gemacht und für Auslastungen in kontinentaleuropäischen Klinken gesorgt.

Resümierend lässt sich feststellen, dass schlussendlich der selbstbestimmte Patient als internationaler Konsument zukünftig vermehrt darüber entscheidet (im Sinne einer Selbstbestimmtheit), in welchem Land er die Leistungen des Gesundheitssystems in Anspruch nehmen wird. Der Zahntourismus in die osteuropäischen Länder war nur der Anfang, gefolgt von Augenkliniken in der Türkei und Herzoperationen in Thailand. Aktuell hat diese Entwicklung im Vorsorge- und Präventionsbereich durch die COVID-Impfungen im Ausland (z. B. in Belgrad für österreichische Unternehmen) eine Bestätigung gefunden und weist darauf hin, dass selbst weltweite Pandemiebehandlungen dem Marktsystem und der Bedürfnisbefriedigung unterliegen. Dementsprechend werden lokale und nationale Gesundheitsdienstleister – die bisher eher stark reglementierten Systeme und Märkte gewohnt waren – sich auch auf einen globalen Wettbewerb einstellen müssen. In diesem Zusammengang könnte die COVID-Pandemie auch als globales Experiment zur Bestätigung der Rolle des selbstbestimmten Patienten als internationaler Konsumenten angesehen werden.

11.3   Konkrete Ansätze eines digital geprägten Gesundheitsmarktes – Prävention durch Prädiktion und personalisierte Gesundheitsleistungen

Die digitale Transformation wird zukünftig auch wesentliche Auswirkungen auf die individuelle Gesundheitsversorgung haben und dabei vor allem den Ersten Gesundheitsmarkt beeinflussen (z. B. Telemedizin).

Darüber hinaus ermöglichen neue Ansätze der tertiären Prävention (die Verhinderung einer neuerlichen Erkrankung) markt- und nachfragegerechte Möglichkeiten von Gesundheitsleistungen und damit auch der Gesundheitsversorgung. Digitale Anwendungen schaffen mit zunehmend personalisierten Dienstleistungen eine neue Vielfalt beim Kundenservice. Von den vernetzten Informationsketten und Wertschöpfungsprozessen profitieren besonders betreuungsintensive Segmente wie die Gesundheitsbranche.[1]

In diesem Sinne bieten „Big Data", „Digital Intelligence" sowie die moderne Datenverarbeitung einen neuen Ansatz der patientenzentrierten Gesundheitsversorgung und personalisierter Gesundheitsleistungen. Umfassende Datenbestände über die Patienten – seien es die elektronische Gesundheitsakte oder sonstige Datenbestände – machen es zukünftig möglich (bei einer noch notwendigen Weiterentwicklung), bereits bei einer Krankenhausaufnahme von Patienten die Wahrscheinlichkeit des Erfolgs einer Behandlung und damit auch das Behandlungsergebnis sowie das Risiko einer Wiederaufnahme zu berechnen. Damit einher geht die Möglichkeit, Risikopatienten besondere Aufmerksamkeit zukommen zu lassen, wodurch das Gesamtsystem optimiert, der Behandlungserfolg verbessert und die Patientenbetreuung stärker dem individuellen Bedarf angepasst werden kann.

Vor allem im Bereich der tertiären Prävention kann durch patientenbezogene Risikoberechnungen bzw. durch eine Prädiktion des Behandlungsergebnisses eine bedürfnisgerechte Ausrichtung der Behandlungsleistungen vorgenommen werden. Analog der PROMs-Zielsetzung wird im Rahmen der Prädiktionsmodelle neben einer Bewertung der Risikofaktoren auch eine individuelle Optimierung des Behandlungsprozesses und damit auch des Behandlungsergebnisses angestrebt. Beispielhaft beinhaltet die epidemiologische Ernährungsforschung die Identifizierung von Risikofaktoren für bestimmte Erkrankungen, ermöglicht aber auch die individuelle Vorhersage von Erkrankungsrisiken, basierend auf Prädiktionsmodellen. Gegenstand dieser Prädiktionsmodelle sind viele lebensstilbezogene Erkrankungen, wie z. B. kardiovaskuläre Erkrankungen und Diabetes mellitus Typ 2, da diese besonders geeignet sind, um Vorbeugemaßnahmen einzuleiten.[2]

Voraussetzung für die Prädiktionsmodelle – vor allem im Rahmen der Prävention von Erkrankungen – ist jedoch eine breite Akzeptanz der Zurverfügungstellung von personenbezogenen Daten dem Gesundheitssektor und konkret dem Gesundheitsdienstleister gegenüber. Gerade die Corona-Pandemie hat gezeigt, dass jene Länder, die die patientenbezogenen Daten in die Bekämpfung der Pandemie einbezogen haben, auch entsprechend schneller und erfolgreicher agieren konnten (siehe Israel oder Chile mit einem zentralen Impfregister).

---

[1]Vgl. O.V. (2021c): „Innovation im Sinne der menschlichen Gesundheit" in „Die Presse" vom 11. Mai 2021; „Die Presse" Verlags-Gesellschaft, Wien, S. 19.

[2]Vgl. Mühlenbruch K. (2013): „Prädiktionsmodelle in der epidemiologischen Ernährungsforschung", in Ernährungs Umschau 08/13, Wiesbaden, S. 132 ff unter URL https://www.ernaehrungs-umschau.de/print-artikel/14-08-2013-praediktionsmodelle-in-der-epidemiologischen-ernaehrungsforschung/ am 11.05.2021.

11.4   Neue Perspektiven ermöglichen einen realistischen Ansatz der Analyse

Mit jedem Wissenswachstum wird unsere Welt komplexer. Dementsprechend wachsen auch die Anforderungen an die Transparenz unserer einzelnen Lebensbereiche, wie z. B. Bildung, Gesundheit und Beruf. Damit sind die einzelnen Wissensbereiche, wie z. B. Medizin, Technik etc. auch nicht mehr in der Lage, menschliches Verhalten in einem umfassenden Sinne zu analysieren bzw. abzubilden.

Konkret sind auch nicht mehr die Medizin oder die Psychologie allein in der Lage, Patientenverhalten nur annähernd zu erklären und zu beeinflussen. Die Corona-Pandemie hat es ausgewiesen, dass einzelne Erklärungsansätze (z. B. für die Steigerung der Impfrate oder die Einhaltung von Lockdown-Maßnahmen) viel zu kurz greifen. Die unterschiedlichsten Fachleute und medizinischen Experten haben dabei immer nur Teilaspekte des menschlichen (Gesundheits-) Verhaltens – aus fachlicher Sicht jeweils richtig, aber meist aus einem Gesamtzusammenhang gerissen – berücksichtigt.

Was fehlt, ist ein umfassender Gesamtansatz aller Wissensdisziplinen und vor allem ein Einbeziehen der Verhaltensökonomie in einen modernen Erklärungsansatz von selbstbestimmten Patienten und Konsumenten von Gesundheitsleistungen. Im Rahmen der Corona-Pandemie wurde diesbezüglich die Forderung nach Evidenz für die entsprechenden verhaltensökonomischen Ansätze gestellt. Konkret geht es darum, dass die Verhaltenswissenschaften die wahrscheinlichen Folgen von Informations- und Anreizsystemen analytisch in Experimenten abbilden[3] und damit zur Beeinflussung des Gesundheitsverhaltens beitragen können.

Dementsprechend wird es zukünftig im aktiven und vor allem wirkungsorientierten Gesundheitsmanagement erforderlich sein, den konsumierenden Patienten möglichst interdisziplinär zu begleiten und Patientenverhalten zu analysieren (Zusammenwirken vieler Disziplinen), womit der Monopolstellung der Medizin eindeutig widersprochen wird. Dementsprechend hat die Corona-Krise die grundsätzliche Frage aufgeworfen: Was hilft der beste Impfstoff, wenn keiner bereit ist, sich impfen zu lassen?

Aktuelle Versuche, hier das konsumierende Verhalten der Bevölkerung in die Pandemiemaßnahmen aktiv einzubeziehen haben gezeigt, dass dieser modellhafte Ansatz durchaus seine Berechtigung hat und vor allem fast weltumspannend ist. In diesem Sinne können wir aufgrund der weltweiten Transparenz und des globalen Informationszuganges auch von einem internationalen Patienten sprechen, mit nationalen Ausprägungen aufgrund der Systemunterschiede.

---

[3] Vgl. Weiser U., Hertwig R. (2020): „Warum Impfanreize abschrecken können" von Weiser U. in „Die Presse" vom 19.12.2020, „Die Presse" Verlags-Gesellschaft, Wien, S. 4 gemäß einem Interview mit Hertwig R., Kognitionspsychologe am deutschen Max-Planck-Institut.

11.5   Grundsätzliche Erfordernisse einer verhaltensökonomischen Erforschung des selbstbestimmten Patienten als Konsument

Im Sinne der Verhaltensökonomie kann die vorliegende Analyse nur Ansatz einer tiefgreifenden Erforschung des Patienten- als Konsumentenverhalten darstellen. Vor allem die neuen Perspektiven aus der Sicht der Verhaltensökonomie stellen diesen wirkungsorientierten Analyse-Ansatz sicher. In Kombination mit experimenteller Verhaltensforschung könnte sich generell eine neue Positionierung des Patienten als Konsumenten im Gesundheitsmarkt abbilden. Widersprüche zu dieser Sichtweise würden dabei die ermittelten Sachverhalte nur noch weiter erhärten.

Vor allem internationale Studien würden hier durch eine globale Erfassung des Patienten als Konsumenten neue Ansätze durch zusätzliche Perspektiven ermöglichen und etwaige unterschiedliche – nationale – Verhaltens- und Entscheidungsmuster herausarbeiten. Dementsprechend wäre die Verhaltensökonomie veranlasst, auf die Erforschung des Spannungsverhältnisses von Angebot und Nachfrage in dynamischen Gesundheitsmärkten einen besonderen Schwerpunkt zu setzen.

Gleichzeitig würde mit der optimalen Gesundheitsversorgung als Markt auch die Möglichkeit gegeben sein, riesige Wirtschaftlichkeitspotenziale zu heben und damit auch die Effektivität der Behandlungsprozesse – vor allem im Sinne einer kundengerechten Gestaltung – verbessert werden. Konkret wäre zum Beispiel – unter Bezugnahme auf die vorangegangenen Analysen – zu untersuchen, warum es Aspirin als Markenprodukt gelungen ist, so lange am Markt zu überleben, während man einer COVID-19-Impfung – trotz globaler Milliardeninvestitionen in Entwicklungs- und Verkaufsförderungsmaßnahmen – dieses Produktvertrauen noch nicht entgegenbringt. Schlussfolgernd wird damit im Vergleich nochmals die Hypothese eines irrational handelnden, aber imagemäßig beeinflussbaren Patienten als Konsumenten (der auf eine Marke reagiert) gestärkt.

11.6   Der selbstbestimmte Patient und Konsument im Rahmen einer „Patient Journey"[4]

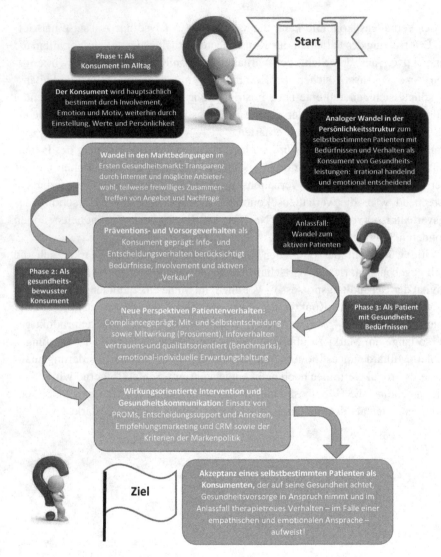

11.7   Gesamtconclusio

Übersicht zusammengefasster Ergebnisse der Entwicklung des Patienten zum Konsumenten

---

[4] Diese Übersicht ist auch als Download verfügbar, zu finden über die Produktseite des Buchs auf https://link.springer.com/ in den Informationen zu diesem Kapitel. Abbildung: © Anatoly Maslennikov.

Kriterien	Alter Patient		Neuer Patient als Konsument	
	Typologisierung (Verhalten)	Maßnahmen (Instrumente)	Typologisierung (Verhalten)	Maßnahmen (Instrumente)
Marktgeschehen und Gesundheit (Kap. 2 und 3)				
• Allgemeine Marktkriterien	Anbietermarkt mit Expertensystem – Medizinmarkt ohne Wahlmöglichkeit		Nachfragemarkt mit Partnerschaft – Gesundheitsmarkt mit Wahlmöglichkeit	
• Marktverhalten	Ausgangspunkt: rationales Verhalten – kognitiv geprägt		Ausgangspunkt: irrationales Verhalten – emotional geprägt	
• Angebots-Nachfragebeziehung	Streng hierarchisch		Partnerschaftlich, i.S. von Co-Produzenten	
• Gesundheitsverständnis	Rein physiologischer Gesundheitsbegriff: körperliche Funktionsfähigkeit im Fokus		Gesundheit und Krankheit haben auch psychische Komponente, Wohlfühlen im Fokus	
• Sichtweise Gesundheitsangebot	Ethische Komponente der Medizin im Mittelpunkt – klinische Sichtweise		Kommerzialisierung: Gesundheit wird zum Produkt – Sichtweise des Wohlfühlens	
	Angebot muss medizinisch wirken (naturwissenschaftlich orientiert)		Patient muss auch vom Angebot überzeugt werden (naturwissenschaftlich orientiert und in Konsumwelt passend)	

Conclusio 1: Der Gesundheitssektor hat sich zu einem „echten" Markt (volkswirtschaftlich betrachtet im Sinne eines aktiven und funktionierenden Marktgeschehens) entwickelt.

Umbruch Patientensicht und deren Evidenz (Kap. 4 und 5)		
• Rollenverständnis Patient	Patient ist fremdbestimmt „Leidender" an dem – passiv – Behandlungen durchgeführt werden (keine therapeutische Mitwirkung)	Patient ist selbstbestimmter „Erkrankter" der nach Möglichkeit bei den Behandlungen – aktiv – mitproduziert (als „Prosument" therapeutische Mitwirkung)
• Kundenrolle des Patienten	Patient ist fremdbestimmter Klient eines medizinischen Gesundheitssystems	Patient ist selbstbestimmter Konsument von Gesundheitsdienstleistung
• Einfluss Experten	Patient wird von Experten „überredet", dieser ist Hauptinformant und entscheidet über den medizinischen Dienstleister	Patient wird vom Angebot „überzeugt", Arzt bleibt wichtiger Informant, verliert aber die Entscheidungsfunktion
• Empirische Evidenz	Patient ist Leidender und von den Experten abhängig, hat keinen Marktüberblick und überlässt die Entscheidung den Experten (fremdbestimmt), Informationen hauptsächlich über Arzt und klassische Medien	Patient ist als Konsument von Gesundheitsdienstleistungen angekommen, verschafft sich Überblick, wählt aus und entscheidet (selbstbestimmt), Experten bleiben Informanten. Befunde: Gesundheitsbegriff nur bedingt aktivierend, Gesundheitsförderung und Prävention weist Potential aus, KH-Entscheidung zunehmend selbstbestimmt (Basis: neutraler

Conclusio 2: Der Patient hat sich zu einem selbstbestimmten Entscheider bei der Inanspruchnahme von medizinischen Leistungen entwickelt!Die Bedeutung der Gesundheitsthematik allgemein weist aktuell grundsätzlich auf ein entsprechendes Interesse hin, wobei noch weteres Potenzial für die Internetkommunikation - inklusive Social Media - in Richtung Markttransparenz und Entscheidungsunterstützung ausgewiesen wird.

Neues Konsumverhalten von Patienten (Kap. 6 und 7)		Leistungsvergleich), Internet- und Social Media Auftritte von KH stehen u.a. für regionale Versorgung und Patientensicherheit	
• Konsumentenverhalten und Patient		Die Analyse weist eine starke Analogie des allgemeinen Konsumentenverhaltens mit dem Patientenverhalten aus, wobei aktuell die bestimmenden Faktoren – wie Emotion, Motivlage, Aktiviertheit und Einstellung übereinstimmen	

Conclusio 3: Das Verhalten von Patienten weist eine hohe Konsumentenanalogie auf, wobei auch die Bestimmungsfaktoren für das Konsumentenverhalten bei den Patienten nachgewiesen werden konnten, was im Rahmen der Bedürfnisbefriedigung und in der Kommunikation durch den emotionalen Faktor verbunden mit der Motivlage, der situativen Aktivierung sowie den persönlichen Einstellungen besonderszu berücksichtigen ist.

Konsumentengerechte Ansprache von Patienten (Kap. 8)			
• Entscheidungsverhalten von Patienten	"Verordnungssystem" mit einseitiger Therapieinformation,	Diskursiver Weg, Experte (z.B. Arzt) bespricht mit Patient als Konsument die therapeutische Behandlung, der dann entscheidet (=selbstbestimmt)	

● Mitwirkung Patienten	Experte entscheidet alleine bzw. überwiegend über therapeutische Behandlung Patient hat Behandlungsplan zu „befolgen"		Compliance bildet die Basis der Therapie bzw. Mitwirkung der Patienten	
● Leistungsgestaltung	Kein Interesse an Prävention (siehe Impfraten, Präventionsparadoxon), Gesundheitsvorsorge und Prävention haben keinen Produktcharakter	Standardisierte Leistung durch tradierte Kompetenz	Prävention als Ausdruck von Selbstverantwortung (Überwindung Präventionsparadoxon), Gesundheitsvorsorge und Prävention haben Produktcharakter, Angebot muss attraktiv sein	Individualisierung standardisierter Leistung,
● Informations- und Kommunikationsverhalten	Patient verfügt über geringes Wissen betreffend seiner Gesundheit bzw. Krankheit und hat erschwerten Zugang zu Gesundheitsinformationen, Gesundheitskommunikation rational orientiert		Der informierte Patient wird zum Online-Konsumenten und zum Experten seiner Gesundheit, hat leichteren Zugang zu Gesundheitsinformationen, Gesundheitskommunikation emotional und compliancebildend orientiert, Referenzgruppenfit	
● Markttransparenz und Patient		Keine Markttransparenz: Klassische Medien (Werbeinstrumente) dienen der Rollenabsicherung und Imagebildung		Internet erhöht Markttransparenz und stützt Entscheidungsverhalten der selbstbestimmten Patienten,

• Vergleichen und Qualitätssicht	Keine Vergleichsmöglichkeiten über Anbieter und keinen Überblick über die Leistungsqualität	Gamification und Benchmarking erleichtern Zugang und einen Leistungsvergleich zusätzlich zu den klassischen Medien
• Ansprache des Patienten und Konsumenten von Gesundheitsleistungen	Durch den Glauben an den rational handelnden Patienten werden immer nur die Gesundheitsgefahren angeführt (rational-kognitiv orientierte Ansprache)	Neuromarketing geht von einer emotionalen Ansprache aus, die den Patienten berührt und seine Gesundheitskompetenz einbindet (Sinn- und Lösungsorientierung)
• Angebotszugang seitens Gesundheitsdienstleister	Zu- und Einweisermarketing im Fokus des Krankenhausmarketings (keine Wahl) – Patient wird zu- bzw. eingewiesen	Zu- und Einweisermarketing entwickelt sich zum Vermittlungsmarketing nach Beratungsprozess – Patient wird nach seiner Entscheidung vermittelt
• Kommunikationsprinzip	Wird von Experten „überredet"	Wird von Experten überzeugt
Conclusio 4: Der selbstbestimmte Patient als Konsument verfolgt einen diskursiven Weg, erfordert compliancebildende Maßnahmen und Kommunikation, bedient sich des Internets und konkreter Leistungsvergleiche (z. B. Benchmarking), erwartet eine emotionale Ansprache sowie eine kundengerechte Vermittlung. Damit will der neue Patient als Konsument auswählen, entscheiden und mitwirken.		
Wirkungsorientierte Ansätze patientengerechter Interventionen (Kap. 9)		
• Patientenmitwirkung		Standardisierte Patientenbefragung zur

	Entscheidungsunterstützung durch Lösungs- und Ressourcenorientierung	Mitwirkung: PROM's und die personalisierte Medizin
• Entscheidungsarchitektur und -unterstützung sowie Anreize		Patientengerechte Entscheidungsarchitekturen und Anreize zum gesundheitskonformen Verhalten (z.B. Feedback oder Entscheidungssupport)
• Empfehlungsmarketing		Empfehlungsmarketing als persönliche Information mit großem Vertrauenspotenzial
• Customer Relationship Management		Aktive Beziehungspflege mit Customer Relationship Management durch kundengerechte Ansprache
• Markenpolitik		Markenpolitik und das besondere Vertrauen der Patienten in Markenprodukte und emotional wirkendes Image

Conclusio 5: Im Sinne einer wirkungsorientierten Intervention und Ansprache ägnen sich besonders das PROMS-Instrumentarium zur Mitwirkung und Compliance-Bildung, Anreize zur Impulssetzung, Empfehlungsmarketing und die Markenpolitik zur speziellen Vertrauens- und Imagebildung.

Gesamtconclusio aus der Analyse des selbstbestimmten Patienten als Konsumenten: Der selbstbestimmte Patient als Konsument von Gesundheitsleistungen befindet sich in einem „neuen" (i.S. von funktionstüchtigen) Gesundheitsmarkt, entscheidet und wirkt mt, sieht sich als Kunde des Systems, fokussiert auf eine individuelle Lösungs- und Ressourcenorientierung und bedingt eine emotionale, motivierende sowie vertrauensaufbauende Ansprache.

Literatur

Bücher (Monographien, Sammelbände, Lexika)

Albrecht M.D., Töpfer A. (Hrsg.) (2006): Erfolgreiches Changemanagement im Krankenhaus, 15-Punkte Sofortprogramm für Kliniken, Heidelberg, Springer Medizin Verlag

Ahlert D., Kenning P., Brock C. (2018): Handelsmarketing, Grundlagen der marktorientierten Führung von Handelsbetrieben, Berlin, Springer Gabler Verlag

Bofinger P. (2007): Grundzüge der Volkswirtschaftslehre – Eine Einführung in die Wissenschaft von Märkten, 2. Auflage, München, Pearson

Esch F.R. (Hrsg.) (2005): Moderne Markenführung, Grundlagen-Innovative Ansätze-Praktische Umsetzungen; Wiesbaden, Springer

Gouthier M.H.J. (2001): Patienten-Empowerment, in Kreyher V.J. (Hrsg.) (2001): Handbuch Gesundheits- und Medizinmarketing, Chancen, Strategien und Erfolgsfaktoren, Heidelberg, R. v. Decker Verlag

Harms F., Gänshirt D. (Hrsg.) (2005): Gesundheitsmarketing, Patientenempowerment als Kernkompetenz, Stuttgart, Lucius & Lucius

Harms F., Gänshirt D. (2005a): Virtuelles Marketing – Erfolgsfaktor der Zukunft, in Harms F., Gänshirt D. (Hrsg.) (2005): Gesundheitsmarketing, Patientenempowerment als Kernkompetenz, Stuttgart, Lucius & Lucius

Harms F., Gänshirt D., Graf A. (2005): Customer-Relationship-Management (CRM), Zukunftsperspektiven für innovative Pharmamarketingkonzepte, in Harms F., Gänshirt D. (Hrsg.) (2005): Gesundheitsmarketing, Patientenempowerment als Kernkompetenz, Stuttgart, Lucius & Lucius

Harms F., Gänshirt D., Lonsert M. (2005): Zukunftsperspektiven für pharmazeutisches Marketing; in: Harms F., Gänshirt D. (Hrsg.) (2005): Gesundheitsmarketing, Patientenempowerment als Kernkompetenz, Stuttgart, Lucius & Lucius

Handelsblatt (2006): Wirtschaftslexikon – Das Wissen der Betriebswirtschaftslehre; Band 7, Ulm

Heimerl P. (2005): Wandel und Intervention in Gesundheitsorganisationen, Wien, Linde Verlag

Heinrich S., Schmitt K.J., Wetekam V.G. (2001): Effizienz- und Qualitätssteigerung im Krankenhaus durch Prozessmanagement, in Kreyher V.J. (Hrsg.) (2001): Handbuch Gesundheits- und Medizinmarketing, Chancen, Strategien und Erfolgsfaktoren, Heidelberg, R. v. Decker Verlag

Hoffmann S., Schwarz U., Mai R. (Hrsg.) (2012): Angewandtes Gesundheitsmarketing, Wiesbaden, Springer Gabler

© Der/die Herausgeber bzw. der/die Autor(en), exklusiv lizenziert an Springer Fachmedien Wiesbaden GmbH, ein Teil von Springer Nature 2022
K. Hubatka, *Wie Patienten ticken? Wie Konsumenten handeln!*,
https://doi.org/10.1007/978-3-658-37998-8

Hubatka K. (Hrsg.) (2010): Erfolg von Kur, Rehabilitation und Wellness; Ergebnisse von Befragungen zur Qualitätssicht der Anbieter, Kunden und Zuweiser, Nr. 38 der Schriftenreihe „Gesundheitswissenschaften", OÖ Gebietskrankenkasse, 2010, Linz

Illing, K.T. (1999): Der Neue Gesundheitstourismus. Wellness als Alternative zur traditionellen Kur?, Studie, Berlin

Jurak A., Karmann A., Lukas D., Werblow A. (2012): Gesundheitsökonomie; Nachfrage nach Gesundheitsleistungen in Hoffmann S., Schwarz U., Mai R. (Hrsg.) (2012): Angewandtes Gesundheitsmarketing, Wiesbaden, Springer Gabler

Knöfl O., Lang S., Adler S. (2005): Pharmamarkt und Finanzdienstleistung; Parallelen zum Thema Kundenempowerment in Harms F., Gänshirt D. (Hrsg.) (2005): Gesundheitsmarketing, Patientenempowerment als Kernkompetenz, Stuttgart, Lucius & Lucius

Koch C. (Hrsg.) (2010): Achtung: Patient online! Wie Internet, soziale Netzwerke und kommunikativer Strukturwandel den Gesundheitssektor transformieren, Wiesbaden, Gabler

König R. (Hrsg.) (1979): Handbuch der empirischen Sozialforschung, Bad 14, Religion*Bildung*Medizin, Stuttgart, Ferdinand Enke Verlag

Kray R. (2010): Achtung Patientendämmerung online! in: Koch C. (Hrsg.) (2010): Achtung: Patient online!, Wie Internet, soziale Netzwerke und kommunikativer Strukturwandel den Gesundheitssektor transformieren, Wiesbaden, Gabler

Kreyher V.J. (2001): Gesundheits- und Medizinmarketing – Herausforderungen für das Gesundheitswesen, in Kreyher V.J. (Hrsg.) (2001): Handbuch Gesundheits- und Medizinmarketing, Chancen, Strategien und Erfolgsfaktoren, Heidelberg, R. v .Decker Verlag

Kreyher V.J. (Hrsg.) (2001): Handbuch Gesundheits- und Medizinmarketing, Chancen, Strategien und Erfolgsfaktoren, Heidelberg, R. v. Decker Verlag

Lloyd de Mause (2005): Das emotionale Leben der Nationen, Klagenfurt, Drava Verlag

Mai R., Schwarz U., Hoffmann S. (2012): Gesundheitsmarketing: Schnittstelle von Marketing, Gesundheitsökonomie und Gesundheitspsychologie, in Hoffmann S., Schwarz U., Mai R. (Hrsg.) (2012): Angewandtes Gesundheitsmarketing, Wiesbaden, Springer Gabler

Mankiw N.G., Taylor M.P. (2008): Grundzüge der Volkswirtschaftslehre; 4. Auflage, Stuttgart, Schäffer Poeschl

Meffert H., Bruhn M. (2009): Dienstleistungsmarketing, Grundlagen – Konzepte – Methoden, 6. Auflage, Wiesbaden, Gabler GWV

Meffert H., Burmann C., Kirchgeorg M. (2008): Marketing, Grundlagen moderner Unternehmensführung; Wiesbaden, 10. Auflage, Verlag Dr. Th. Gabler

Neundlinger D. (2010): Qualitätsdimensionen aus der Sicht der Patienten/Kunden, in Hubatka K. (Hrsg.) (2010): Erfolg von Kur, Rehabilitation und Wellness; Ergebnisse von Befragungen zur Qualitätssicht der Anbieter, Kunden und Zuweiser, Nr. 38 der Schriftenreihe „Gesundheitswissenschaften", OÖ Gebietskrankenkasse, Linz

Paetow H. (2001): Neue Anforderungen an das Gesundheitsmarketing, in Zerres M., Zerres C. (Hrsg.) (2001): Gesundheitsmarketing, Analyse ausgewählter Träger des deutschen Gesundheitswesens unter besonderer Berücksichtigung einer Patientensouveränität, München und Mering, Rainer Hampp Verlag

Papenhoff M., Platzköster C. (2010): Marketing für Krankenhäuser und Reha-Kliniken, Heidelberg, Springer Medizin Verlag

Pflanz M. (1979): Medizinsoziologie, in König R. (Hrsg.) (1979): Handbuch der empirischen Sozialforschung, Bad 14, Religion*Bildung*Medizin, Stuttgart, Ferdinand Enke Verlag

Popper K.R. (1973): Objektive Erkenntnis – Ein evolutionärer Entwurf, Hamburg; Hoffmann & Campe

Rademacher L., Remus N. (2010): Kommunikationsmanagement im Gesundheitswesen, in: Koch C. (Hrsg.) (2010): Achtung: Patient online! Wie Internet, soziale Netzwerke und kommunikativer Strukturwandel den Gesundheitssektor transformieren, Wiesbaden, Gabler

Rüger C. (2012): Pharmamarketing, in Hoffmann S., Schwarz U., Mai R. (Hrsg.) (2012): Angewandtes Gesundheitsmarketing, Wiesbaden, Springer Gabler

Sachse R., Langens T., Sachse M. (2018): Klienten motivieren; Therapeutische Strategie zur Stärkung der Veränderungsbereitschaft, Köln/Bonn, Psychiatrie Verlag

Scherenberg V. (2012): Potenziale des Neuromarketings für die Gestaltung von Gesundheitskampagnen, in: Hoffmann S., Schwarz U., Mai R. (Hrsg.) (2012): Angewandtes Gesundheitsmarketing, Wiesbaden, Springer Gabler

Scherenberg V. (2017): Präventionsmarketing, Ziel- und Risikogruppen gewinnen und motivieren, Konstanz und München, utb-UVK-Verlag

Schulze G. (2005): Unterwegs zu einem neuen Gesundheitsmarkt, in Harms F., Gänshirt D. (Hrsg.) (2005): Gesundheitsmarketing, Patientenempowerment als Kernkompetenz, Stuttgart, Lucius & Lucius

Siegrist J. (1995): Medizinische Soziologie, 5. Auflage, München-Wien-Baltimore, Urban & Schwarzenberg

Szallies R., Wiswede G. (1990) (Hrsg.), Wertewandel und Konsum, Fakten, Perspektiven und Szenarien für Markt und Marketing, Landsberg/Lech, Verlag Moderne Industrie

Thaler R.H., Sunstein C.R. (2019): Nudge – Wie man kluge Entscheidungen anstößt; 15. Auflage, Berlin, Ullstein

Thaler R.H., Sunstein C.R. (2008): Nudge – Improving decisions about health, wealth and happiness, Yale University Press (2008), Penguin Books (2009)

Toffler A. (1987): Die dritte Welle, Zukunftschance, Perspektiven für die Gesellschaft des 21. Jahrhunderts, München, C. Bertelsmann

Töpfer A. (2006): Marktorientierte Ausrichtung und Gestaltung aller Klinikaktivitäten, in Albrecht M.D., Töpfer A. (Hrsg.) (2006): Erfolgreiches Changemanagement im Krankenhaus, 15-Punkte Sofortprogramm für Kliniken, Heidelberg, Springer Medizin Verlag

Töpfer A. (2006a): Konzeption und Messung der Zufriedenheit von Adressaten der Klinikleistung, in Albrecht M.D., Töpfer A. (Hrsg.) (2006): Erfolgreiches Changemanagement im Krankenhaus, 15-Punkte Sofortprogramm für Kliniken, Heidelberg, Springer Medizin Verlag

Wallacher B., Quinger M., Bruder S. (2005): Gesundheit im Internet, Innovatives Gesundheitsmanagement, in Harms F., Gänshirt D. (Hrsg.) (2005): Gesundheitsmarketing, Patientenempowerment als Kernkompetenz, Stuttgart, Lucius & Lucius

Wiswede G. (1990): Der neue Konsument im Lichte des Wertewandels, in: Szallies R., Wiswede G. (Hrsg.) (1990), Wertewandel und Konsum, Fakten, Perspektiven und Szenarien für Markt und Marketing, Landsberg/Lech, Verlag Moderne Industrie

Woll A. (1978): Allgemeine Volkswirtschaftslehre, 6. Auflage, München, Verlag Vahlen

Zerres M., Zerres C. (Hrsg.) (2001): Gesundheitsmarketing, Analyse ausgewählter Träger des deutschen Gesundheitswesens unter besonderer Berücksichtigung einer Patientensouveränität, München und Mering, Rainer Hampp Verlag

Ziesche A. (2008): Patientenzufriedenheit im Krankenhaus, Maßnahmen zur Verbesserung, Wismarer Schriften zum Management und Recht, Band 11, Salzwasser Verlag

Internetquellen

ACS (2021): National Surgical Quality Improvement Program (facs.org) unter URL https://www.facs.org/quality-programs/acs-nsqip am 13.06.2021

Ärztezeitung (2020): Schlechte Compliance kostet viele Infarkt-Patienten das Leben, Springer Medizin, unter URL: https://www.aerztezeitung.de/Medizin/Schlechte-Compliance-kostet-viele-Infarkt-Patienten-das-Leben-351049.html am 13.01.2020

Benchmarking (2021): Gabler Wirtschaftslexikon unter URL https://wirtschaftslexikon.gabler.de/definition/benchmarking-29988 am 10.05.2021

Bertelmann Stiftung (2018): Patienten schätzen „Dr. Googles" Vielseitigkeit, Studie unter Quellbezug auf das Rheingold-Institut unter URL: https://www.bertelsmann-stiftung.de/de/themen/aktuelle-meldungen/2018/januar/patienten-schaetzen-dr-googles-vielseitigkeit?print=   am 30.07.2021

Czypionka T., Schnabl A., Lappöhn S., Six E., Zenz H. (2018): Ein Gesundheitssatellitenkonto für Österreich: Update Jahr 2013, Institut für Höhere Studien (IHS), Wien 25. April 2018; gem. URL: https://www.wko.at/site/Plattform-Gesundheitswirtschaft/IHS_Praesentation_2017_Veranstaltung.pdf am 22.11.2018

DER SPIEGEL (2021): „Ikea bietet Kunden in Israel Corona-Impfungen an" am 16.03.2021; unter URL https://spiegel.de/wirtschaft/unternehmen/ikea-bietet-kunden-in-israel-corona-impfungen-an-a-c4fbe350-23d1-4944-a028-57adb9af66e8

Erne G. (2003): Marktversagen auf den Märkten für Gesundheitsgüter, unter URL: http://www.ergio.ch/index_htm_files/Marktversagen.pdf am 19.03.2021

fgoe (2021), Fonds Gesundes Österreich unter URL https://fgoe.org/glossar/setting am 31.05.2021

Fonds Gesundes Österreich (2022): Jarkarta-Erklärung unter URL https://fgoe.org/glossar/jakarta_erklaerung am 19.09.2022

Gesundheitsförderung unter URL: https://www.who.int/healthpromotion/conferences/previous/ jakarta/en/hpr_jakarta_declaration_german.pdf am 04.05.2021

Greelane   gem.URL: https://www.greelane.com/wissenschaft-technologie-mathematik/sozialwissenschaften/collective-consciousness-definition-3026118/ am 31.03.2021

Heidbrink L., Langbehn C., Loh J. (2017): Handbuch Verantwortung, Zusammenfassung, Wiesbaden, unter URL: https://link.springer.com/chapter/10.1007/978-3-658-06110-4_25 am 28.07.2021

Hilbert, J., Dahlbeck E., Cirkel M. (2009): Gesundheit ist Zukunft, Die Gesundheitswirtschaft in Schleswig-Holstein, Institut für Arbeit und Technik, Gelsenkirchen, S. 4f unter URL: https://www.iat.eu/aktuell/veroeff/2009/hilbert02.pdf am 28.07.2021

ISQua Org. (2021): International Society for Quality in Health Care, unter URL https://isqua.org/who-we-are-heading/our-organisation am 16.06.2021

LMU (2021): Erkenntnistheorie – Fakultät für Philosophie, Wissenschaftstheorie und Religionswissenschaft – LMU München (uni-muenchen.de), unter URL: https://www.philosopie.uni-muenchen.de/fakultaet/schwerpunkte/erkenntnistheorie/index am 27.01.2021

Martin S. (2017): Toward a Model of Word-of-Mouth in the Health Care Sector, JOURNAL OF NONPROFIT & PUBLIC SECTOR MARKETING, VOL. 29, NO. 4, Taylor & Francis Online, S. 434; unter URL https://doi.org/10.1080/10495142.2017.1326344

Karmasin S. (2021): Sinn und Unsinn von Anreizsystemen, gemäß Nachlese 14. CCIV Symposium Integrierte Versorgung vom 02.12.2021, Wien; unter URL www.cciv.at/cdscontent/?contentid=10007.864499&portal=ccivportal am 30.06.2021

Krause W. (2017): Die hässliche Macht der Masse, über die Festrede von Ferdinand von Schirach (gemäß der Kleinen Zeitung vom 28.07.2017), unter URL: https://austria-forum.org/af/Wissenssammlungen/Essays/Kultur/FerdinandvonSchirachbeiSalzburgerFestspielen am 28.12.2020

Krisam M. (2021): Thinking outside the Box: Nudging? gemäß Nachlese 14. CCIV Symposium Integrierte Versorgung vom 02.12.2021, Wien; unter URL www.cciv.at/cdscontent/?contentid=10007.864499& portal=ccivportal am 30.06.2021

Mühlenbruch K. (2013): „Prädiktionsmodelle in der epidemiologischen Ernährungsforschung", in Ernährungs Umschau 08/13, Wiesbaden, S. 132ff unter URL https://www.ernaehrungs-umschau.de/print-artikel/14-08-2013-praediktionsmodelle-in-der-epidemiologischen-ernaehrungsforschung/ am 11.05.2021

Neumüller H. (2021): "Die Bürger schnell durchimpfen ist derzeit die beste Finanzpolitik" in den OÖ Nachrichten am 16.03.2021 unter URL https://www.nachrichten.at/wirtschaft/die-buerger-schnell-durchimpfen-ist-derzeit-die-beste-finanzpolitik;art15,3368027

OECD (2020): Recommendations to OECD Ministers of Health from the High Level Reflection Group on the Future of Health Statistics, January 2017, S. 9, unter URL https://www.oecd.org/els/health-systems/Recommendations-from-high-level-reflection-group-on-the-future-of-health-statistics.pdf am 11.01.2020

Patient (2018) unter URL: https://de.wikipedia.org/wiki/Patient am 01.10.2018

Patient (2021) unter URL: https://flexikon.doccheck.com/de/Patient am 01.06.2021

Präventionsparadox (2021) unter URL https://lexikon.stangl.eu/28841/praeventionsparadox/comment-page-1 am 29.04.2021

Preinsack B. (2013): Personalisierte Medizin aus der Sicht des Patienten – Nutzen oder Überforderung, in Deutscher Ethikrat: Tagungsdokumentation Personalisierte Medizin – der Patient als Nutznießer oder Opfer? Berlin 2013, S. 24 unter URL https://www.ethikrat.org/ fileadmin/Publikationen/Dokumentationen/tagungsdokumentation-personalisierte-medizin.pdf am 16.06.2021

PROMs (2019): Patient-reported outcome measures and patient-reported experience measures, unter URL https://academic.oup.com/bjaed/article/17/4/137/2999278 am 06.12.2019

PROs (2020): Patient Reported Outcomes, unter URL https://toolbox.eupati.eu/resources/beurteilung-der-patient-reported-outcomes-pros/?lang=de am 10.01.2020

Rotes Kreuz (2021) unter URL https://www.roteskreuz.at/news-knotenseite/news-25 am 27.08.2021

science ORF.at (2020): Wie man die Impfrate steigern könnte, unter URL: https://science.orf.at/stories/2988884/ am 13.01.2020

Sickler M., Sahebi A. (2006): Markenpolitik, Seminararbeit, München, GRIN Verlag unter URL https://www.grin.com/document/62093 am 09.09.2020

WHO (2021): Health Literacy unter URL https://www.nih.gov/institutes-nih/nih-office-director/office-communications-publicliaison/clear-communication/health-literacy am 23.06.2021 und am 08.08.2022

Wie man Impfrate steigern könnte unter URL https://science.orf.at/stories/2988884/ am 13.01.2020

Wikipedia (2021): Marktversagen, unter https://de.wikipedia.org/wiki/Marktversagen am 19.03.2021

Wirtschaftslexikon24.com „Homo oeconomicus", Ausgabe 2020,unter URL www.wirtschaftslexikon24.com/d/ homo-oeconomicus/homo-oeconomicus.htm am 28.12.2020

Wirtschaftslexikon (2021): Empfehlungsmarketing, unter URL https://www.onpulson.de/?post_type=lexikon&s=Empfehlungsmarketing am 17.05.2021

Journale, Zeitschriften, Zeitungen, Verbandsnachrichten

(APA/red.) (2021): „Tourismus: Kriterien für den Grünen Pass", in Die Presse vom 13.04.2021, „Die Presse" Verlags-Gesellschaft, Wien

Bém M. (2021): „Singapurs Corona-Wunder" in Sonntagkrone, OÖ Kronenzeitung, vom 17. Jänner 2021, Mediaprint, Wien

Bonavida I. (2020): „Wenn es um Dritte geht, agieren wir viel rationaler", in Die Presse vom 28.11.2020, „Die Presse" Verlags-Gesellschaft, Wien

(eiba) (2021): „Covid-Intensivpatienten werden mehr und sind immer jünger" in OÖ Nachrichten vom 23.03.2021; Wimmer Medien, Linz

Hubatka K. (2017b): Qualitätsmanagement und die Publikation von Krankenhaus-Qualitätsdaten, Spektrum, Hochschule Ludwigshafen am Rhein, Januar 2017, Ludwigshafen

Kotanko C. (2020): „Der Stoff, aus dem die Hoffnung ist: Wie wird die Bevölkerung überzeugt?" in OÖ Nachrichten vom 18.12.2020, Wimmer Medien, Linz

(mad.) (2021): „Zwischen Lust und Angst – die Gier nach Shopping" in Die Presse vom 09.02.2021; „Die Presse" Verlags-Gesellschaft, Wien

Mitteilungen des Bundesverbandes Deutscher Privatkrankenanstalten (2004): Qualitätsmanagement in der medizinischen Rehabilitation, f&w 2/2004, 21. Jahrg., Berlin

O.V. (2021): „Zwischen Lust und Angst – die Gier nach Shopping" in Die Presse vom 09.02.2021; „Die Presse" Verlags-Gesellschaft, Wien

O.V. (2021a): „Gewinne für Geimpfte: Polen lockt mit Lotterie", in Die Presse vom 26.05.2021, „Die Presse" Verlags-Gesellschaft, Wien

O.V. (2021b): „Impfen ohne Anmeldung: Land weitet Angebot aus" in den OÖ Nachrichten am 12.07.2021; Wimmer Medien, Linz

O.V. (2021c): „Innovation im Sinne der menschlichen Gesundheit" in „Die Presse" vom 11. Mai 2021; „Die Presse" Verlags-Gesellschaft, Wien

(Reuters) (2021): „Warum Israel schneller ist als andere", in Die Presse vom 07.01.2021, „Die Presse" Verlags-Gesellschaft, Wien

Schiretz V., Lorber L., Dringel S. (2021): „Kompetenz als beste Medizin", in Die Presse, vom 22.06.2021, „Die Presse" Verlags-Gesellschaft, Wien

Spang T. (2021): „Amerika hofft auf Herdenimmunität schon Anfang Juli" in OÖ Nachrichten vom 17.04.2021, Wimmer Medien, Linz

(spang) (2021) „Eine Millionen-Gewinn als Impfanreiz" in den OÖ Nachrichten vom 28.05.2021, Wimmer Medien, Linz

Weiser U., Hertwig R. (2020): „Warum Impfanreize abschrecken können" von Weiser U. in „Die Presse" vom 19.12.2020, „Die Presse" Verlags-Gesellschaft, Wien

Tagungsbeiträge, Hochschulschriften und wissenschaftliche Arbeiten

Dickinger G. (1999): Vom Krankenversicherer zum Gesundheitssicherer, Dissertation in Rahmen der Schriften der Johannes Kepler Universität Linz, Linz

Forster A. (2017): Eine empirische Evaluierung des „selbstbestimmten Patienten", Bachelor-Arbeit, Fachhochschule OÖ., Steyr

Hubatka K. (2017a): Patient Safety, Medical Care and Social Media, Posterbeitrag zur ISQua-Tagung, 01.-03.10.2017, London

Hubatka K. (2017b): Qualitätsmanagement und die Publikation von Krankenhaus-Qualitätsdaten, Spektrum, Hochschule Ludwigshafen am Rhein, Januar 2017, Ludwigshafen

Hubatka K. (1994): Die Markenentwicklung und Angebotsprofilierung im Kur- und Gesundheits-tourismus, ein empirischer Ansatz, Dissertation, Johannes Kepler Universität Linz, Linz

Hubatka K. et al. (2017a): Projektbericht „Patienten- und Kundenkommunikation von Kliniken im Social Media Bereich", Fachhochschule OÖ, Steyr-Linz

Hubatka K. et al. (2017b): Neupositionierung der Fitnessbranche im Gesundheitsmarkt – Projekt-bericht, Fachhochschule OÖ, Steyr-Linz

Hubatka K., Petz G. (2017): Projektbericht „Weiterentwicklung Kliniksuche.at", Fachhochschule OÖ, Steyr-Linz

Hubatka K., Petz G., Halmerbauer G. (2016): Projektbericht „Kliniksuche.at", Fachhochschule OÖ, Steyr-Linz

Hubatka K., Halmerbauer G., Türk S. (2016): Quality Data and Clinic Decision, Posterbeitrag zur ISQua-Tagung, 16.-20.10.2016, Tokio

Prebanda M. (2009): Notwendigkeit ökonomischer Ansätze im österreichischen Gesundheitswesen, Diplomarbeit, Johannes Kepler Universität, Linz

Raffetseder C.M. (2019): Compliance-Bildung als Schlüssel für den Reha-Erfolg – am Beispiel des optimierten Informationsprozesses der Herz-Kreislauf Rehabilitation, Masterarbeit, Fachhochschule OÖ, Linz

Stichwortverzeichnis

Printed in the United States
by Baker & Taylor Publisher Services